国籍の得喪と戸籍実務の手引き

取得（出生・届出・帰化）／選択／喪失

小池信行【監修】　吉岡誠一【著】

日本加除出版株式会社

監修のことば

　国籍法は，古い沿革を持つ法律であり，その嚆矢は明治32年の旧国籍法に遡ります。この法律は，子の出生による日本国籍の取得について父系血統主義を採用したほか，外国人女が日本国民の妻となったときは当然に日本国籍を取得するなど，父又は夫を国籍取得の基準とする法制を採っていました。戦後，この法律は廃止されて，現行の国籍法が制定されたのですが，その内容は，婚姻・縁組・認知などの身分行為によって当然に国籍の変動が生ずるとする点を改めたほかは，旧国籍法の内容を基本的には引き継ぐものでした。その国籍法に大きな改正が加えられたのが昭和59年で，このとき，①子の出生による日本国籍取得について父母両系血統主義を採用，②一定の要件を備えた日本国民の準正子について届出により日本国籍の取得を認める制度の導入，③重国籍者の増加に対処するために国籍選択制度の創設などによって，国籍法の現代化・合理化が図られたのでした。その後，平成20年には，上記②の届出による国籍取得の範囲を拡大して，日本国民である父母から認知された子については，その父母の婚姻の有無にかかわらず，この制度の対象者とする旨の改正がされました。このように，戦後のわが国の国籍法は，男女の平等，嫡出子と嫡出でない子の差別の解消などの理念に導かれた制度改正の途を歩んできたということができます。

　一方，わが国の国際環境は大きく変わりつつあります。いわゆるグローバル化の進展により，人・モノ・カネ・情報が激しく移動している今日，国家の領域を越えた経済活動・文化活動が広範に展開され，個人レベルの交流の範囲も拡大しています。そうした国内外の動きを反映して，国籍をめぐる諸関係についても新しい状況・問題が生じてきています。特に帰化の面では，戦前には日本国民であった朝鮮半島及び台湾の方々による帰化の件数が著しく減少し，比較的最近わが国に居住するようになった様々な国の方々による帰化が大勢を占めるに至っています。また，わが国における外国人の在留管理に関しては，最近，長年続いてきた外国人登録証明書が廃止されて，「在

監修のことば　*i*

留カード」に切り替わるという処遇改善の措置がされました。このことも，国籍の在り方に関して微妙な影響を持つことになりそうです。

　このような社会の大きな動きの中で，わが国の国籍及びこれに関連する戸籍事務は，法務省及び法務局・地方法務局並びに各市区町村において安定的に遂行されてきていますが，これらの事務の参考に供される文献，特にその実務の処理に関して体系的に説明した文献は，昭和59年の大改正の際に集中的に刊行された後は，ほとんど目にしない状況にあります。しかるところ，このたび，日本加除出版株式会社から元富山地方法務局長吉岡誠一氏の手に成る「国籍の得喪と戸籍実務の手引き」が発刊される運びとなったことは，その空白を埋める，誠に時機を得た企画として敬意を表する次第です。吉岡氏は，長年法務省及び法務局等において国籍・戸籍の実務に従事された職歴を有する方であり，その豊富な知識・経験に基づき，主として法務局等の国籍・戸籍事務担当職員及び市区町村の戸籍担当職員の執務の用に供されるものであることを念頭に，本書の執筆に当たられました。そこでは，①国籍法の仕組みの全体を網羅し，関連する戸籍事務にも及ぶ体系的な書物とすること，②初心者にも分りやすく，懇切・丁寧に説明すること，③重要な判例・先例・通達をできるだけ引用するとともに，各種事務に用いられている書類の書式・記載例及びその処理結果としての戸籍の記載を丹念に示すことによって事務手続を立体的に理解できるよう試みることをモットーに，執筆に力を注がれたと伺っております。

　私は，吉岡氏と同じ時期に法務省・法務局で職務に在ったという機縁により，本書の監修をお引き受けしたわけでありますが，その思いは同氏と共通するものであります。このため，特に上記②のポイントに留意して，能う限り客観的な視点から，慎重に監修をさせていただきましたが，その思いが本書に結実しているかどうかにつきましては一抹の危惧を覚えざるを得ません。この点については，読者の皆さまのご叱声とご批判をいただきたいと存じます。

結びに当たり，本書が上記の事務担当職員の方々をはじめ，司法書士・行政書士の方々の執務にとって有益な参考書となることを期待致します。そして，更にその上に，「国籍法は初めて」という皆様にも，本書が，国籍法の用いている一見難解な諸概念について丁寧な解説をしているところを汲み取られて，興味を持ってお読みいただきたいと切に念じております。

　平成30年5月

　　　　　　　　　　　小　池　信　行（元釧路地方・家庭裁判所所長）

は　し　が　き

　近年，ますます国際間の人的交流が活発化し，それに伴い外国人の渡日が増加する一方，日本国民の海外への渡航も増えています。そのようなことから，日本人と外国人との間で，国際結婚，養子縁組，子の出生，認知等の渉外身分関係の発生が増えています。

　その結果，国籍に関する申請・届出事件の増加やその申請者等の国籍の多様化が著しいほか，国籍実務上種々の新しい問題も生じています。例えば，日本人と身分関係を有する者を含めて外国人の中から日本国籍の取得を希望する者や国際結婚により出生した日本と外国の重国籍者も増加しているとのことであり，しかも最近の傾向としては，近時渡来外国人からの帰化許可申請が増加するなど，その内容も複雑・困難化してきているようです。また，日本人が希望して外国の国籍を取得した場合に，有していた日本国籍はどうなるのか，日本国籍と外国国籍を有する重国籍者が日本の国籍を維持していくためには，どうしたらよいのかなどの問題もあります。

　ところで，日本国民の要件については，国籍法が定めています。帰化によって日本国籍を取得する場合には，国籍法が定める手続に従って，住所地の法務局又は地方法務局に出頭して，書面によって法務大臣に対しその許可の申請をしなければならないとされています。その一方で，戸籍は日本国民の登録簿としての機能を有していますので，日本国民は，戸籍法が定める手続によって届出をし，届出によって戸籍を編製する必要があります。したがって，国籍法が定める手続によって帰化した日本国民は，戸籍法の定める手続によって，新たに氏名及び本籍を選定した上，戸籍を編製する必要があります。同様に，国籍法の手続によって日本国籍を喪失した場合にも，戸籍から消除しなければなりませんので，戸籍法の定める届出をしなければなりません。

　国籍法については，平成20年に一部が改正され，国籍取得の届出について定める国籍法3条1項の規定中，父母の婚姻という要件が削除され，日本国

はしがき　*v*

民である父母から認知された子は，父母の婚姻の有無にかかわらず，国籍取得制度の対象者とされました。その結果，戸籍実務の取扱いについても変更がされています。

　本書では，国籍取得に関する改正国籍法の内容と，これに関連する問題点についてわかりやすく解説するとともに，帰化等による日本国籍取得の手続，重国籍者の国籍選択の手続及び国籍喪失の手続と，それに伴う戸籍実務の取扱いについて記述しています。

　本書が，戸籍・国籍事務の担当者の方々をはじめ，司法書士・行政書士の方々の執務にとって，いささかなりとも参考になれば大変幸せです。

平成30年6月

　　　　　　　　　　　　　吉　岡　誠　一（元富山地方法務局長）

凡　例

　文中に掲げる法令・先例・出典については，以下の略記とする。

〔法令〕

民……………　民法

戸……………　戸籍法

戸規…………　戸籍法施行規則

国……………　国籍法

国規…………　国籍法施行規則

通則法………　法の適用に関する通則法

住基…………　住民基本台帳法

住基令………　住民基本台帳法施行令

入管…………　出入国管理及び難民認定法

〔先例〕

3300号通達………　国籍法の一部を改正する法律等の施行に伴う国籍取得の届
　　　　　　　　　　出に関する取扱いの変更について（平成20年12月18日民一第
　　　　　　　　　　3300号民事局長通達）

3302号通達………　国籍法及び国籍法施行規則の一部改正に伴う戸籍事務の取
　　　　　　　　　　扱いについて（平成20年12月18日民一第3302号民事局長通達）

3303号通知………　国籍法及び国籍法施行規則の一部改正に伴う戸籍事務の取
　　　　　　　　　　扱いについて（平成20年12月18日民一第3303号民事第一課長
　　　　　　　　　　依命通知）

〔出典〕

『改訂国籍実務解説』……… 法務省民事局法務研究会編『改訂国籍実務解説』
（日本加除出版，1994年）

『新しい国籍法・戸籍法』……… 法務省民事局第五課職員編『一問一答　新し
い国籍法・戸籍法』（日本加除出版，1985年）

『新版実務戸籍法』……… 『新版実務戸籍法』（民事法務協会，2001年）

『各国法律と要件Ⅰ〜Ⅵ』……… 木村三男監修『全訂新版　渉外戸籍のための
各国法律と要件Ⅰ〜Ⅵ』（日本加除出版，2015年
〜2017年）

『講義案』……… 裁判所職員総合研修所監修『親族法相続法講義案（7訂版）』
（司法協会，2013年）

澤村・民月64巻2号……… 澤村智子「国籍法の一部を改正する法律の解説」民
事月報64巻2号

渡邉・民月64巻3号……… 渡邉英介「国籍法の一部を改正する法律等の施行に
伴う国籍取得の届出に関する国籍事務の取扱いにつ
いて」民事月報64巻3号

澤村＝山門・民月64巻3号……… 澤村智子＝山門由美「国籍法施行規則の一部
を改正する省令の解説」民事月報64巻3号

堤・民月64巻3号…… 堤秀昭「国籍法及び国籍法施行規則の一部改正に伴う
戸籍事務の取扱いに関する通達の解説」民事月報64巻
3号

『逐条註解国籍法』……… 木棚照一『逐条註解国籍法』（日本加除出版，2003年）

『国籍・帰化の実務相談』……… 法務省民事局第五課国籍実務研究会『国籍・
帰化の実務相談』（日本加除出版，1993年）

『戸籍実務の手引き』……… 戸籍実務研究会編『初任者のための戸籍実務の手
引き（改訂新版第六訂）』（日本加除出版，2012年）

『国籍法・戸籍法改正特集』……… 法務省民事局『国籍法・戸籍法改正特集』
民事月報59巻号外

『外国人住民基本台帳事務Q&A集』……… 市町村自治研究会編『自治体担当者
のための外国人住民基本台帳事務
Q&A集』（日本加除出版，2016年）

目　次

第1章　総　論 ——————————————————————— *1*

1　国籍とは……………………………………………………………… *1*

2　国籍についての立法上の原則………………………………………… *1*

  (1)　重国籍とは………………………………………………………… *2*

  (2)　無国籍とは………………………………………………………… *2*

  (3)　出生時の国籍の取得の原則……………………………………… *3*

  (4)　身分行為による国籍の取得の原則……………………………… *4*

3　日本の国籍を取得する場合…………………………………………… *4*

  (1)　出生によって日本の国籍を取得する場合……………………… *4*

  (2)　法務大臣に届け出ることによって日本の国籍を取得する場合……… *5*

  (3)　帰化の場合………………………………………………………… *7*

4　日本の国籍を喪失する場合…………………………………………… *7*

  (1)　日本国民が外国への帰化等自己の志望によって外国国籍を取得し
た場合（国籍法11条1項）………………………………………… *7*

  (2)　外国国籍の選択による日本国籍の喪失………………………… *8*

  (3)　国籍不留保による日本国籍の喪失……………………………… *8*

  (4)　日本国籍離脱の意思表示による日本国籍の喪失……………… *9*

  (5)　日本国籍の不選択による日本国籍の喪失……………………… *9*

  (6)　外国の公務員の職に就いた重国籍者につき日本国籍の喪失宣告に
よる日本国籍の喪失……………………………………………… *10*

5　日本国民の登録・公証………………………………………………… *11*

6　外国人の登録・公証…………………………………………………… *11*

第2章　国籍の取得 ——————————————————— *15*

第1　出生による国籍の取得…………………………………………… *15*

1　概　要…………………………………………………………………… *15*

2　血統主義に基づく国籍の取得………………………………………… *15*

3　生地主義に基づく国籍の取得………………………………………… *19*

目　次　ix

4　国籍留保の届出 ··· 20

第2　出生の届出 ··· 23

1　概　説 ·· 23

2　嫡出である子の親子関係・嫡出でない子の親子関係の成立 ·············· 23

　⑴　嫡出親子関係の成立 ··· 23

　⑵　推定を受ける嫡出子 ··· 24

　⑶　推定を受けない嫡出子 ·· 25

　⑷　準正による嫡出子 ··· 27

　⑸　嫡出でない子（非嫡出子） ··· 27

3　出生届書の審査 ··· 28

　⑴　日本人と外国人夫婦間の子が日本国内で出生した場合の戸籍の処

　　　理 ·· 28

　⑵　外国人夫婦間の子が日本で出生した場合の戸籍の処理 ················ 31

　⑶　外国に在住する婚姻中の日本人父（母）と父母両系血統主義国の

　　　母（父）との間の子が外国で出生した場合の戸籍の処理 ·············· 32

第3　届出による国籍取得 ··· 50

1　概　説 ·· 50

2　国籍法3条1項による国籍取得 ·· 50

　⑴　認知された子の国籍取得（改正国籍法3条1項） ······················ 52

　⑵　国籍取得の要件 ·· 53

　⑶　届出の方式及び効果 ··· 54

　⑷　届出人の本人確認及び届出意思の確認 ·································· 57

　⑸　国籍取得届の添付書類 ·· 58

　⑹　虚偽の届出に対する罰則 ·· 60

　⑺　改正法による経過措置又は特例による国籍取得 ······················· 61

　⑻　届出期間の特例（改正国籍法附則6条） ································· 64

　⑼　国籍の選択に関する特例（改正国籍法附則7条） ······················ 64

　⑽　戸籍法上の国籍取得の届出（戸籍法102条の規定による届出）

　　　（改正国籍法附則8条） ·· 64

　⑾　国籍を取得した者の子に係る国籍の留保に関する特例（改正国籍

　　　法附則9条） ·· 65

　⑿　改正前国籍法の特例（参考） ·· 65

3　国籍法17条1項による国籍不留保者の国籍の再取得 ······················· 77

　⑴　国籍不留保による日本国籍の喪失と同国籍の再取得 ·················· 77

⑵	日本国籍を再取得するための要件	77
⑶	国籍取得の届出	77
4	国籍法17条２項による官報催告を受けた国籍不選択者の国籍の再取得	81
⑴	国籍選択の催告を官報によって受けた者の日本国籍の喪失と同国籍の再取得	81
⑵	国籍取得の届出	82
5	国籍取得証明書の交付	86
6	国籍取得の届出の不受理の場合の処理	88

第4　届出により国籍を取得した者の戸籍の処理 … 91

⑴	戸籍法102条の規定による国籍取得の届出	91
⑵	国籍取得の日	93
⑶	国籍を取得した者の称すべき氏及び入籍する戸籍	94
⑷	国籍を取得した者が新たに氏を定めるときに用いる文字	96
⑸	国籍取得の届書の様式及び記載事項	97
⑹	虚偽の認知届がされたことを理由として改正国籍法３条による法務大臣に対する届出が不受理とされた場合の戸籍訂正手続	113

第5　帰化による国籍取得 … 125

1	概　説	125
2	帰化の条件	125
⑴	国籍法５条の帰化条件	126
⑵	国籍法６条の帰化条件	128
⑶	国籍法７条の帰化条件	129
⑷	国籍法８条の帰化条件	130
⑸	国籍法９条の帰化条件	131
3	帰化の申請手続	132
⑴	申請者	132
⑵	申請先	134
⑶	申請方法	134
⑷	帰化許可申請に必要な書類	134
⑸	官公署から交付を受けて提出する書面	137
⑹	公的年金保険料の納付証明書	141
⑺	その他の参考資料	141
4	帰化の許可	152

5　帰化許可処分の無効·· *153*

第6 戸籍法102条の2の規定による帰化の届出·············· *157*

　1　帰化届·· *157*
　　(1)　届出人··· *157*
　　(2)　届出地··· *157*
　　(3)　届出期間··· *157*
　　(4)　帰化届書の記載事項·· *157*
　　(5)　帰化後の氏名・本籍··· *158*
　　(6)　添付書類··· *159*
　　(7)　戸籍の処理··· *159*

第3章　国籍の選択 ——————————————— *173*

第1 国籍の選択とは·· *173*
　　(1)　外国の国籍を選択する場合·· *174*
　　(2)　日本の国籍を選択する場合·· *175*

第2 日本の国籍を選択し，かつ，外国の国籍を放棄する旨の宣言·········· *184*

第3 国籍選択の催告·· *185*
　　(1)　催告の手続··· *185*
　　(2)　重国籍者についての市区町村長の通知····························· *186*
　　(3)　催告後の市区町村長への通知··· *187*
　　(4)　選択期限を徒過したことの効果······································ *187*

第4 国籍喪失宣告·· *188*
　1　国籍喪失の宣告とは··· *188*
　2　国籍喪失宣告の手続··· *189*
　3　戸籍の処理··· *190*

第4章　国籍の喪失 ——————————————— *191*

第1 国籍の喪失とは·· *191*

⑴	国籍喪失の原因	191
⑵	国籍喪失の届出	192
⑶	国籍喪失報告	193
⑷	国籍喪失の効果	194

第2 自己の志望に基づく外国国籍の取得（国籍法11条1項）········ 195

1 外国国籍の取得と日本国籍の喪失········ 195

2 国籍喪失の届出（戸籍法103条）········ 196

⑴	届出人	196
⑵	届出期間	196
⑶	届出地	196
⑷	届書の記載事項	196
⑸	添付書面	197

第3 外国国籍の選択による日本国籍の喪失········ 197

第4 国籍の離脱········ 205

1 国籍離脱の届出········ 205

⑴	国籍離脱の条件	205
⑵	重国籍となる場合の例	205
⑶	重国籍要件を欠いた国籍離脱の効力	206
⑷	離脱の効力発生時期	207

2 国籍離脱の手続········ 207

⑴	届出人	207
⑵	提出先	208
⑶	提出の方法	208
⑷	届出人への通知	208

3 戸籍の処理········ 211

第5 国籍不留保による国籍喪失········ 215

1 国籍留保制度········ 215

⑴	概　説	215
⑵	国籍留保の要件	215
⑶	国籍留保の意思表示	216

2 国籍留保の手続········ 216

⑴	届出人	216

(2) 届出地……………………………………………………………217

(3) 届出期間……………………………………………………………217

(4) 届書の記載……………………………………………………………217

(5) 戸籍の処理……………………………………………………………218

資　料

国籍法（昭和25年 5 月 4 日法律第147号）……………………………223

国籍法の一部を改正する法律等の施行に伴う国籍取得の届出に関する

　　取扱いの変更について（平成20年12月18日民一第3300号通達）…………231

国籍法及び国籍法施行規則の一部改正に伴う戸籍事務の取扱いについ

　　て（平成20年12月18日民一第3302号通達）……………………………245

国籍法及び国籍法施行規則の一部改正に伴う戸籍事務の取扱いについ

　　て（平成20年12月18日民一第3303号通知）……………………………250

第1章 総論

1 国籍とは

国籍とは，一般的には，国家の構成員としての資格であるといわれています。また，国籍は，国家とその国民を結び付けるものであるという観点から，人を特定の国家に属せしめる法的な紐帯であると法律的に定義されたりしています。

そして，誰がその国の国籍を取得するのか，どのような場合にそれを失うのかという国籍の決定は，その国家の専権事項であるとされ，それぞれの国がその国内法で定めています。

日本においては，日本国憲法が「日本国民たる要件は，法律でこれを定める」と規定しており（憲法10条），これに基づいて国籍法が制定されています。

すなわち，ある個人が日本国民であるかないかは，日本国籍の得喪の要件を定めた国籍法によって決められているのです。

2 国籍についての立法上の原則

国籍法は，自国の国民であるかないかを決定し，自国民の範囲を定める法律です。

各国における国籍立法は，それぞれの歴史的沿革，人口政策，政治的・経済的事情等を考慮して決定される結果，国籍付与の原因及び態様も多種多様なものになっています（『改訂国籍実務解説』6頁）。その結果，ある個人について，どの国も自国の国民としないことにより，どこの国の国籍も取得できない無国籍（国籍の消極的抵触）の状態が生じたり，また，複数の国がある個人を自国の国民とすることにより，複数の国籍を同時に有する状態となる重国籍（国籍の積極的抵触）の状態が生じることにもなってきます。

第1章 総論 *1*

(1) 重国籍とは

重国籍とは，個人が同時に2以上の国籍を有することです。重国籍となる場合としては，①わが国のように，出生による国籍の取得に関し，父母両系血統主義を採用している法制の下では（国2条1号，通則法28条），日本人父（母）と父母両系血統主義国の母（父）との間に出生した子は，父の日本国籍と母の外国国籍を取得して，重国籍となります。また，②日本人の子が生地主義国で出生し，日本国籍を留保したときは，重国籍となります。

この2つが典型例ですが，ほかにも，日本人が外国人と婚姻した場合に，相手の国の国籍法が婚姻によって国籍を付与する法制（夫婦国籍同一主義）を採っていれば，その国の国籍をも取得することになりますので重国籍となりますし，認知により国籍を付与する法制（親子国籍同一主義）を採っている国の国民に認知された日本人の子は，認知者の国籍をも取得して，重国籍となります。なお，わが国の国籍法では，日本人が外国人に認知されても日本人であることに変わりはありませんし，日本人に認知された外国人の子は，日本国籍を取得することはありません。

わが国の国籍法においては，このような重国籍の発生を防止するために，さまざまな措置を採っています。例えば，①帰化により日本国籍を取得する場合には，無国籍であるか又はその国の国籍を失うべきことを条件としていますし（国5条1項5号），②自己の志望によって外国の国籍を取得したときは日本の国籍を喪失することとしています（国11条1項）。また，③出生により外国の国籍を取得した日本国民で国外で出生したものは，日本国籍留保の手続をしなければ出生の時に遡って日本の国籍を喪失するとしています（国12条）。さらに，④外国の国籍を有する日本国民は，法務大臣に届け出ることによって，日本の国籍を離脱することができるとしています（国13条）。

(2) 無国籍とは

無国籍とは，個人がいずれの国の国籍をも有しないことです。無国籍者が生ずる場合としては，例えば，国籍剥奪があります。外国の国籍法には，自己の志望に基づかない国籍の喪失事由として，国籍剥奪の制度を設けているものがあるようです。国籍を剥奪された者は，他に国籍を有していない場合

には，無国籍となってしまいます。

わが国の国籍法は，子が日本で生まれた場合において，父母がともに知れないとき，又は国籍を有しないときは，日本国民とするとしていますし（国2条3号），日本国民が日本国籍を喪失し，又は離脱する場合には，いずれも外国国籍を保有していることが条件とされていて，無国籍の防止が図られています（国11条〜16条）。

(3)　出生時の国籍の取得の原則

出生による国籍の取得には，親子関係を基準とする血統主義と，出生地との地縁を基準とする生地主義とがあります。

ア　生地主義

生地主義とは，自国の領土内で出生した者を自国の国民とする立法主義です。すなわち，父母の国籍に関わりなく，自国内で出生した者に国籍を付与するもので，この主義を採用している国には，アメリカ合衆国やブラジル・アルゼンチンなどの中南米諸国に多いようです。

わが国では，次に述べるように，旧国籍法以来，出生による国籍の付与については，血統主義の原則を採用しつつ，無国籍の発生を防止するため，補充的に生地主義が採用されています。

イ　血統主義

血統主義とは，親が自国の国民であれば，その子を自国民とする立法主義であり，血縁関係を国籍取得の基礎にしたものです。

血統主義については，父が国民であれば，その子を自国民とする父系血統主義，母が自国民であれば，その子を自国民とする母系血統主義，父又は母のいずれかが自国民であれば，その子を自国民とする父母両系血統主義があります。

わが国の国籍法では，出生による国籍の取得について，昭和59年の国籍法改正により，従来採用されていた父系血統主義を改めて，父又は母が日本国民であるときは子は日本国民になるとする父母両系血統主義を採用するに至っています（同法2条1号）。

第1章　総論　*3*

⑷ **身分行為による国籍の取得の原則**

ア　**親子国籍同一主義と親子国籍独立主義**

　外国人父の認知により又は親が外国の国籍を取得したことによって，子の出生後に親子間の国籍に相違が生ずる場合に，子の国籍を親の国籍に従わせるのが好ましいとの観点から親子国籍同一主義を採る国と，子の地位の独立を尊重する観点から親子国籍独立主義を採る国とがあります（『改訂国籍実務解説』7頁）。

　わが国の旧国籍法（明治32年法律第66号）においては，親子国籍同一主義が採られていましたが，現行国籍法では，これを親子国籍独立主義に改めています。

イ　**夫婦国籍同一主義と夫婦国籍独立主義**

　夫婦間の国籍についても，かつては，家族生活の統一を保持する必要等から，外国人の夫と婚姻した妻は夫の国籍を取得するとか，夫が外国の国籍を取得したときには妻もそれに従うといった夫婦国籍同一主義が多くの国で採られていました（『改訂国籍実務解説』7頁）。

　わが国の旧国籍法においても，外国人が日本人の妻となったときや，日本人の入夫となったときには，それらの身分行為の結果として日本国籍を取得することが認められていましたが，現行国籍法においては，夫婦国籍独立主義に改められています。

3　日本の国籍を取得する場合

　日本の国籍を取得するのは，次の３つの場合です。

⑴　**出生によって日本の国籍を取得する場合**

　子は，生まれた時に父又は母が日本国民である場合には，日本国籍を取得します（国2条1号）。そのほか，子は，生まれる前に死亡した父が日本国民である場合や，日本で生まれて父母がともに知れない場合又は無国籍である場合にも日本国籍を取得します（国2条2号・3号）。

　わが国の国籍法は，子の出生の時に親の一方が日本国民であれば子は出生により日本国籍を取得するという，父母両系血統主義を原則としています。

4　第1章　総　論

したがって，両親がともに日本国民の場合には，生まれてくる子は日本国籍を取得することになりますし，日本国民と外国人を両親とする子のように，親の一方が日本国民の場合にも，日本国籍を取得することになります。なお，国籍法でいう父・母は，事実上の父・母というだけでは足りず，法律上のものでなければならないと解されています。

(2) 法務大臣に届け出ることによって日本の国籍を取得する場合

この届出ができるのは，次の場合です。

ア 国籍法3条による国籍取得

国籍法3条1項は，「父又は母が認知した子で20歳未満のもの（日本国民であつた者を除く。）は，認知をした父又は母が子の出生の時に日本国民であつた場合において，その父又は母が現に日本国民であるとき，又はその死亡の時に日本国民であつたときは，法務大臣に届け出ることによつて，日本の国籍を取得することができる。」と定めています。

この届出により日本国籍を取得するための要件は，①父又は母が認知をしたこと，②子が20歳未満であること，③認知をした父又は母が子の出生時に日本国民であったこと，④認知をした父又は母が現に日本国民であること又はその死亡の時に日本国民であったこと，⑤子がかつて日本国民であった者でないことです。

上記の国籍法3条による国籍取得制度は，昭和59年5月25日に公布された「国籍法及び戸籍法の一部を改正する法律」（昭和59年法律第45号）により新設されたものですが，その新設の当時は，出生後に父母の婚姻及びその認知により嫡出子たる身分を取得した，いわゆる準正子について，認知した父又は母が子の出生時に日本国民であることなど一定の条件の下に，法務大臣に対する届出により日本の国籍を取得することができるとしていました。つまり，出生後に日本国民である父又は母から認知されただけでは，この届出による国籍取得の制度の対象外とされていたのです。しかし，その後，平成20年12月12日に公布された「国籍法の一部を改正する法律」（平成20年法律第88号，同法により改正された国籍法を以下「改正国籍法」という。）により，出生後に日本国民から認知された子も，父母の婚姻の有無を問わず，所定の条件

第1章 総 論 5

を備えるときは，法務大臣に届け出ることによって，その届出の時に日本の国籍を取得することができるものとされました（改正国籍法3条）。

イ　国籍法17条1項による国籍不留保者の国籍の再取得

　国籍法は，出生により外国の国籍を取得した日本国民で国外で生まれたもの（すなわち，重国籍となった者）については，一定の期間内に出生届とともに日本国籍を留保する旨の届出をしなければ，その出生の時に遡って日本国籍を喪失する旨を定めています（国12条）が，他方で，上記の国籍の留保をしなかったことにより日本の国籍を失った者であって20歳未満のものが，日本に住所を有するときは，法務大臣に届け出ることによって，その届出の時に日本の国籍を再取得することができるとしています（国17条1項・3項）。

ウ　国籍法17条2項による官報催告を受けた国籍不選択者の国籍の再取得

　国籍法は，重国籍を解消するため，外国の国籍を有する日本国民は，外国及び日本の国籍を有することとなった時が20歳に達する以前であるときは22歳に達するまでに，その時が20歳に達した後であるときはその時から2年以内に，いずれかの国籍を選択しなければならない義務がある旨を定めており（国14条1項），法務大臣はこの義務を履行しない者に対して国籍選択の催告をすることができることとしています。この催告は，書面により（国15条1項），又は所在の不明の場合等には，官報によってすることができます（国15条2項）が，いずれにしても，催告を受けた者が，催告を受けた日から1か月以内に日本の国籍を選択しないときは，その期間が経過した時に日本国籍を失うとされています（国15条3項本文）。このようにして日本の国籍を失った者のうち，官報による催告によって日本国籍を失った者は，国籍を有せず，又は日本の国籍の取得によってその外国の国籍を失うべきときは，日本の国籍を失ったことを知った時から1年以内に法務大臣に届け出ることによって，日本の国籍を再取得することができるとされています（国17条2項本文）。この場合にも，その届出の時に日本の国籍を取得します（国17条3項）。

　なお，上記の国籍取得者は，法務大臣に届出をした時に日本の国籍を取得しますが，戸籍に記載されるためには，戸籍法に定める届出をする必要があ

ります。すなわち，国籍取得の日から1か月以内（その者がその日に国外に在るときは，3か月以内）に，国籍取得の届出をしなければなりません（戸102条1項）。

(3) 帰化の場合

帰化とは，日本国籍を有しない特定の外国人が日本国籍取得を希望する旨の意思表示をし，一定の条件を備えている場合に，法務大臣の許可を得ることによって，日本国籍を取得することです（国4条）。

帰化の条件については，国籍法5条において，一般の外国人についての条件を規定し，6条から8条において，日本国民と特別の血縁関係を有し又はわが国と地縁関係を有する外国人について，5条に規定する条件の一部を免除あるいは緩和しています。

法務大臣は，帰化条件を備えていない外国人に対しては，帰化を許可することはできませんが，条件を備えている者であっても，帰化を許可するかどうかを自由裁量で決することができると解されています（『新しい国籍法・戸籍法』59頁）。

帰化は法務大臣が官報に帰化許可の告示をした日から効力を生じます（国10条）。

帰化した人を戸籍に記載するためには，官報告示の日から1か月以内に，戸籍法上の帰化届をしなければなりません（戸102条の2）。この届出は，報告的届出です。

4　日本の国籍を喪失する場合

国籍の喪失とは，国民たる資格の消滅を意味します。

国籍法は，日本の国籍を喪失する事由として，次の6つの場合を定めています。

(1) 日本国民が外国への帰化等自己の志望によって外国国籍を取得した場合（国籍法11条1項）

自己の志望によって外国の国籍を取得したときは，日本の国籍を失うとされています（国11条1項）。これは，国籍離脱の自由の原則の実現と重国籍発

生の防止を目的とするものです（『新しい国籍法・戸籍法』112頁）。

上記による日本国籍の喪失は，自己の志望によって外国の国籍を取得した時に当然に生じます（『新しい国籍法・戸籍法』114頁，国11条1項）。日本国籍を喪失しますと，国籍喪失の届出（戸103条），又は国籍喪失の報告（戸105条）により，戸籍が消除されます。

⑵　外国国籍の選択による日本国籍の喪失

国籍法11条2項は，外国国籍と日本国籍を有する重国籍者が，重国籍を解消するために，その外国の法令により外国国籍を選択したときは，日本の国籍を喪失すると定めています。これは，上記の同法11条1項による日本国籍の喪失と同様に，国籍離脱の自由の原則の実現と重国籍発生の防止を目的とするものです。

外国国籍の選択は，当該外国の法令に定める方式に従って適法になされていることが必要です。外国法令の定める方式であれば，宣誓，宣言，届出等，その具体的な方法は問わないと解されています（『新しい国籍法・戸籍法』175頁）。外国国籍の選択により日本の国籍を喪失しますと，国籍喪失の届出（戸103条）により，戸籍から消除されます。

⑶　国籍不留保による日本国籍の喪失

国籍法12条は，外国での出生により外国の国籍とともに日本国籍を取得した者が戸籍法の定めるところにより日本の国籍を留保する意思表示をしなかったときは，出生の時に遡って日本の国籍を喪失すると規定しています。

この規定は，生地主義国で生まれて重国籍となった者についても，父又は母が血統主義を採る外国の国籍を有するため血統により重国籍となった者で国外で生まれたものについても，適用されます。

国籍留保の届出は，出生届とともにしなければなりません（戸104条2項）。この国籍留保の届出をしなかった場合には，出生の時に遡って日本の国籍を喪失するため，もともと戸籍に記載されていませんから，国籍喪失届（戸103条）をする必要はありません。

なお，国籍留保の意思表示をしなかったことにより国籍を喪失した者は，20歳未満であって，かつ，日本に住所を有するときは，国籍取得の届出によ

8　第1章　総　論

り国籍の再取得をすることができます（国17条1項）。

(4)　**日本国籍離脱の意思表示による日本国籍の喪失**

　外国の国籍を有する日本国民は，法務大臣に国籍離脱の届出をすることによって，日本の国籍を喪失することができます（国13条1項）。

　日本国籍を離脱する条件は，日本の国籍を有すること及び外国の国籍を有することで足り，これらの条件を具備している以上は，法務大臣は届出を拒否することはできないと解されています（『改訂国籍実務解説』110頁）。国籍の離脱の届出があった時に，日本の国籍を失います（国13条2項）。

　国籍の離脱の届出は，国籍を離脱しようとする者が日本に住所を有するときは，その住所地を管轄する法務局又は地方法務局を経由して，その者が外国に住所を有するときは，その国に駐在する領事官（領事官の職務を行う大使館若しくは公使館の長又はその事務代理する者を含む。）を経由して，法務大臣に届出をしなければなりません（国規3条1項，1条1項）。

　外国の国籍を有する日本国民が，法務大臣に対して日本国籍を離脱する届出をした場合には，届出の時に日本国籍を喪失することになりますので，戸籍から消除する必要があります。そのための手続が戸籍法103条の国籍喪失の届出ですが，戸籍実務の取扱いでは，この場合には，法務省民事局長又は法務局若しくは地方法務局の長から事件本人の本籍地の市町村長に国籍喪失報告がなされ（戸105条），それに基づいて戸籍から除籍されることとされています（昭和59・11・1民二5500号通達）。

(5)　**日本国籍の不選択による日本国籍の喪失**

　国籍法では，外国の国籍を有する日本国民は，一定の期間内に国籍を選択することが求められています。すなわち，重国籍者は，重国籍となったのが20歳に達する以前であるときは，22歳に達するまでに，また，重国籍となった時が20歳に達した後であるときは，その重国籍となった時から，2年以内にいずれかの国籍を選択しなければなりません（国14条1項）。

　日本の国籍を選択するには，外国の国籍を離脱するか，日本国籍の選択の宣言をすることによってします（国14条2項）。日本国籍の選択の宣言をした者は，外国の国籍の離脱に努めなければならないとされていますし（国16条

第1章　総　論　*9*

１項)，自己の志望により外国の公務員の職に就いた場合には，日本国籍の喪失の宣告を受けることがあります（国16条２項以下。次の(6)参照)。

　所定の期限内に国籍の選択をしないでいる重国籍者は，法務大臣から国籍の選択の催告を受け，それにもかかわらず選択をしない場合には，日本の国籍を喪失します（国15条)。

　国籍選択の催告を受けた重国籍者が所定の期間内に日本の国籍を選択しなかったことにより日本国籍を喪失した者がある場合には，法務省民事局長又は法務局若しくは地方法務局の長から事件本人の本籍地市町村長に対し国籍喪失の報告がなされ，それに基づいて戸籍から除籍されることになります（昭和59・11・１民二5500号通達)。

　なお，前記のとおり，官報掲載の方法による催告を受けて日本国籍を失った者は，届出により日本国籍を再取得することができます（国17条２項)。

(6) 外国の公務員の職に就いた重国籍者につき日本国籍の喪失宣告による日本国籍の喪失

　上記(5)の国籍の選択の宣言（日本の国籍を選択し，かつ，外国の国籍を放棄する旨の宣言）をした日本国民で外国の国籍を失っていないものが自己の志望によってその外国の公務員の職（その国の国籍を有しない者であっても就任することができる職を除く。）に就任した場合において，その就任が日本の国籍を選択した趣旨に著しく反すると認められるときには，法務大臣は，その者に対し日本の国籍の喪失の宣告をすることができます（国16条２項)。この宣告は官報に告示してしなければならず，宣告を受けた者は，告示の日に日本の国籍を失います（同条４項・５項)。

　この場合には，法務省民事局長又は法務局若しくは地方法務局の長から事件本人の本籍地市町村長に対し国籍喪失の報告をするものとされています（昭和59・11・１民二5500号通達)。ただし，この場合においても，戸籍法103条に規定する届出義務が免除されるものではありませんから，国籍喪失報告によって戸籍の記載処理がなされた後に国籍喪失届があった場合には，当該届書は戸籍の記載を要しない届書として，各別につづり，保存しなければなりません（戸規50条。この戸籍の取扱いは，上記(4)，(5)の場合も同じです。)。

10 第１章 総 論

5 日本国民の登録・公証

　戸籍は，日本国民についてのみ編製され，外国人については編製されませんから，日本国籍を有することを公証する機能を有しています（『新版実務戸籍法』2頁）。したがって，日本国籍を有していること，あるいは日本国籍を喪失したことは，戸籍によって証明することができることになります。例えば，出生によって新たに日本国籍を取得した者については，出生届の届出義務がありますし（戸49条），帰化又は法務大臣への届出により日本国籍を取得した者については，帰化届（戸102条の2）又は国籍取得届（戸102条）の届出義務が課せられています。戸籍の記載は，これらの届出に基づいて行われます。

　他方，日本国籍を喪失した者については，国籍喪失届（戸103条）や官公署からの国籍喪失報告（戸105条）等によって，戸籍から消除されます。

　しかし，前述したように，戸籍の記載は届出主義を原則としており（戸15条）戸籍の届出の審査は，形式的審査で行われていることから，日本の国籍を有しているのに戸籍に記載されていない場合や日本国籍がないのに戸籍に記載されている場合があり得ます。このように，戸籍の記載と国籍が一致しない場合には，速やかに両者を一致させるため，①所定の届出を怠っている者に対しては，その届出を求め，②事実に相違する届出がされているときは，追完届等によって届出を補完させた上戸籍に記載し，③戸籍に記載した後に誤りを発見したときは，速やかに戸籍訂正等の是正措置を講ずる必要があります。

　なお，付言しますと，戸籍の届出があれば，戸籍の届出地から住所地へ通知がされ，住所の変更に関する届出があれば，住所地から本籍地へ通知がされて，それらの届出時における住民票や戸籍の附票の住所の記載がされることになります（住基9条，18条，19条，住基令12条）。つまり，戸籍，住民票，戸籍の附票が一体となって，日本国民の身分証明が有効に機能する仕組みとなっているのです（『新版実務戸籍法』2頁）。

6 外国人の登録・公証

　従前，日本に入国・在留する外国人は，出入国管理及び難民認定法（昭和

第1章 総 論 *11*

26年政令第319号）に基づき上陸を許可された後，居住する市区町村の窓口で外国人登録の申請をしなければならないとされ，市区町村長は，外国人登録の申請があったときは，外国人登録原票に所定の事項を登録し，これを市区町村の事務所に備えなければならないとされていました。

その後，外国人登録制度は，平成21年に，「出入国管理及び難民認定法及び日本国との平和条約に基づき日本の国籍を離脱した者等の出入国管理に関する特例法の一部を改正する等の法律」（平成21年法律第79号，平成24年7月9日施行）により廃止され，また，平成24年には，外国人住民についても住民基本台帳の対象に加えること等を目的とする「住民基本台帳法の一部を改正する法律」（平成21年法律第77号）が施行されています。

上記の改正住民基本台帳法では，外国人住民についても，日本人と同様に，住民票が作成され，世帯ごとに編成されて，住民基本台帳が作成されています。

住民票作成の対象となる外国人は，観光目的で入国した短期滞在者等を除き，次の区分のいずれかに該当する者であって，市町村の区域内に住所を有する者であるとされています（住基30条の45）。

ア　中長期在留者

中長期在留者とは，出入国管理及び難民認定法の在留資格をもってわが国に在留する外国人であって，3か月以下の在留期間が決定された者や，短期滞在・外交・公用の在留資格を決定された者等以外の者をいいます。

イ　特別永住者

特別永住者とは，日本国との平和条約に基づき日本の国籍を離脱した者等の出入国管理に関する特例法（平成3年法律第71号。以下「入管特例法」という。）に定められた特別永住者をいいます。

ウ　一時庇護許可者又は仮滞在許可者

一時庇護許可者とは，船舶等に乗っている外国人で，難民の可能性がある場合等の要件を満たす場合に，出入国管理及び難民認定法の規定によって，一時庇護のための上陸の許可を受けた者をいいます。仮滞在許可者とは，上記の法律の規定に基づき，在留資格を取得していない外国人から難民認定申

請があり，一定の要件を満たしている場合に，仮に本邦に滞在することを許可された者をいいます。

エ　出生による経過滞在者又は国籍喪失による経過滞在者

出生又は日本国籍の喪失によりわが国に在留することとなった外国人をいいます。これらの者は，当該事由が生じた日から60日を限り，在留資格を有することなく在留することができるとされています。

次に，外国人住民に係る住民票の記載事項についてですが，日本人であることを前提とした戸籍の表示等，住民となった年月日，選挙人名簿への登録の有無等は記載事項から除外されていますが，氏名，出生の年月日，男女の別，住所等の事項が記載されます。このほか，国民健康保険や国民年金等の被保険者については，その資格に関する事項が記載されますし，国籍等，外国人住民となった年月日，住民基本台帳法30条の45の表の下欄に掲げる事項（在留資格，在留期間等）に関する事項も記載されます（住基30条の45，住基令30条の25）。

また，法務大臣は，わが国に在留資格をもって在留する外国人のうち中長期在留者に対し，在留カードを交付するものとされています（入管19条の3）。在留カードには，顔写真のほか，氏名，生年月日，性別や在留資格等，在留管理に関する情報等が記載されます（入管19条の4）。

中長期在留者は，常に在留カードを携帯していなければならず，入国審査官，入国警備官等の入国管理局職員，警察官，住民基本台帳に関する事務（外国人住民に係るものに限る。）に従事する市町村の職員等から提示を求められたときは，これを提示しなければなりません（入管23条2項，3項）。

なお，特別永住者に対しては，特別永住者証明書が交付されます（日本国との平和条約に基づき日本の国籍を離脱した者等の出入国管理に関する特例法7条）。特別永住者証明書には，顔写真のほか，氏名，生年月日及び国籍の属する国等，外国人についての身分事項等が記載されます（同法8条）。

第2章 国籍の取得

第1 出生による国籍の取得

1 概　要

　出生時の国籍取得の原則については，前記のとおり，親子関係を基準とする血統主義と出生地との地縁を基準とする生地主義があります。わが国においては，旧国籍法以来，親の国籍を基準とする血統主義を採っています（国2条1号）が，無国籍者の発生を防止する観点から，補充的に生地主義を採用しています。このうち血統主義については，昭和59年法律第45号による国籍法の改正（昭和60年1月1日施行）により，従来の父系血統主義が改められ，父母両系血統主義が採用されています（国2条1号）。

2 血統主義に基づく国籍の取得

　子が父母との血縁関係に基づいて出生により日本国籍を取得するには，次の条件を具備することを要します。

　　ア　出生の時に父又は母が日本国民であること（国籍法2条1号）

　子が出生した時に両親がともに日本国民の場合はもちろん，父又は母のいずれか一方が日本国民であるときは，子は日本国籍を取得します（国2条1号）。この父又は母が有している日本国籍は，血統主義により生来的に取得したものに限らず，出生後に帰化により又は届出によって取得したものであっても，差し支えないと解されています。また，父又は母が日本国籍を有してさえいれば，ほかに外国の国籍をも有している重国籍者であっても子は出生により日本国籍を取得することになります。

　親のいずれか一方の国籍が日本国籍であることを要する基準時は，「子の出生の時」です。懐胎の時や出生後の親の国籍が基準となるものではありま

せん。したがって，外国人母が生んだ嫡出でない子を，日本国民である父が出生後認知をしたことにより同人とその子との間に法律上の父子関係が生じても，子の出生の時には父子関係が生じていませんので，子は出生により日本国籍を取得することはありません。例外として，子の出生の前に日本国民である父が胎児認知している場合には，子の出生時に父が確定していますので，子は出生により日本国籍を取得することになります。なお，母子関係は，分娩の事実により法律上の母子関係が成立します。

　(ア)　胎児認知の意義

　胎児認知は，生まれてくる嫡出でない子に生来的に法律上の父を与えるところに実質的意味がある制度とされていますが，とりわけ，この制度は，わが国の国籍法の下で，外国人母に懐胎させた日本人男が出生する子に対して生来的に日本国籍を取得させる場合に，実益があるといわれています。日本人男が婚姻外の外国人女の胎児を認知すれば，その認知された子が出生した時に認知の効果が生ずるとされていますので，子は，出生の時に日本人の父があることになり，したがって日本の国籍を取得することになるからです。

　(イ)　胎児認知の実質的成立要件

　子の認知についての準拠法は，子の出生当時の認知する者の本国法（通則法29条1項前段）のほか，認知当時の認知する者又は子の本国法（同条2項前段）とされています。しかし，胎児認知の場合には，胎児はまだ出生していませんので，通則法29条1項前段に定める「子の出生当時の認知する者の本国法」はまだ定まらないことになります。また，同項後段及び同条2項前段が定める「認知の当時における子の本国法」というのも，胎児はまだ出生しておらず，その国籍がありませんから，存在しないことになります。

　そこで，戸籍事務の取扱いでは，胎児認知の届出があった場合には，通則法29条1項後段及び2項の適用上，「子の本国法」とあるのを「母の本国法」と読み替えて取り扱うものとされています（平成元・10・2民二3900号通達）。すなわち，胎児認知の実質的成立要件についての準拠法は，認知する父の本国法と胎児の母の本国法との選択的連結となり，認知する父の本国法による場合において，胎児の母の本国法が認知について第三者の承諾又は同意があ

16　第2章　国籍の取得

ることを要件としているときは，その要件（保護要件）をも備えなければならないことになります（通則法29条1項後段・2項後段）。

具体的な例を挙げて説明しますと，例えば，日本人父が外国人母の胎児を認知する場合には，日本の民法によることができますが，この場合には，胎児の母の承諾を得なければなりません（民783条1項）。さらに，母が外国人ですから，その本国法上，母以外の者の承諾又は同意があることが要件とされているときは，その要件（保護要件）をも満たさなければなりません。

(ｳ) 胎児認知の形式的要件

胎児認知の形式的要件（方式）については，胎児認知の実質的成立要件の準拠法又は行為地法によることができるとされています（通則法34条）。

例えば，日本人父が日本で外国人女の胎児を認知する場合，その方式については，実質的成立要件の準拠法（認知する者の本国法）又は行為地法として，日本法を適用することができます。したがって，日本の方式，すなわち，戸籍法の定めに従い市町村長に対して届出によってすることになります（民781条）。

日本人男が外国にいる場合であっても，認知する者の本国法である日本の法律に基づいて胎児認知することができます。この場合には，当該外国に駐在する日本の大使，公使又は領事に届出をすることができますし（戸40条），外国から直接本籍地の市町村長に対して胎児認知届を郵送することもできます。外国にある日本人男は，その国の方式に従って胎児認知を成立させることも可能です。その場合には，当該胎児認知に関する証書の謄本をその国に駐在する日本の大使，公使又は領事に提出しなければなりません（戸41条1項）。大使，公使又は領事がその国に駐在しないときは，本籍地の市町村長に証書の謄本を発送することを要します（同条2項）。

イ　父又は母は，出生時に法律上の父又は母でなければならない

血統主義の法制においては，親子関係の存在が出生による国籍取得の基礎となりますから，子の出生の時に法律上の父子関係あるいは母子関係が成立していることが国籍取得の前提となります。

通常は，父と母が婚姻をして，その間に生まれてくる子は嫡出子として法

律上の父及び母を有することになります。子の嫡出の親子関係の成立については，通則法28条1項が，「夫婦の一方の本国法で子の出生の当時におけるものにより子が嫡出となるべきときは，その子は，嫡出である子とする。」と規定していますので，日本人男と外国人女の夫婦間に出生した子については，日本法（民法）又は外国人女の本国法が準拠法となり，日本法によって嫡出子であるときは，外国人女の本国法によっては嫡出子と認められない場合でも，出生によって日本国籍を取得します。

　父と母が婚姻をしていない場合は，どうでしょうか。母子関係については分娩の事実によって当然に発生すると解されていますので（最判昭和37・4・27民集16巻7号1247頁），日本人の母が子を出産すれば，子が嫡出子であっても嫡出でない子であっても，分娩の事実により法律上の母子関係が成立しますので，子は出生によって日本国籍を取得します。

　次に，婚姻をしていない日本人男と外国人女の間に出生した子の国籍はどうでしょうか。嫡出でない子の親子関係の成立については，通則法29条1項は，父との間の親子関係は子の出生の当時における父の本国法によるとしていますから，父子関係が生ずるためには，日本民法により父の認知が必要となります（民779条，787条）。その日本民法では，認知の効果は出生の時に遡るとされているのですが（民784条），これは親族法上の効果を定めたものにすぎません。国籍法による国籍取得の関係では，子の出生の時に父が日本国民であることが要件とされていますので，母が外国人で父が日本人である場合には，認知により父子関係が生じても，そのことのみによってその子が日本国籍を取得することはできません。結局，日本人を父とする嫡出でない子が国籍法上出生によって日本国籍を取得するのは，父が胎児認知した後に子が出生したときに限られることになります。

　　ウ　出生前に死亡した父が，死亡の時に日本国民であったこと（国籍法
　　　　2条2号）

　わが国の国籍法は，子の出生の時に親の一方が日本国民であれば子は出生により日本国籍を取得するという，父母両系血統主義を原則としています。この原則は，子の出生時の父又は母の国籍を基準として，そのうちいずれか

18　第2章　国籍の取得

一方が日本国民であれば，子は出生と同時に日本国籍を取得するというものです。したがって，母が子を懐胎している時点で父又は母の一方が日本国籍を有していたとしても，子の出生時にその父又は母が日本国籍を喪失していれば，子は日本国籍を取得しません。逆に，出生の時に父又は母のいずれか一方が日本国民であれば，出生後にその父又は母がその国籍を喪失しても，子は日本国籍を取得します。しかしながら，例えば，母が外国人で父が日本人である場合において，子が出生した時に法律上の父が死亡していたときには，子の出生時に日本国民である父がいないことになりますので，血統主義による子の国籍の取得ができないことになるのではないかとの疑問が生じます。そこで，国籍法は，このような場合には，父の死亡時の国籍を基準にすることとして，父が死亡の時に日本国民であったときは，子は出生により日本国籍を取得するものとしています（国2条2号）。

3　生地主義に基づく国籍の取得

　国籍法は，既に述べたとおり，出生による国籍取得については父母両系血統主義を原則としていますので，日本国内で発見された棄児のような父母ともに不明な子，あるいは父母は判明しているものの無国籍である場合の子については，血統主義によっては，子は日本国籍を取得することができず，無国籍となってしまいます。そこで，国籍法では，出生による無国籍者の発生を防止するため，子が日本で生まれた場合において，父母がともに知れないとき又は無国籍であるときは，子は出生により日本国籍を取得することとしています（国2条3号）。これは，生地主義を一定の条件付きで補充的に認めたものです。この補充的生地主義によって子が日本国籍を取得するには，子の出生地が日本であること，父母がともに知れないか又は無国籍であることが要件となります。父が子の出生前に死亡している場合は，父が死亡の時に無国籍であること，及び，子の出生の時に母も無国籍であることが要件となると解されていますし，父が知れない場合で，子の出生の時に母が無国籍であるときも，子が日本で生まれたときは，日本の国籍を取得するものと解されています。

第1　出生による国籍の取得　*19*

4 国籍留保の届出

　国籍法は，出生により外国の国籍を取得した日本国民で国外で生まれたものは，戸籍法104条1項に定める国籍留保届により日本国籍を留保する意思を表示しなければ，出生時に遡って日本の国籍を失うものと定めています（国12条）。この留保届を要するのは，出生により外国の国籍を取得した日本人の子が国外で出生した場合に限られ，日本国内で出生した場合は，届出を要しません。

　例えば，わが国の国籍法は父母両系血統主義を採っていますので，子は，父又は母が日本国民であれば，出生地にかかわらず日本国籍を取得します（国2条1号）が，その出生地が生地主義を採る国である場合は，その子は，出生により日本の国籍のなかに出生地である外国国籍をも取得して重国籍となります。また，子の出生地が生地主義を採らない国である場合であっても，その子が婚姻中の日本人父（母）と父母両系血統主義を採る国の母（父）との間に出生したものであるときは，重国籍となることがあります。このように，国籍留保の届出の対象となる子の範囲は，生地主義国で出生した子に限らず，国外で出生した日本人の子であって血統により外国の国籍をも取得した者も含まれることになります。すなわち，国外で生まれ，出生により重国籍となった全ての者が，その適用範囲の対象者となります。

　この留保届は，出生の届出をすることができる者（戸52条3項の規定によって届出をすべき者を除く。）が，出生の日から3か月以内に出生届とともにしなければなりません（戸104条1項・2項）。

　なお，上記の国籍の留保がされなかったために日本国籍を喪失した者であって20歳未満のものが，日本に住所を有するときは，法務大臣に届け出ることによって，その届出の時に日本の国籍を再取得することができるものとされています（国17条1項・3項）。

（注1）　主な生地主義国（『各国法律と要件Ⅰ〜Ⅵ』）

　　　① アメリカ合衆国

　　　　アメリカ合衆国は生地主義国であり，アメリカ合衆国内で出生した事実によって，同国の国籍を取得する。したがって，日本人夫婦又は夫婦の一

方が日本人である子がアメリカ合衆国で出生したときは，出生の日から３か月以内に日本国籍を留保する意思を表示しなければ日本国籍を喪失する（国12条）。

② アルゼンチン

アルゼンチンは生地主義国であり，アルゼンチン国内で出生した事実によって，同国の国籍を取得する。したがって，日本人夫婦又は一方が日本人で他方が外国人の夫婦の子がアルゼンチン国内で出生したときは，出生の日から３か月以内に日本国籍を留保する意思を表示しなければ，子は日本国籍を喪失する。

③ カナダ

カナダは生地主義国であり，カナダで出生した事実によって，同国の市民権を取得する。したがって，日本人夫婦又は日本人と外国人の夫婦の子がカナダで出生した場合は，出生の日から３か月以内に日本国籍を留保する意思を表示しなければ，子は日本国籍を喪失する。

ただし，子の出生時に父母が一定の条件を満たしていない場合には，カナダ市民とはならないとされている。

④ ブラジル

ブラジルは生地主義国であり，ブラジル国内で出生した事実によって，同国の国籍を取得するので，日本人夫婦又は一方が日本人で他方が外国人の夫婦の子がブラジル国内で出生したときは，出生の日から３か月以内に日本国籍を留保する意思を表示しなければ，子は日本国籍を喪失する。

（注２） 主な父母両系血統主義国（『各国法律と要件Ⅰ～Ⅵ』）

① インドネシア

インドネシアは，従前は，父系血統主義であったが，2006年の法律改正で父母両系血統主義に変更されている。変更後は，夫婦の一方が日本人で，他方がインドネシア人の子がインドネシア国内（又はその他の外国）で出生した場合は，出生の日から３か月以内に日本国籍を留保する意思を表示しなければ，子は日本国籍を喪失する。

② 韓 国

韓国においては，従前，父系血統主義であったが，1997年法律第5431号による国籍法の改正により，出生による国籍の取得については，父系血統主義が父母両系血統主義に改められている。したがって，父又は母の一方を韓国人，他方を日本人とする嫡出子は，韓国及び日本の国籍を取得して

第１ 出生による国籍の取得 *21*

重国籍となる。したがって、その子が日本国外で出生したときは、出生の日から3か月以内に出生届とともに国籍留保の届出を要する。

③　中国（中華人民共和国）

中国は、父母両系血統主義であり、中国国内で出生しただけでは国籍は取得しない。したがって、日本人夫婦の子が中国国内で出生した場合には、国籍留保の届出は必要ないが、夫婦の一方が日本人で、他方が中国の公民である場合は、夫婦の子が中国国内で出生したときは、出生の日から3か月以内に国籍を留保する意思を表示しなければ、日本国籍を喪失する。

なお、中国は事実主義の法制を採っており、嫡出でない子に関しては、事実上の父子関係（血縁関係）の存在が認められれば法律上の父子関係の存在が認められることから、中国人男と日本人女の間の中国で出生した嫡出でない子は、日本国籍を取得するとともに、中国国籍法の規定（国籍法4条）により中国国籍をも取得するものと解されている（『各国法律と要件Ⅰ～Ⅵ』）。したがって、この場合は、国籍留保の届出が必要であるとされる。

④　フイリピン

フイリピンは、父母両系血統主義国であり、フイリピンで出生した事実だけでは、国籍は取得しない。したがって、日本人夫婦の子がフイリピンで出生した場合は、国籍留保の届出は必要ないが、夫婦の一方が日本人で、他方がフイリピン人の子がフイリピン（又はその他の外国）で出生した場合は、出生の日から3か月以内に日本国籍を留保する意思を表示しなければ、子は日本国籍を喪失する。

⑤　フランス

フランスは、父母両系血統主義国であり、フランス国内で出生した事実だけでは、国籍は取得しない。したがって、日本人夫婦の子がフランス国内で出生した場合は、国籍留保の届出は必要ないが、夫婦の一方が日本人で、他方がフランス市民の子がフランス国内（又はその他の外国）で出生した場合は、出生の日から3か月以内に日本国籍を留保する意思を表示しなければ、子は日本国籍を喪失する。

（注3）　主な父系血統主義国（『各国法律と要件Ⅰ～Ⅵ』）

　　　　①　アラブ首長国連邦

　　　　②　イラン

　　　　③　サウジアラビア

第2 出生の届出

1 概説

　日本国内で子が出生したときは，出生子が日本国籍を取得するか否かにかかわらず，出生届をしなければなりません（戸25条2項，49条，昭和24・3・23民事甲3961号回答，昭和24・11・10民事甲2616号通達）。また，外国で日本人を父又は母とする子が出生したときは，その子は出生によって日本国籍を取得しますので，出生届をしなければなりません。

　このような出生届があった場合の審査はどのようにするのでしょうか。例えば，出生子の父母の一方若しくは双方が外国人である場合の出生届，出生の場所が外国である場合の出生届等を受理するに当たっては，子の嫡出性，父母の氏名等の出生届に記載された親子関係が法律上の親子関係と一致するかどうか，また，その子が日本国籍を有するかどうかを審査する必要があります。そして，出生子が日本国籍を有する場合には，その子を戸籍に記載して日本国民であることを登録公証し，子が日本国籍を有しない場合には，戸籍の記載をすることなく，受理した届書を保管するにとどめることになります（戸規50条1項）。

2 嫡出である子の親子関係・嫡出でない子の親子関係の成立

(1) 嫡出親子関係の成立

　わが国の民法は，法律上の婚姻関係にある男女間に生まれた子を嫡出子とし，その子と親の関係を嫡出親子関係と称しています。この場合には，その間に生まれてくる子は，嫡出子として法律上の父及び母を有することになります。また，婚姻関係にない男女間の子は嫡出でない子（非嫡出子）とし，この場合には，子と父との間の法的父子関係は，父の認知という意思表示によって生じることとされています（民779条）。これに対して，母と子との母子関係については，原則として，母の認知を待たず，分娩の事実によって法律上の母子関係が成立すると解されています（最判昭和37・4・27民集16巻7号1247頁）。

このような区別がありますので，父母の一方又は双方が外国人である場合や日本人父母が外国で子を出生した場合には，その子の嫡出性を判断することが必要になりますが，その場合，どこの国の法律を適用するかが問題となります。

嫡出親子関係の成立については，通則法28条1項が，「夫婦の一方の本国法で子の出生の当時におけるものにより子が嫡出となるべきときは，その子は，嫡出である子とする。」と定めていますから，子の出生当時の父又は母の本国法のいずれかによって嫡出子とされるときは，その子は嫡出子となります。例えば，父又は母の一方が日本人の場合は，まずわが国の民法により出生子が嫡出子か否かを判断し，これによって嫡出子となるときは，嫡出子として処理することが可能です（平成元・10・2民二3900号通達）。この場合には，外国人親の本国法による審査は不要とされています。わが国の民法上嫡出子とならない場合には，外国人親の本国法により判断することになり，その法律によって子が嫡出子と認められるときは，わが国においても嫡出子として取り扱うこととされています（前掲通達）。このように，準拠法である外国法によって日本人親との親子関係が成立する場合にも，その子は日本国籍を取得することになりますので，この場合には，子の出生当時における外国人親の国籍証明書及び外国人親の本国法の嫡出子の要件に関する証明書を添付した上で，嫡出子出生届をしなければなりません（前掲通達）。

なお，通則法では，夫が子の出生前に死亡したときは，その死亡の当時における夫の本国法をその本国法とみなすと定められています（通則法28条2項）。

(2) 推定を受ける嫡出子

わが国の取扱いでは，嫡出子には，生来の嫡出子と準正による嫡出子とがあり，前者は，民法772条による嫡出推定を受けるか否かによって，「推定を受ける嫡出子」と「推定を受けない嫡出子」とに分かれ，後者は，準正の時期によって，「婚姻準正による嫡出子」と「認知準正による嫡出子」とに分かれます。

嫡出子とは，婚姻関係にある父母の間に生まれた子，すなわち，妻が婚姻

継続中に夫の子を懐胎して生んだ子をいいます。したがって，子が嫡出子であるためには，①母が妻たる身分を有したこと，②婚姻の継続中に懐胎したものであること，③夫の子であること，という3つの要件を具備しなければなりません（『講義案』101頁）。

　この3要件のうち，①母が妻たる身分を有したことは，父母の婚姻届が受理されていることを戸籍簿の記載によって容易に証明することができます。ところが，②及び③の要件を直接に証明することは極めて困難であり，しかも，現代医学の水準をもってしても正確に証明することはできないと考えられています（『講義案』101頁）。そこで民法は，②の要件については，婚姻成立の日から200日を経過した後又は婚姻の解消若しくは取消しの日から300日以内に生まれた子は，婚姻中に懐胎したものと推定し（民772条2項），③の要件については，妻が婚姻中に懐胎した子は夫の子と推定する（同条1項）との規定を設けました。この規定に該当する出生子を「推定を受ける嫡出子」と呼んでいます。

　この推定は，極めて強力であって，嫡出と推定される子が母の夫によって懐胎されたものでないとして争うには，嫡出否認の訴えによらなければなりません（民775条）。嫡出否認の訴えを提起することができるのは，①原則として夫だけであり（民774条），②その提訴期間は，夫が子の出生を知った時から1年以内とされています（民777条）。ただし，③夫が子の出生前に死亡したとき又は民法777条に定める期間内に嫡出否認の訴えを提起しないで死亡したときは，その子のために相続権を害される者その他夫の3親等内の血族は，嫡出否認の訴えを提起することができます（人事訴訟法41条）。また，④この訴えの相手方は，子又は親権を行う母とされています。親権を行う母がないときは，家庭裁判所に申請して，子のために特別代理人を選任しなければなりません（民775条，家事事件手続法39条・別表第1の59）。なお，胎児や死亡した子の嫡出性を否認することはできないと解されています（『講義案』103頁）。

(3)　推定を受けない嫡出子

　子の嫡出推定に関する民法772条の規定によれば，婚姻前に懐胎し，婚姻

第2　出生の届出　25

成立後200日以内に生まれた子は，夫婦間の子であることが明らかな場合であっても，嫡出の推定を受けないことになります。ところが，わが国では，結婚式を挙げて事実上の夫婦となりながら，子の生まれる直前になってから婚姻届をする例が少なくないため，このような夫婦間に生まれた子を嫡出子でないとするのは実情に合わないところがありました。この点にかんがみて，判例の解釈には変遷がみられます。すなわち，判例は，かつては，婚姻中に生まれた子は，婚姻前に懐胎されたものであっても，父が否認しない限り嫡出子であるとの見解を採っていました（大判大正8・10・8民録25輯1756頁）。その後，判例は，この見解を改め，婚姻成立後200日以内に生まれた子は嫡出推定を受けることがなく，父母が婚姻届をした後に認知することにより，初めて準正による嫡出子になるとした（大判昭和3・12・6新聞2957号6頁）のですが，これでは，なお父母の婚姻後の認知が必要になるため，やはり実情に合わないという問題の解消には至らなかったのです。このため，判例は，その後，更に見解を改め，婚姻に先行する内縁関係の継続中に懐胎があれば，婚姻届出後200日以内に生まれた子でも，認知を待たず当然に生来の嫡出子たる身分を取得すると判示するに至りました（大判昭和15・1・23民集19巻1号54頁）。

　戸籍実務の取扱いも，上記昭和15年の大審院判決に従って，婚姻成立後の出生子については，父の認知を得るまでもなく，嫡出子としての出生の届出を受理することとしています（昭和15・4・8民事甲432号通牒）。

　このように，婚姻成立後200日以内に出生した子も嫡出子として取り扱われますが，民法772条に定める嫡出子たる推定を受けるわけではありませんから，このような子は「推定を受けない嫡出子」と呼ばれています。この推定を受けない嫡出子と推定を受ける嫡出子との違いは，次の点にあります。後者については，その子が母の夫によって懐胎された子でないと主張する者は，前述のとおり，嫡出否認の訴えによらなければならないのですが，前者については，そのような制約はなく，親子関係不存在確認の訴え（人事訴訟法2条2号）によって父子関係を争うことになります（大判昭和15・9・20民集19巻18号1596頁，昭和26・6・27民事甲1332号回答）。親子関係不存在確認の

訴えは，嫡出否認の訴えと異なり，夫に限らず，その子も，さらには確認の利益を有する者であれば第三者でも提起することができ，出訴期間の制限（子の出生を知った時から1年以内に出訴しなければならない。）もありません。この訴えの当事者は，親又は子が訴えを提起する場合は，被告は子又は親です（人事訴訟法12条1項）。親又は子以外の第三者（利害関係人）が訴えを提起する場合は，親及び子（いずれか一方が死亡した後は，他の一方）を被告とします（同条2項）。被告とすべき者がないときは，検察官を被告とします（同条3項）。

(4) **準正による嫡出子**

準正とは，嫡出でない子が，父母の婚姻によって嫡出子の身分を取得することをいいます。民法は，準正に関して次のように規定しています。

① 既に父から認知された嫡出でない子は，父母が婚姻することによって嫡出子たる身分を取得します（民789条1項）。これを「婚姻準正」といいます。

② 父から認知されていない嫡出子でない子は，父母が婚姻し，婚姻中に父が認知することによって嫡出子たる身分を取得します（同条2項）。これを「認知準正」といいます。

以上の民法の規定を受けて，戸籍法62条は，認知準正によって嫡出子となるべき子について，婚姻後父母が嫡出子出生の届出をしたときは，その届出は認知の届出の効力を有するとして，この場合に準正を認めています。なお，この戸籍法の規定の適用がある場合というのは，父母が婚姻届をする前に出生した子について，婚姻届と同時にあるいは婚姻届後に出生届をする場合を指します（『講義案』120頁）。

(5) **嫡出でない子（非嫡出子）**

嫡出でない子とは，法律上の婚姻関係にない父母の間に生まれた子をいいます。

嫡出でない子の親子関係については，通則法29条1項前段が，「嫡出でない子の親子関係の成立は，父との間の親子関係については子の出生の当時における父の本国法により，母との間の親子関係についてはその当時における

母の本国法による。」と定めています。この規定は，認知主義による父子関係の成立についてはもとより，事実主義（生理上の父子関係がある場合には，認知を要することなく，法律上の父子関係を認める法制）による父子関係の成立についても適用されると解されています。

日本人男を事実上の父とする外国人母の嫡出でない子の場合は，その子と父との関係については，父の本国法である日本民法が準拠法となり，したがって胎児認知がない限り，その出生時に法律上の父子関係が成立しませんから，その子は日本国籍を取得しないことになります。なお，上記の事例で，外国人母の本国法が事実主義を採用している場合であっても，通則法29条1項前段が，「父との間の親子関係については子の出生の当時における父の本国法により，母との間の親子関係についてはその当時における母の本国法による。」と定めて，父子関係と母子関係を各別に規定しているところから，日本人父と子の関係が事実主義により認められることはなく，子は日本国籍を取得することはないと解されています（『新版実務戸籍法』298頁）。

3　出生届書の審査

(1)　日本人と外国人夫婦間の子が日本国内で出生した場合の戸籍の処理

国籍法の規定により，出生子が日本の国籍を取得する場合は，その子を戸籍に記載しなければなりません。

ア　届書の記載事項

出生届書の記載事項は，戸籍届書の一般的記載事項（戸29条）のほか，戸籍法49条2項及び戸籍法施行規則55条に規定する事項です。

戸籍に関する届書の一般的記載事項は，①届出事件名，②届出年月日，③届出人の出生年月日，住所及び戸籍の表示，④届出事件本人の氏名，出生年月日，住所，戸籍の表示及び届出人の資格です。この場合の「届出事件の本人」は，出生子です。

出生届に特有の記載事項については，戸籍法49条2項及び戸籍法施行規則55条に定めがあります。すなわち，⑤子の男女の別及び嫡出子又は嫡出でない子の別，⑥出生の年月日時分及び場所，⑦父母の氏名及び本籍，父又は母

28　第2章　国籍の取得

が外国人であるときは，その氏名及び国籍，⑧世帯主の氏名及び世帯主との続柄，⑨父母の出生の年月日及び子の出生当時の父母の年齢，⑩子の出生当時の世帯の主な仕事及び国勢調査実施年の4月1日翌年3月31日までに発生した出生については，父母の職業，⑪父母が同居を始めた年月を記載しなければならないとされています。また，戸籍法施行規則で定められている出生届の様式（戸規附録第11号様式）中には，子の父母との続柄を記載すべき欄が設けられていますので，これに関する記載も必要です。嫡出子については，父母を同じくする子の中での，その出生の順序に従い，長男（長女），二男（二女）と記載します。嫡出でない子については，父の認知の有無にかかわらず，母との関係のみにより認定し，母が分娩した嫡出でない子の出生の順序に従い，長男（長女），二男（二女）と記載します（平成16・11・1民一3008号通達）。その他，戸籍の記載に必要な事項で該当する欄がないものは，「その他」欄に記載します。

　なお，外国人父母に関する記載事項で留意すべき点は，次のとおりです。

　父母の一方が外国人の場合には，父母の氏名欄に記載する外国人父母の氏名は，原則として，片仮名で，氏，名の順に記載し，また，その外国人が本国において氏名を漢字で表記するものである場合には，正しい日本文字としての漢字を用いるときに限り，氏・名の順序により，漢字で記載して差し支えないとされています（昭和59・11・1民二5500号通達）。

　また，外国人父母の生年月日については，西暦で記載します。これは，戸籍記載例（法定記載例74から77等参照）において，外国人の生年月日については，西暦で表示されていること等から，外国人については西暦で記載するのが相当であると考えられているからです。

　届書の本籍欄の記載は，外国人については本籍の表示に代えて，その者の国籍を記載します。

　届書の様式は，戸籍法施行規則附録第11号様式によって定められています。

　　イ　届出人

　嫡出子については，父又は母であり，同順位で届出義務を負います（戸52条1項）。嫡出でない子については，母が届出義務を負います（同条2項）。

父母が届出をすることができないときは，同居者，出産に立ち会った医師，助産師又はその他の者がその順序に従って，届出義務を負います（戸52条3項）。また，父又は母が届出をすることができない場合には，その者以外の法定代理人も，届出をすることができます（同条4項）。

　　ウ　届出期間

　日本国内で出生した場合の出生の届出は，子の出生した日から起算して14日以内にしなければなりません（戸49条1項）。正当な理由なくして期間内に届出をしなかった者は，過料に処せられます（戸135条）。なお，届出期間が経過した後の届出であっても，市町村長はこれを受理しなければなりません（戸46条）。

　　エ　届出地

　事件本人の本籍地又は届出人の所在地（戸25条）のほか，出生地においても，届出をすることができます（戸51条1項）。

　　オ　添付書類

　出生届には，出産に立ち会った医師，助産師又はその他の者が作成した出生証明書を添付することを要します（戸49条3項）。

　なお，事件本人がわが国の民法によれば嫡出でない場合において外国法により嫡出子となるとして届出をするときは，子の出生の当時における外国人親の本国法上の嫡出子の要件に関する証明書を提出しなければならないとされています（平成元・10・2民二3900号通達）。

　　カ　入籍すべき戸籍

①　日本人父母の嫡出子は，父母の氏を称し父母の戸籍に入ります（民790条1項，戸18条1項）。

②　日本人男と外国人女の嫡出子は日本国籍を取得しますので，その子は，日本人父の氏を称しその戸籍に入ります（民790条1項，戸18条2項）。

③　日本人母の嫡出でない子は，日本国籍を取得しますので，母の氏を称して，その戸籍に入ります（民790条2項，戸18条2項）。

④　日本人父が胎児認知した外国人母との間の嫡出でない子は，出生により日本国籍を取得するのですが，当然には父の氏を称してその戸籍に入

30　第2章　国籍の取得

ることができません。その子については，届出人が出生届の際に定めた氏名と本籍を設定して新戸籍を編製することになります（戸22条，昭和29・3・18民事甲611号回答）。

(2) 外国人夫婦間の子が日本で出生した場合の戸籍の処理

外国人夫婦間の子が日本で出生した場合は，その子が日本の国籍を取得しないときにおいても，出生の届出をしなければならないとされています（昭和24・3・23民事甲3961号回答，昭和24・11・10民事甲2616号通達）。もっとも，外国人について出生の届出があっても，その子は戸籍に記載することができませんので，届出を受理した市町村長は，出生に関する公証の資料として，その届書を受理した翌年から10年間保存しなければならないとされています（戸規50条2項）。

届出の方法は，上記の(1)の場合とほぼ同じですが，届出地については，外国人には本籍地がありませんので，その届出は，届出人の所在地でしなければならないとされています（戸25条2項）。また，子の出生地でも届出をすることができます（戸51条1項）。

出生届書の記載については，次の点に留意する必要があります。

ア 子の氏名欄の記載

出生届書における外国人である子の氏名の表記については，次のとおり取り扱うこととされています（昭和56・9・14民二5537号通達二）。

① 出生届書に記載する子の氏名は片仮名で表記し，その下にローマ字を付記しなければなりません（平成24・6・25民一1550号通達により改正）。ただし，届出人がローマ字を付記しないときでも，便宜その届出を受理して差し支えないとされています。

なお，このローマ字の付記については，近時，「出入国管理及び難民認定法及び日本国との平和条約に基づき日本の国籍を離脱した者等の出入国管理に関する特例法の一部を改正する等の法律」及び「住民基本台帳法の一部を改正する法律」の施行に伴って，戸籍届書の標準様式が改められ，出生届の記入に当たっては，子が外国人のときは，住民票の処理上必要があることから，ローマ字を付記することとされています（平

成24・6・25民一1551号通達）。

② 出生した子が中国人，朝鮮人等本国法上氏名を漢字で表記する外国人
である場合には，出生届書に記載する子の氏名は，正しい日本文字とし
ての漢字を用いるときに限り，片仮名による表記をさせる必要はないと
されています。

上記にいう「正しい日本文字」とは，いわゆる人名用漢字には限定されず，
わが国において正しい漢字であると評価されているものでよいとされていま
す。具体的には，漢字辞典（康熙字典）に正字として登載されているもので
あれば可であろうと解されています（戸籍491号36頁）。

　イ　本籍欄の記載

　届書の本籍欄の記載は，外国人については本籍の表示に代えて，その者の
国籍を記載します。国名は正式名称で記載するのが原則ですが，一般名称で
記載しても差し支えないとされています（昭和49・2・9民二988号回答，平
成2・12・3民二5452号通知）。

　ウ　生年月日

　戸籍の届書に外国人の生年月日を記載する場合には，西暦で記載します。
その理由は，前記第2の3アで述べたとおりです。

(3) **外国に在住する婚姻中の日本人父（母）と父母両系血統主義国の母
（父）との間の子が外国で出生した場合の戸籍の処理**

　子が出生した時に父又は母のいずれか一方が日本国民であるときには，子
は日本国籍を取得します（国2条1号）。

　日本国民が外国で出生した場合は，その属人的効力として，戸籍法の定め
るところに従って，出生の届出をしなければなりません（戸52条）。また，
出生により外国の国籍を取得した日本国民で外国で生まれたものは，日本国
籍を留保する旨の届出をしなければ，出生の時に遡って日本の国籍を失うこ
とになります（国12条，戸104条1項・2項）。

　この国籍留保の届出の規定は，子が生地主義国で出生した場合に限らず，
生地主義を採らない外国で出生した場合でも，父母が国籍を異にし，それぞ
れの国が，血統主義を採ることによって父母の両国籍を取得して二重国籍と

32　第2章　国籍の取得

なるときにも適用されます。国籍留保の届出は，通常は，届書の「その他」
欄に届出人が国籍留保の旨を記載し，かつ，署名押印することによってその
意思を表示する取扱いですが，在外公館で使用する出生届書では，「その他」
欄に国籍留保に関する事項があらかじめ印刷されていますので，当該届書用
紙を用いて出生及び国籍留保の届出をする場合は，届出義務者が署名押印を
することで足りることになります（昭和59・11・15民二5815号通達）。

　この国籍留保届は，出生の届出をすることができる父又は母若しくは父母
以外の法定代理人が，出生の日から3か月以内に出生届とともにしなければ
なりません（戸104条）。また，この届出は，届出をする者が外国に在る外国
人であっても，その国に駐在する日本の大使，公使又は領事に出生の届出と
ともにすることができるとされています（昭和59・11・1民二5500号通達）。

　上記の届出が，天災その他届出義務者の責めに帰すことができない事由に
よって3か月以内の期間にすることができないときは，その期間は，届出を
することができる状態になった時から起算して14日とされています（戸104
条3項）。この場合は，届出遅延の事由を「その他」欄において明らかにす
るとともに，届出が遅延した理由書を添付しなければなりません。

● 参考先例 ───────────────────────────

　届出義務者の責めに帰することのできない事由の認定に関する戸籍先例と
しては，次のような事例があります。なお，生地主義国に駐在する日本の大
使，公使及びその職員（領事官，書記官等）の子が，当該駐在国で出生した
場合には，当該出生子は同国の出生による国籍取得に関する法律の適用を受
けないのが通例であることから，国籍留保の届出をするまでもなく，引き続
き日本の国籍を保有するとされています（昭和32・9・21民事甲1833号通達）。
この場合には，従前から出生届書の「その他」欄に「出生子は，アメリカ合
衆国駐在日本大使館職員の子である。」等を明らかにして届け出られていま
す。
1　届出人の責めに帰することのできない事由に該当するとされた事例
　① 夫が出生届を在ザイール大使館に届ける途中，盗難に遭い，紛失して
　　しまったので，病院から証明書の再発行をしてもらおうとしたが，証明

第2　出生の届出　*33*

書の発行者である病院長の死亡により病院が休業状態となったため証明
書の入手が遅れたことと，現地ザイールにおいて暴動が頻繁に起こり外
出できる状況になかったため，子の出生後6か月後に在外公館に届け出
た事例（平成4・6・12民二3314号回答）

② 日本人の母が，アメリカ合衆国内の刑務所に服役中に，アメリカ人夫
との間の子を出生したが，アメリカ人父はその当時軍人として韓国に派
遣されていたこと，また，母は刑務所に収監中という状況下に置かれて
いたため，出所後である提出期間経過後に届け出た事例（平成5・6・
3民二4318号回答）

③ オランダ人父と日本人母との間にフランスで出生した子について，日
本人母から出生後約1か月後に在フランス大使館に対し普通郵便で出生
届書を郵送したが，届書が郵送の途中で紛失した場合（平成9・3・11
民二445号回答）

2 届出人の責めに帰することのできない事由に該当しないとされた事例

① 届出人の居住地（バーミューダ）に日本の在外公館がないこと及び法
令不知を届出遅延理由とするが，日本との通信事情がよい状況にある場
合（昭和62・3・20民二1357号回答）

② イギリス人父日本人母との間に香港で出生した子について，日本から
の届出に必要な戸籍謄本の到達を待たなければならなかったこと，及び，
配偶者の祖母及び出生子の病気を遅延理由とする場合（平成5・6・3
民二4319号回答）

③ オーストラリア人父と日本人母との間にオーストラリアで出生した子
について，日本人母の産後の経過不良，長男の病気の看護，夫の多忙等
を遅延理由とする場合（平成9・3・11民二446号回答）

ア 届出義務者

日本人夫婦間に出生した嫡出子の出生届の義務者は，父又は母であり，同
順位で届出義務を負います。子の出生前に父母が離婚した場合には，母が届
出をしなければなりません（戸52条1項）。

子が外国で出生した場合には，外国にいる外国人父又は母も届出をするこ

とができます（昭和59・11・1民二5500号通達第2，4(2)）。

　イ　届書の記載事項

　出生届書の記載事項は，戸籍届書の一般的記載事項（戸29条）のほか，戸籍法49条2項及び戸籍法施行規則55条に規定する事項です。

　ウ　届出期間

　国外で生まれた日本国民の子の出生届は，出生の日から3か月以内にしなければなりません（戸49条1項）。

　エ　届出地

　日本国外において日本国民として出生した子については，戸籍法25条1項の規定に従って，子の本籍地の市区町村長に郵送によって届け出るか，又は届出義務者が日本国内に所在するときに，その所在地の市区町村長に届け出るほか，戸籍法40条の規定により，当該外国に駐在する日本の大使，公使又は領事に届け出ることもできます。

　オ　添付書類

　出生届書には，出生証明書を添付しなければなりません。出生証明書は，医師，助産師又はその他の者が出産に立ち会った場合には，この順序に従ってそのうちの1人が作成することとされています（戸49条3項）。なお，出生証明書が外国語によって作成されたものである場合は，翻訳者を明らかにした訳文を添付しなければなりません（戸規63条の2）。

　カ　入籍すべき戸籍

　子が日本の国籍を取得する場合は，日本人父又は母の戸籍に入籍します（民790条，戸18条）。例えば，日本人男と外国人女の嫡出子が出生しますと，その子は日本国籍を取得しますので，日本人父の氏を称しその戸籍に入ることになります（民790条，戸18条2項）。父母が出生届とともに国籍留保届をした場合には，出生による入籍の記載の際に国籍留保の届出があった旨を記載します（法定記載例3）。

第2　出生の届出　35

○出生届（日本人男と外国人女間の嫡出子が日本で出生し，父が非本籍地に嫡出子出生届をする例）

<table>
<tr><td rowspan="2">出 生 届

平成 30 年 9 月 13日 届出

東京都港区　長殿</td><td>受理　平成30年 9 月13日
第　　　　　2365 号</td><td colspan="2">発送　平成 30 年 9 月 14日

東京都港区 長 ［印］</td></tr>
<tr><td>送付　平成 30 年 9 月15日
第　　　　　2370 号</td><td colspan="2">書類調査　戸籍記載　記載調査　調査票　附　票　住民票　通　知</td></tr>
</table>

(1)	生まれた子	（よみかた） 子 の 氏 名 （外国人のときは ローマ字を付記 してください）	こう やま　　はな こ 氏　　　　　名 甲　山　　花　子	父母と の 続き柄　☑嫡 出 子　□男 　　　　　□嫡出でない子　長　☑女
(2)		生まれたとき	平成 30 年　9 月　8 日　☑午前　10 時 25 分 　　　　　　　　　　　　　□午後	
(3)		生まれたところ	東京都港区西新橋 1 丁目　　　　1　番地 　　　　　　　　　　　　　　　　　　番　1 号	
(4)		住　　　　所 （住民登録をする ところ）	東京都港区東麻布 2 丁目　　　　2　番地 　　　　　　　　　　　　　　　　　　番　2 号 世帯主 の氏名　甲山一郎　世帯主と の続き柄　子	
(5)	生まれた子の父と母	父 母 の 氏 名 生 年 月 日 （子が生まれたと きの年齢）	父 甲 山 一 郎　　　母 ベルナール，ベティ 平成 2 年 7 月 1 日(満 27 歳)　西暦1992 年 8 月 3 日(満 25 歳)	
(6)		本　　　　籍 （外国人のときは 国籍だけを書い てください）	東京都千代田区平河町 1 丁目　　　1　番地 　　　　　　　　　　　　　　　　　　　　番 筆頭者 の氏名　甲 山 一 郎　母の国籍アメリカ合衆国	
(7)		同居を始めた とき	平成 26 年　1 月　　（結婚式をあげたとき，または，同居を始め 　　　　　　　　　　　たときのうち早いほうを書いてください）	
(8)		子が生まれた ときの世帯の おもな仕事と	□1．農業だけまたは農業とその他の仕事を持っている世帯 □2．自由業・商工業・サービス業等を個人で経営している世帯 □3．企業・個人商店等（官公庁は除く）の常用勤労者世帯で勤め先の従業者数が1 　　人から99人までの世帯（日々または1年未満の契約の雇用者は5） ☑4．3にあてはまらない常用勤労者世帯及び会社団体の役員の世帯（日々または1 　　年未満の契約の雇用者は5） □5．1から4にあてはまらないその他の仕事をしている者のいる世帯 □6．仕事をしている者のいない世帯	
(9)		父母の職業	（国勢調査の年…　年…の4月1日から翌年3月31日までに子が生まれたときだけ書いてください） 父の職業　　　　　　　　　　母の職業	
	その他			
届出人		☑1.父 　2.母　□2.法定代理人（　　）　□3.同居者　□4.医師　□5.助産師　□6.その他の立会者 □7.公設所の長		
		住　所　東京都港区東麻布 2 丁目　　　　2　番地 　　　　　　　　　　　　　　　　　　　　　　番　2 号		
		本　籍　東京都千代田区平河町 1 丁目 1　番地 　　　　　　　　　　　　　　　　　　　　番　筆頭者 の氏名　甲山一郎		
		署　名　　甲 山 一 郎　　［印］　平成 2 年 7 月 1 日生		
	事 件 簿 番 号			

36　第 2 章　国籍の取得

記 入 の 注 意

鉛筆や消えやすいインキで書かない
でください。

子が生まれた日からかぞえて14日以
内に出してください。

子の本籍地でない役場に出すとき
は、2通出してください（役場が相
当と認めたときは、1通で足りるこ
ともあります。）。2通の場合でも、
出生証明書は、原本1通と写し1通
でさしつかえありません。

子の名は、常用漢字、人名用漢字、
かたかな、ひらがなで書いてくだ
さい。子が外国人のときは、原則
かたかなで書くとともに、住民票
の処理上必要ですから、ローマ字
を付記してください。

よみかたは、戸籍には記載されませ
ん。住民票の処理上必要ですから書
いてください。

□には、あてはまるものに☑のよう
にしるしをつけてください。

筆頭者の氏名には、戸籍のはじめに
記載されている人の氏名を書いて
ください。

子の父または母が、まだ戸籍の筆頭
者となっていない場合は、新しい戸
籍がつくられますので、この欄に希
望する本籍を書いてください。

届け出られた事項は、人口動態調査
（統計法に基づく基幹統計調査、厚生
労働省所管）にも用いられます。

出 生 証 明 書

記入の注意

子 の 氏 名	甲 山 花 子	男女の別	1 男　②女

夜の12時は「午前0時」、昼の12時は「午後0時」と書いてください。

生まれたとき	平成30年 9 月 8 日　午前　午後　10時25分

(10)

出生したところ及びその種別	出生したところの種別	①病院　2 診療所　3 助産所　4 自宅　5 その他
	出生したところ	東京都港区西新橋1丁目　1　番地　1 号
	（出生したところの種別1〜3）施設の名称	○○病院

(11)	体重及び身長	体重　3,100 グラム	身長　52 センチメートル

体重及び身長は、立会者が医師又は助産師以外の者で、わからなければ書かなくてもかまいません。

(12)	単胎・多胎の別	①単胎　2 多胎（　子中第　子）

(13)	母 の 氏 名	ベルナール，ベティ	妊娠週数	満38週6日

(14)	この母の出産した子の数	出生子（この出生子及び出生後死亡した子を含む　1 人	
		死産児（妊娠満22週以後）　胎	

この母の出産した子の数は、当該母又は家人などから聞いて書いてください。

(15)	①医　師　2 助産師　3 その他	上記のとおり証明する。　平成30年 9 月13日
		（住所）東京都港区西新橋1丁目1　番地　1 号
		（氏名）丙 川 太 郎　㊞

この出生証明書の作成者の順序は、この出生の立会者が例えば医師・助産師ともに立ち会った場合には医師が書くように1、2、3の順序に従って書いてください。

第2　出生の届出　37

平成参拾年九月八日東京都港区で出生同月拾参日父届出同月拾五日東京都港区長から送付入籍㊞

		父	甲　山　一　郎	
		母	ベルナール、ベティ	長女
			花　　子	
出生		出生 平成参拾年九月八日		

| 出生 | | | 父 | |
| | | | 母 | |

38　第2章　国籍の取得

○父の戸籍

| 本　籍 | 東京都千代田区平河町一丁目一番地 | 氏　名 | 甲山一郎 |

平成弐拾六年五月拾八日編製㊞

（出生事項省略）

平成弐拾六年五月拾八日国籍アメリカ合衆国ベルナール、ベティ（西暦千九百九拾弐年八月参日生）と婚姻届出東京都千代田区平河町一丁目一番地甲山英雄戸籍から入籍㊞

父	甲山英雄
母	松子
	長男
夫	一郎
出生	平成弐年七月壱日

○父の戸籍（コンピュータシステムによる証明書記載例）

（1の1）　全部事項証明

本　　籍	東京都千代田区平河町一丁目1番地
氏　　名	甲山　一郎

戸籍事項 　戸籍編製	【編製日】平成26年5月18日

戸籍に記録されている者	【名】一郎 【生年月日】平成2年7月1日　　　　　【配偶者区分】夫 【父】甲山英雄 【母】甲山松子 【続柄】長男
身分事項 　出　　生 　婚　　姻	省略 【婚姻日】平成26年5月18日 【配偶者氏名】ベルナール，ベティ 【配偶者の国籍】アメリカ合衆国 【配偶者の生年月日】西暦1992年8月3日 【従前戸籍】東京都千代田区平河町1丁目1番地　甲山英雄
戸籍に記録されている者	【名】花子 【生年月日】平成30年9月8日 【父】甲山一郎 【母】ベルナール，ベティ 【続柄】長女
身分事項 　出　　生	【出生日】平成30年9月8日 【出生地】東京都港区 【届出日】平成30年9月13日 【届出人】父 【送付を受けた日】平成30年9月15日
	以下余白

発行番号　000001

40　第2章　国籍の取得

○**出生届（日本人夫婦間の嫡出子が生地主義国で出生し，父から出生及び国籍留保の届出が在外公館の長に提出され，その送付があった場合の例）**

出 生 届

平成 30 年 9 月 21 日 届出

在サンフランシスコ
日本国総領事　殿

受理	平成 30 年 9 月 21 日
第	1058 号
送付	平成 30 年 9 月 30 日
第	2983 号

（公 館 印）

書類調査	戸籍記載	記載調査	調査票	附 票	住民票	通 知

(1)	生まれた子	子 の 氏 名 （よみかた） （外国人のときは ローマ字を付記 してください）	（おつ）（かわ） 氏　乙 川　　　（ひろし） 名　博	父母との続き柄	☑嫡　出　子 □嫡出でない子　長	☑男 □女
(2)		生まれたとき	平成 30 年 9 月 15 日　□午前　☑午後　10 時 00 分
(3)		生まれたところ	アメリカ合衆国カリフォルニア州サンフランシスコ市1番街 1　番地/番　号
(4)		住　所 （住民登録をする ところ）	アメリカ合衆国カリフォルニア州サンフランシスコ市20番街 15　番地/番　号
			世帯主の氏名　乙 川 太 郎　　世帯主との続き柄　子
(5)	生まれた子の父と母	父母の氏名 生 年 月 日 （子が生まれたと きの年齢）	父　乙 川 太 郎　　　　　　　母　乙 川 和 子
			平成 3 年 10 月 1 日（満 26 歳）　平成 5 年 5 月 3 日（満 24 歳）
(6)		本　籍 （外国人のときは 国籍だけを書い てください）	東京都千代田区平河町1丁目　　　　　4　番地/番
			筆頭者の氏名　乙 川 太 郎
(7)		同居を始めたとき	平成 28 年 6 月（結婚式をあげたとき，または，同居を始め たときのうち早いほうを書いてください）
(8)		子が生まれた ときの世帯の おもな仕事	□1．農業だけまたは農業とその他の仕事を持っている世帯 □2．自由業・商工業・サービス業等を個人で経営している世帯 □3．企業・個人商店等（官公庁は除く）の常用勤労者世帯で勤め先の従業者数が1人から99人までの世帯（日々または1年未満の契約の雇用者が5） ☑4．3にあてはまらない常用勤労者世帯及び会社団体の役員の世帯（日々または1年未満の契約の雇用者が5） □5．1から4にあてはまらないその他の仕事をしている者のいる世帯 □6．仕事をしている者のいない世帯
(9)		父 母 の 職 業	（国勢調査の年… 年…の4月1日から翌年3月31日までに子が生まれたときだけ書いてください） 父の職業　　　　　　　　　母の職業
	その他		日本国籍を留保する　署名　乙 川 太 郎　㊞
	届出人		☑1．父/母　□2．法定代理人（　　　）　□3．同居者　□4．医師　□5．助産師　□6．その他の立会者 □7．公設所の長
		住　所	アメリカ合衆国カリフォルニア州サンフランシスコ市20番街 15　番地/番　号
		本　籍	東京都千代田区平河町1丁目　　　4　番地/番　筆頭者の氏名　乙川太郎
		署　名	乙 川 太 郎　㊞　平成 3 年 10 月 1 日生
	事 件 簿 番 号		

（出生証明書は省略）

第2　出生の届出　*41*

平成参拾年九月拾五日アメリカ合衆国カリフォルニア州サンフランシスコ
市で出生同月弐拾壱日父国籍留保とともに届出同月参拾日在サンフランシス
コ総領事から送付入籍㊞

父　乙川太郎
母　和子
長男

博

出生　平成参拾年九月拾五日

父　母
出生

○父母の戸籍

本　籍	東京都千代田区平河町一丁目四番地	氏　名	乙　川　太　郎

（編製事項省略）

（婚姻事項省略）

（出生事項省略）

父	乙川一郎	
母	秋子	長男
夫	太郎	
出生	平成参年拾月壱日	

○父母の戸籍（コンピュータシステムによる証明書記載例）

		(1の1)	全 部 事 項 証 明

本　　　籍	東京都千代田区平河町一丁目４番地
氏　　　名	乙川　太郎

戸籍事項 　　戸籍編製	（編製事項省略）

戸籍に記録されている者	【名】太郎 【生年月日】平成３年１０月１日　　　　　【配偶者区分】夫 【父】乙川一郎 【母】乙川秋子 【続柄】長男
身分事項 　　出　　生 　　婚　　姻	（出生事項省略） （婚姻事項省略）

戸籍に記録されている者	【名】博 【生年月日】平成３０年９月１５日 【父】乙川太郎 【母】乙川和子 【続柄】長男
身分事項 　　出　　生	【出生日】平成３０年９月１５日 【出生地】東京都港区 【届出日】平成３０年９月２１日 【届出人】父 【国籍留保の届出日】平成３０年９月２１日 【送付を受けた日】平成３０年９月３０日 【受理者】在サンフランシスコ総領事
	以下余白

発行番号　　000001

○出生届（日本人夫婦間の嫡出子が生地主義国で出生し，届出義務者の責めに帰することのできない事由
により期間経過後に在外公館に届出とともに国籍留保の届出が提出され，その送付があった場合の例）

出 生 届

平成 30 年 10 月 12 日 届出

在サンフランシスコ
日本国総領事 殿

受理	平成 30 年 10 月 12 日				公館印		
第	1257 号						
送付	平成 30 年 10 月 30 日						
第	2063 号						
書類調査	戸籍記載	記載調査	調査票	附 票	住民票	通 知	

		（よみかた）	へい の じ ろう		父母と	☑嫡 出 子	二	☑男
(1)	生	子 の 氏 名 （外国人のときは ローマ字を付記 してください）	氏 丙 野	名 二 郎	の 続き柄	□嫡出でない子		□女
(2)	ま	生まれたとき	平成 30 年 7 月 2 日		□午前 ☑午後	9 時 00 分		
(3)	れ	生まれたところ	アメリカ合衆国カリフォルニア州サンフランシスコ市1番街 10			番地 番	号	
(4)	た	住 所 （住民登録をする ところ）	アメリカ合衆国カリフォルニア州サンフランシスコ市20番街 30			番地 番	号	
	子		世帯主 の氏名 丙 野 太 郎		世帯主と の続き柄 子			
(5)		父母の氏名 生 年 月 日 （子が生まれたと きの年齢）	父 丙 野 太 郎		母 丙 野 邦 子			
			昭和 62 年 10 月 1 日（満 30 歳）		昭和 62 年 5 月 3 日（満 30 歳）			
(6)	生	本 籍 （外国人のときは 国籍だけを書い てください）	東京都千代田区平河町1丁目	4		番地 番		
	ま		筆頭者 の氏名 丙 野 太 郎					
(7)	れ	同居を始めた とき	平成 25 年 6 月	（結婚式をあげたとき，または，同居を始め たときのうち早いほうを書いてください）				
(8)	た 子 の 父 と 母	子が生まれた ときの世帯の おもな仕事と	□1．農業だけまたは農業とその他の仕事を持っている世帯 □2．自由業・商工業・サービス業等を個人で経営している世帯 □3．企業・個人商店等（官公庁は除く）の常用勤労者世帯で勤め先の従業者数が1 　　人から99人までの世帯（日々または1年未満の契約の雇用者は5） ☑4．3にあてはまらない常用勤労者世帯及び会社団体の役員の世帯（日々または1 　　年未満の契約の雇用者は5） □5．1から4にあてはまらないその他の仕事をしている者のいる世帯 □6．仕事をしている者のいない世帯					
(9)		父 母 の 職 業	（国勢調査の年… 年…の4月1日から翌年3月31日までに子が生まれたときだけ書いてください）					
			父の職業		母の職業			
	その他	日本国籍を留保する	署名 丙 野 太 郎	㊞				
		届出人の責めに帰することができない事由により届出期間を経過したこと の理由書を提出する。						
	届 出 人	☑1．父 □　母　□2．法定代理人（　　　）　□3．同居者　□4．医師　□5．助産師　□6．その他の立会者 □7．公設所の長						
		住 所 アメリカ合衆国カリフォルニア州サンフランシスコ市20番街 30			番地 号			
		本 籍 東京都千代田区平河町1丁目	4	番地 番	筆頭者 の氏名 丙野太郎			
		署 名 丙 野 太 郎	㊞	昭和 62 年 10 月 1 日生				
		事 件 簿 番 号						

（出生証明書は省略）

（出生事項省略）

（婚姻事項省略）

父　乙川直治

母　洋子

妻　邦子

二女

出生　昭和六拾弐年五月参日

平成参拾年七月弐日アメリカ合衆国カリフォルニア州サンフランシスコ市で出生同年拾月拾弐日父国籍留保とともに届出（責めに帰することのできない事由のため期間経過）同年拾月参拾日在サンフランシスコ総領事から送付入籍㊞

父　丙野太郎

母　邦子

男二

二郎

出生　平成参拾年七月弐日

○父母の戸籍

本　籍			氏　名
東京都千代田区平河町一丁目四番地	（編製事項省略）		丙　野　太　郎

（婚姻事項省略）	（出生事項省略）				
		父	丙野一郎		長
		母	秋子		男
		夫	太　　郎		
		出生	昭和六拾弐年拾月壱日		

第2　出生の届出　47

○父母の戸籍（コンピュータシステムによる証明書記載例）

（1の1）　全部事項証明

本　　籍	東京都千代田区平河町一丁目4番地
氏　　名	丙野　太郎

戸籍に記録されている者	【名】二郎 【生年月日】平成30年7月2日 【父】丙野太郎 【母】丙野邦子 【続柄】二男
身分事項 　　出　　生	【出生日】平成30年7月2日 【出生地】アメリカ合衆国カリフォルニア州サンフランシスコ市 【届出日】平成30年10月12日 【届出人】父 【国籍留保の届出日】平成30年10月12日 【送付を受けた日】平成30年10月30日 【受理者】在サンフランシスコ総領事 【特記事項】責めに帰することのできない事由のための期間経過 <div align="right">以下余白</div>

発行番号　　000001

48　第2章　国籍の取得

○出生届（外国人夫婦間の子が日本で出生し，父母双方から嫡出子出生届がされた場合の例）

出 生 届

平成 30 年 9 月 15 日 届出

東京都千代田区　長 殿

受理　平成30年 9月15日 第　　　　3021　号				発送　平成　　年　月　日		
送付　平成　　年　月　日 第　　　　　　号						長　印
書類調査	戸籍記載	記載調査	調査票	附　票	住民票	通　知

					父母と の 続き柄	
(1)	生まれた子	（よみかた） 子 の 氏 名 （外国人のときは ローマ字を付記 してください）	氏　ベルナール Bernard	名　ジョージ Geoge	☑嫡　出　子 □嫡出でない子	長 ☑男 □女
(2)		生まれたとき	平成 30 年　9 月　8 日		☑午前　10 時 25 分 □午後	
(3)		生まれたところ	東京都千代田区平河町1丁目	1	番地 番　1 号	
(4)		住　　所 （住民登録をする ところ）	東京都千代田区大手町1丁目	2	番地 番　3 号	
			世帯主 の氏名	世帯主と の続き柄		

(5)	生まれた子の父と母	父 母 の 氏 名 生 年 月 日 （子が生まれたと きの年齢）	父　ベルナール，ウェイン	母　ベルナール，スーザン
			西暦1985年 9 月 1 日（満 32 歳）	西暦1988 年 3 月 3 日（満 29 歳）
(6)		本　　籍 （外国人のときは 国籍だけを書い てください）	父母の国籍アメリカ合衆国	番地 番
			筆頭者 の氏名	
(7)		同居を始めた とき	平成 28 年 10 月	（結婚式をあげたとき，または，同居を始め たときのうち早いほうを書いてください）
(8)		子が生まれた ときの世帯の おもな仕事と	□1．農業だけまたは農業とその他の仕事を持っている世帯 □2．自由業・商工業・サービス業等を個人で経営している世帯 □3．企業・個人商店等（官公庁は除く）の常用勤労者世帯で勤め先の従業者数が1 　　人から99人までの世帯（日々または1年未満の契約の雇用者は5） ☑4．3にあてはまらない常用勤労者世帯及び会社団体の役員の世帯（日々または1 　　年未満の契約の雇用者は5） □5．1から4にあてはまらないその他の仕事をしている者のいる世帯 □6．仕事をしている者のいない世帯	
(9)		父 母 の 職 業	（国勢調査の年…　年…の4月1日から翌年3月31日までに子が生まれたときだけ書いてください） 父の職業　　　　　　　　　　　母の職業	

その他	

届出人	☑1．父 ☑　母　□2．法定代理人（　　　　　）　□3．同居者　□4．医師　□5．助産師　□6．その他の立会者 □7．公設所の長		
	住　所　東京都千代田区大手町1丁目	2	番地 番　3 号
	本　籍　アメリカ合衆国	番地 番	筆頭者 の氏名
	署　名（サイン）ベルナール，ウェイン　　㊞ 　　　　（サイン）ベルナール，スーザン	西暦1985 年 9 月 1 日生 西暦1988 年 3 月 3 日生	

事 件 簿 番 号	

（出生証明書は省略）

第3 届出による国籍取得

1 概 説

　届出による国籍の取得とは，一定の条件を有する者が法務大臣に対する意思表示（届出）によって当然に日本国籍を取得することをいいます。この届出による日本国籍取得について定める国籍法の規定は，①3条1項（認知された子の国籍の取得），②17条1項（国籍留保の届出をしなかったことにより日本国籍を喪失した者の国籍の再取得），③17条2項（官報による国籍選択の催告を受けて日本国籍を喪失した者の国籍の再取得）です。

　日本国籍を取得した場合は，その者について戸籍を編製することになりますので，国籍取得者は一定期間内に，市区町村長に戸籍法上の国籍取得届出をしなければなりません（戸102条1項）。

2 国籍法3条1項による国籍取得

　国籍法の一部を改正する法律（平成20年法律第88号，同法による改正前の国籍法を「改正前国籍法」という。）が，平成21年1月1日から施行されています。改正前国籍法では，出生後に父母の婚姻及びその認知により嫡出子たる身分を取得した，いわゆる準正子について，認知した父又は母が子の出生時に日本国民であることなど一定の条件の下に，法務大臣に対する届出により日本の国籍を取得することができるとされていました。準正子についてのみこのような国籍取得を認めたのは，単に日本国民の父母によって認知されただけでなく，さらに父母の婚姻によって準正された子は，嫡出子としての資格を取得し，日本国民の婚姻に基づく家族関係に包摂されることによって日本社会との結合の度合いが濃密になることが多いという理由によるものと説明されていたのです。改正国籍法では，この取扱いを改めて，同法3条1項から父母の婚姻という要件を削除し，また，この要件削除により虚偽の届出がされるおそれがあることが懸念されるとして，罰則が新設することなどを内容とする改正が行われました（改正国籍法3条）。

50　第2章　国籍の取得

（平成20年6月4日最高裁大法廷判決）

　上記の国籍法改正の契機となったのは，最高裁が平成20年に，改正前国籍法3条1項の規定の一部が憲法に違反する旨の判決（最大判平成20・6・4民集62巻6号1367頁）をしたことでした。この判決の事案の概要は，次のとおりです。

　平成15年2月，フィリピン共和国の国籍を有する一女性が，法律上の婚姻関係にない日本国民たる男性との間にもうけて日本で出生した子の親権者として，当該子について国籍取得の届出をしました。この届出に対し，改正前国籍法3条1項の要件を備えているとは認められないとする通知がされたところ，当該子が，同規定が憲法14条1項に違反するなどと主張して，上記国籍取得の届出をしたことにより日本国籍を有する旨の確認を求める訴えを提起しました。第1審の東京地裁は，改正前国籍法3条1項が，準正子と父母が内縁関係にある嫡出でない子との間で国籍取得の可否について合理的な理由のない区別を生じさせている点で，憲法14条1項に違反するとし，原告の国籍取得が認められると判示したのですが（東京地判平成17・4・13判時1890号27頁），控訴審の東京高裁は，控訴人の違憲無効の主張に対する判断を示すことは，具体的な紛争の解決に直接関わりのない事項について一般的に憲法判断を示すことになり，憲法81条の趣旨に反して許されないとして，憲法判断をせずに，原告の日本国籍の取得を否定しました（東京高判平成18・2・28家月58巻6号47頁）。

　他方，同じころ，上記と同趣旨の国籍取得届を提出した者9名を原告とする別件訴訟も提起されました。その第1審の東京地裁は，改正前国籍法3条1項の準正要件を定めた部分は，日本人父の嫡出でない子に限って，法律上の親子関係が認められても届出により国籍を取得することができないとする点で，嫡出でない子の一部に対する区別や不利益をもたらし，この区別は憲法14条1項に違反するとして，原告らに日本国籍の取得を認めました（東京地判平成18・3・29判時1932号51頁）。しかし，控訴審の東京高裁は，仮に準正要件を定めた部分のみが無効であったとしても，認知と届出のみによって国籍を取得し得るものと解することは，実質的に国籍法に定めのない国籍取

得の要件を創設するものにほかならず，違憲立法審査権の限界を逸脱するものであって許されないとして，憲法判断をせずに，原告らの日本国籍を否定したのです（同判決は公刊物に未登載）。

そこで，上記両事件の当事者らが上告したところ，最高裁は，大法廷で審理した上，平成20年6月4日，両事件について，いずれも原判決を破棄し，被上告人の控訴を棄却する判決を言い渡しました（最大判平成20・6・4民集62巻6号1367頁）。最高裁判決の骨子は，次のとおりです。

① 改正前国籍法3条1項は，日本国民である父と日本国民でない母との間に出生し，父が出生した後に認知した子について，父母の婚姻により嫡出子たる身分を取得する準正が生じた場合に限り届出による日本国籍の取得を認め，認知されたにとどまる子と準正が生じた子との間に日本国籍の取得に関する区別を生じさせている。これは，遅くとも平成15年当時には，合理的な理由のない差別として，憲法14条1項に違反するものであった。

② 日本国民である父と日本国民でない母との間に出生し，父から出生した後に認知された子は，改正前国籍法3条1項所定の要件のうち，父母の婚姻により嫡出子たる身分を取得したという上記区別を生じさせている部分を除いた要件が満たされるときは，同項に基づいて日本国籍を取得することが認められると解すべきであり，上告人は，法務大臣あての国籍取得届を提出したことによって，日本国籍を取得したものと解するのが相当である（澤村・民月64巻2号9頁参照）。

そこで，以下に改正国籍法3条1項の規定について説明することにしましょう。

(1) 認知された子の国籍取得（改正国籍法3条1項）

改正国籍法では，出生時に日本国民との法律上の実親子関係が存在しなかったため出生により日本国籍を取得しなかった子について，出生後に日本国民から認知されて日本国民との法律上の実親子関係が生じた場合には，その子は，父母の婚姻を要件としないで，一定の条件の下で，法務大臣に対する届出により日本国籍を取得することができるとされています。

(2) 国籍取得の要件

改正国籍法 3 条 1 項は,「父又は母が認知した子で20歳未満のもの（日本国民であつた者を除く。）は,認知をした父又は母が子の出生の時に日本国民であつた場合において,その父又は母が現に日本国民であるとき,又はその死亡の時に日本国民であつたときは,法務大臣に届け出ることによつて,日本の国籍を取得することができる。」と定めています。

すなわち,改正国籍法による届出により日本国籍を取得するための要件は,次のとおりとなります。

ア 父又は母が認知したこと

国籍取得の第 1 の要件は,「日本国民である父又は母が認知したこと」です。ここでは,「父又は母」と規定されていますが,日本国民である母とその嫡出でない子の実親子関係は,原則として分娩の事実により当然に発生すると解されていますから（最判昭和37・4・27民集16巻 7 号1247頁）,改正国籍法 3 条 1 項が適用される子は,日本国民である父が出生後に認知した子と解されます。

「日本国民である父が認知した」という要件の有無は,通則法の定める準拠法によって決定します。すなわち,認知の要件については通則法29条,その方式については同法34条の定める準拠法によります。通則法29条は,子の認知は,子の出生の当時における認知する父の本国法による（通則法29条 1 項前段）ほか,認知の当時における認知する者又は子の本国法による（同条 2 項前段）と定めています。その上で,これらの認知が父の本国法による場合において,子の認知による親子関係の成立については,認知の当時における子の本国法によればその子又は第三者の承諾又は同意があることが認知の要件であるときは,その要件をも備えなければならないと定めています（同条 1 項後段・2 項後段）。すなわち,父の本国法による場合にも,認知の当時における子の本国法による保護要件を備えている必要があるとされているのです。

上記の規定によれば,例えば,日本人男が外国人の子を認知する場合には,認知の成立要件につき日本の民法を適用することができます。民法の定める

認知の実質的成立要件は，認知する者が血縁上の父であること（民779条，786条）ですから，血縁上の父子関係がないにもかかわらず父と称する者が認知の届出をした場合には，当該認知は無効であり，認知された子について国籍取得の届出がされても，当該届出は改正国籍法3条1項の要件を満たさない不適法なものということになります。

イ　子が20歳未満であること

この要件については，改正前国籍法3条1項からの変更はありません。この要件は，法務大臣に対する国籍取得の届出時に存在することを要します。

ウ　認知をした父が子の出生時に日本国民であったこと

この要件についても，改正前国籍法3条1項からの変更はありません。

エ　認知をした父が現に日本国民であること又はその死亡の時に日本国民であったこと

この要件についても，改正前国籍法3条1項からの変更はありません。「現に日本国民であること」とは，法務大臣に対する国籍取得の届出時に父が日本国民であることを意味します。認知の当時において父が日本国民であることは要件ではありません（澤村・民月64巻2号16頁）。

オ　子がかつて日本国民であった者でないこと

この要件についても，改正前国籍法3条1項からの変更はありません。この要件の趣旨は，例えば，日本国民である母の嫡出子でない子が，出生により日本国籍を取得した後に何らかの理由で日本国籍を喪失しているという状態にある場合において，たまたま日本国民である父から認知されたことにより届出のみで国籍を取得することができるものとするのは，制度の目的を逸脱するというにあります。このような場合の国籍取得は，原則として帰化によらなければならないと解されています（澤村・民月64巻2号16頁）。

(3)　**届出の方式及び効果**

ア　出生後に日本国民から認知された子の国籍の取得は，法務大臣に対する届出によって，その効果を生じます（改正国籍法3条）。

国籍取得の届出は，国籍を取得しようとする者が届出の時に15歳未満であるときは，法定代理人が代わって行うことを要しますが，15歳以上であると

きは，本人が行わなければなりません（国18条）。

　国籍を取得しようとする者の法定代理人が誰であるかの決定は，通則法32条により，子の本国法が父又は母の本国法と同一である場合には子の本国法により，その他の場合には子の常居所地法によることになります。この場合の法定代理人については，例えば，わが国では原則として母のみを法定代理人とする法制を採っていますが，これと異なり，原則として父母を法定代理人とする法制などを採っている国もありますから，法定代理人から届出があった場合には，父母双方が共同して法定代理権を行使することになるのか否か等について，通則法32条により決定される準拠法及び法定代理人の資格を証する書面により，慎重に確認する必要があります（渡邉・民月64巻３号60頁）。

　法務大臣に対する国籍取得の届出は，国籍を取得しようとしている者が，①日本に住所を有するときは，その住所地を管轄する法務局又は地方法務局の長を経由して，②外国に住所を有するときは，その国に駐在する領事官（領事官の職務を行う大使館若しくは公使館の長又はその事務を代理する者を含む。）を経由して，法務大臣宛てにすることとされています（国規１条１項）。国籍取得の届出は，届出をしようとする者が自ら法務局・地方法務局又は在外公館に出頭して，書面によってしなければなりません（国規１条３項）。法務大臣への届出による国籍取得の効果は，当該届出が改正国籍法３条１項に定める実体的な条件を具備し，かつ，国籍法施行規則の定める方式に従って届出がされた時に生じます（国３条２項，19条）。したがって，法律で定める実体的要件を満たさない届出や届出人以外の者からされた届出が誤って受理されたとしても，国籍取得の効果は生じません（澤村・民月18頁）。

　　イ　届書の様式は通達（平成20・12・18民一3300号通達「国籍法の一部を改正する法律等の施行に伴う国籍取得の届出に関する取扱いの変更について」）で示されています（付録第１号から第３号，第５号から第９号）。このうち，付録第７号から付録第９号は，改正法附則の規定により経過措置及び特例による国籍取得の届出の類型が設けられたことから，これらの届出をする場合の届書の様式として新たに示されたものです。

第３　届出による国籍取得　*55*

届書には，次の事項を記載して届出をする者が署名しなければなりません（国規１条４項，国規附則２項，国籍法施行規則の一部を改正する省令（平成20年12月18日法務省令第73号）附則２条（以下「改正省令」という。））。

① 　国籍の取得をしようとする者の氏名，現に有する国籍，出生の年月日及び場所，住所並びに男女の別

② 　父母の氏名及び本籍，父又は母が外国人であるときは，その氏名及び国籍

③ 　国籍を取得すべき事由

以上は，届書に必ず記載しなければならない事項ですが，このほかに任意に記載できる事項もあります。以下に，この任意的記載事項について説明します。

　(ア) 「父母との続柄」欄の記載

届書の父母との続柄欄には，国籍を取得しようとしている者の「男女の別」の記載と併せて，父母との続柄を任意に記載することができるとされています。これは，当該届出に対する審査により上記の続柄が認定できるときには，認定した続柄を国籍取得証明書に記載することによって，市区町村長に国籍取得届（戸102条）をする際の届出人の利便を図ろうとするものです。これと同じ趣旨で，届書には，国籍を取得しようとしている者について婚姻，養子縁組，認知等の戸籍法施行規則58条の２第１項各号に掲げる事項に関する事実がある場合にこれらを記載する欄及び下記(イ)で説明する国籍取得後の本籍及び氏名を記載する欄が設けられています（渡邉・民月64巻３号54頁）。

　(イ) 「国籍取得後の本籍」及び「国籍取得後の氏名」欄の記載

父母が婚姻していない子が国籍法３条１項，改正国籍法附則２条１項，４条１項及び５条１項の規定に基づき届出により日本国籍を取得した場合には，国籍を取得した者が日本人の養子であるとき又は日本人の配偶者であるときを除き，国籍取得後の氏を新たに定めるとともに，新戸籍を編製するものとされています（3302号通達）。例えば，母が外国人である場合は，母について戸籍が編製されていないため，その者が称すべき母の氏が存在しないことになりますので，その者について新たに氏を創設し，新戸籍を編製すること

56　第２章　国籍の取得

されています。しかし，国籍を取得した者が国籍取得時に日本人の養子であるときは，その養親の氏を称し，国籍を取得した者が国籍取得時に日本人の配偶者あるときは，国籍取得の届出において日本人配偶者とともに届け出る氏を称するものとされています（3302号通達）。したがって，戸籍の処理は，上記の届出に係る夫婦の氏が国籍取得者の氏であれば，夫婦について新戸籍を編製しますし，日本人配偶者の氏であれば同人の戸籍に入ることになります。

　上記のような戸籍処理がされますから，国籍取得後の氏を新たに定めるとともに新戸籍を編製するものとされている場合において，国籍取得の届出に当たり，既に国籍取得後の氏及び本籍が決まっているときは，これらの事項が届書上明らかにされている方が事務処理上の便宜に適います。そこで，これらの事項を届書に記載することができるようにするため，届書の様式において国籍取得後の氏及び本籍を記載する欄が設けられているのです（3300号通達）。届書中の上記の欄はこの目的のために設けられたものですから，事件本人について準正が成立しているとき，事件本人が日本人の養子であるとき又は日本人の配偶者であるときは，国籍取得後の氏及び本籍を記載する必要はありません（渡邉・民月64巻3号55頁）。

　なお，国籍取得後の氏に使用する文字については，正しい日本文字を用いるものとされ，漢字を用いる場合は，「常用漢字表（昭和56年内閣告示第1号）の通用字体」，「戸籍法施行規則別表第二の一に掲げる字体」，「康熙字典体又は漢和辞典で正字とされている字体」等で記載することとされています（3302号通達）。

　　(ウ)　届書への署名

　届出人は，届書に署名するだけで足ります（国規1条4項）。

(4)　届出人の本人確認及び届出意思の確認

　国籍取得の届出は，届出人が自ら法務局又は地方法務局に出頭してしなければなりません（国規1条3項）。法務局又は地方法務局においては，出頭した者が届出人本人であるか否かを確認するとともに，その者の届出意思をも確認するものとされています。出頭してきた者が届出人本人であるか否かの

確認は，在留カード，特別永住者証明書，旅券等その者が届出人本人であることを証するに足りる書面の提示を求めるほか，届書及びその添付書類に基づいた適宜な質問をすること等によってするものとされています（3300号通達第1，1(2)）。

また，届出意思の確認は，届書の署名が届出人の自筆したものであるか否かを確認することによっても行うものとされています（前掲通達）。

(5) 国籍取得届の添付書類

ア 国籍法3条の国籍取得届の添付書類

改正国籍法3条1項の規定による国籍取得の届出をする場合には，届書に次のような書類を添付しなければなりません（国規1条5項）。

(ア) 認知した父又は母の出生時からの戸籍及び除かれた戸籍の謄本又は全部事項証明書（国籍法施行規則1条5項1号）

この戸籍等の謄本又は全部事項証明書を添付するのは，改正国籍法3条1項の国籍取得の要件である，①国籍取得をしようとする者が出生したときに父（又は母）が日本国籍を有していたこと，②届出時に父（又は母）が日本国籍を有していること（父（又は母が）が死亡しているときは死亡の時に日本国籍を有していたこと），③国籍を取得しようとする者が日本国籍であったことがないこと，④認知があったことを確認するためです（澤村＝山門・民月64巻3号41頁）。

また，添付書類として父（又は母）の出生時からの戸籍及び除かれた戸籍の謄本又は全部事項証明書を求めているのは，国籍取得の要件の確認のためのみならず，複数の子を認知している事実等が判明したことを契機として，父母からの聞き取りから虚偽認知が発覚する場合もあるなど虚偽の国籍取得の防止に資することがあるためです（澤村＝山門・民月64巻3号42頁）。

(イ) 国籍の取得をしようとする者の出生を証する書面（国籍法施行規則1条5項2号）

この書面の添付が求められるのは，改正国籍法3条1項の国籍取得の要件である，国籍を取得しようとする者が20歳未満であることを，出生年月日から確認するためです。そのほか，国籍を取得しようとする者の氏名や出生場

58 第2章 国籍の取得

所，父又は母が外国人であるときはその氏名（国規1条4項1号・2号）など
を確認するためにも必要とされています。「出生を証する書面」とは，具体
的には，出生証明書，出生届書の記載事項証明書，分娩の事実が記載された
母子健康手帳などがこれに該当すると解されています（澤村＝山門・民月64
巻3号42頁）。

　　(ｳ)　認知に至った経緯等を記載した父母の申述書（国籍法施行規則1条
　　　　5項3号）

　この書面が求められるのは，日本国籍を取得しようとする者が日本人の父
から認知されていること及び当該認知に疑いがないかを確認するためです
（澤村＝山門・民月64巻3号43頁）。

　なお，届出を受け付けた後に届書又はその添付書類の成立又は内容につい
て疑義が生じたときは，届出人若しくは関係者に文書等で照会し，又は届出
人若しくは関係者宅等に赴いて事情聴取する等して，その事実関係を調査す
るものとされています（3300号通達第1，3(1)）。また，上記申述書又は次に
述べるエの書類を届書に添付することができないやむを得ない理由を記載し
た書類が提出されているときは，受付後に，事件本人の父母の出入国記録を
取り寄せるなど父子関係の有無を確認するために必要な調査を行うものとさ
れています（同通達第1，3，(3)）。

　　(ｴ)　母が国籍の取得をしようとする者を懐胎した時期に係る父母の渡航
　　　　履歴を証する書面（国規1条5項4号）

　この書面を添付するのは，日本国籍を取得しようとする者が日本人の父か
ら認知されていること及び当該認知に疑いがないかを確認するためです。渡
航履歴を証する書面としては，パスポートや出入（帰）国記録などがこれに
該当します（澤村＝山門・民月64巻3号43頁）。

　　(ｵ)　その他実親子関係を認めるに足りる資料（国規1条5項5号）

　その他実親子関係を認めるに足りる資料については，3300号通達において，
次のようなものが例示されています（3300号通達第1，1，(3)）。

　①　外国の方式による認知証明書

　認知者の戸籍に，外国の方式により認知された旨の報告的認知事項が記載

されていないときなどの場合に添付します（渡邉・民月64巻3号57頁）。

② 事件本人の父の日本における居住歴を証する書面（母が事件本人を懐胎した時期からのもの）

具体的には，戸籍の附票の写し又は住民票の写し等を添付します（渡邉・民月64巻3号57頁）。

③ 事件本人及びその母の住民票に登録された事項に関する証明書（登録時からの居住歴が記載されたもの）

具体的には，住民票記載事項証明書又は住民票の写しを添付します（渡邉・民月64巻3号57頁）。

④ 事件本人とその父母の3人が写った写真

㈹ やむを得ない理由によりウ又はエの書類が提出できない場合は，その理由を記載した書類（国籍法施行規則1条5項ただし書）

例えば，父が行方不明であって認知の経緯を記載した申述書を添付することができないとか，両親が既に死亡しているため出入（帰）国記録等が入手できない場合等のやむを得ない理由によりウ又はエの書類を提出することができない場合には，その理由を記載した書面を提出するものとされています（澤村＝山門・民月64巻3号44頁）。

なお，認知の裁判が確定しているときは，ウからオの書類の添付を要しません（国規1条5項ただし書）。

(6) 虚偽の届出に対する罰則

改正国籍法20条1項は，改正国籍法3条1項の規定による届出をする場合において，虚偽の届出をした者は，1年以下の懲役又は20万円以下の罰金に処すると定めています。そして，上記の届出は，国籍の取得をしようとする者が外国に住所を有するときは，その国に駐在する領事官を経由して行われることがあることから，改正国籍法20条2項では，国外犯をも処罰する旨が定められています。

この罰則規定が設けられたのは，改正国籍法により，出生後に日本国民から認知された子が法務大臣に届け出ることによって日本国籍を取得するためには，父母の婚姻を要しないとされたことに伴い，血縁上の父子関係がない

にもかかわらず認知がされることなどにより，虚偽の国籍取得の届出され，それによって法務局長等の国籍事務の適正や信頼が害されることを防止するためであると説明されています（澤村・民月64巻2号18頁）。

この改正国籍法20条による処罰の対象となるのは，改正国籍法3条1項の規定による届出をする場合において，虚偽の届出をした者です。具体的には，血縁上の父子関係がないにもかかわらず認知がされた等認知に虚偽があった場合のほか，認知をした父が届出時点において，自己の志望により外国の国籍を取得していて日本国籍を喪失しているにもかかわらず，その届出（戸103条）をしていないことを奇貨として国籍取得の届出をした場合や，国籍取得しようとする者が年齢を偽ってその届出をした場合等についても，処罰対象となるとされています（澤村・民月64巻2号19頁）。

なお，改正国籍法3条1項の規定による国籍取得届に先立ってされた虚偽の認知届（民781条1項，戸60条）や，虚偽の国籍取得の後にされる戸籍法102条の規定による国籍取得届により，戸籍に虚偽の記載をさせる行為については，改正国籍法20条1項の虚偽届出の罪とは別に，刑法157条1項の公正証書原本不実記載罪が成立し，両罪は併合罪の関係になるものと解されています（澤村・民月64巻2号19頁）。

(7) 改正法による経過措置又は特例による国籍取得

改正前国籍法3条の規定では，届出により国籍を取得できる者の要件は，「父母の婚姻及びその認知による嫡出子たる身分を取得した子」と定められていたのですが，改正国籍法では，これが「父又は母が認知した子」と改められました。この改正に伴う経過措置について同法の附則に規定が置かれ，この規定に該当する者についても，届出により日本国籍を取得することができるとされています。

ア 従前の届出をした者の国籍の取得に関する経過措置（改正国籍法附則2条）

改正国籍法附則2条は，同法の施行日（平成21年1月1日）より前に，改正前国籍法3条1項に規定する準正要件を満たしていないが同項の規定によるものとして国籍取得の届出（従前の届出）をしていた者については，施行

日から３年以内に再度法務大臣に届け出ることにより，日本の国籍を取得することができると定めています（改正国籍法附則２条１項）。

　改正国籍法附則２条が，改正国籍法の施行後に改めて法務大臣に対し届出をすることによって日本国籍を取得することができることとしているのは，次のような理由によると説明されています。すなわち，①従前の届出をした者は，当該届出の時点ではそれが適法なものとは認められず，その後も引き続き外国人として生活してきたものであって，もはや日本国籍は望まないという者がいる可能性もあること，②改正国籍法施行により当然に日本国籍を取得するものとすると，それまで有していた外国の国籍を当然喪失するなどの混乱が生じる可能性があることに加えて，当然に日本国籍を取得するとされた者が戸籍法上の国籍取得届をしない場合には，その者が戸籍に登載されないことになり，日本国民の範囲を公簿上できるだけ明らかにするとの戸籍制度の趣旨が損なわれたり，日本国籍の有無があいまいになったりして好ましくないことなどの事由によるとされています（澤村・民月64巻２号20頁）。

　改正国籍法附則２条による届出は，法務局又は地方法務局の長を経由してしなければなりません（改正省令附則２条において準用する国規１条１項）。届書の様式は，3300号通達付録第７号様式によります。この届出をする場合において，国籍を取得しようとする者が15歳未満であるときは，法定代理人が代わってすることを要します（改正法附則２条２項）。

　上記届出による国籍取得の時期については，平成15年１月１日より前（昭和60年１月１日から平成14年12月31日）に従前の届出をした者は，改正国籍法附則２条１項の規定による届出（再度の届出）の時に国籍を取得するものとされています（改正国籍法附則２条３項本文）。

　これに対し，平成15年１月１日以後（平成15年１月１日から平成20年６月４日まで）に従前の届出をした者は，従前の届出の時に遡って日本の国籍を取得するものとされています（改正国籍法附則２条３項ただし書）。

　　イ　平成20年６月５日以後に従前の届出をした場合の特例（改正国籍法
　　　　附則３条）

　改正国籍法附則３条は，前掲の平成20年６月４日の最高裁判所判決の言渡

しの翌日である平成20年6月5日から改正国籍法施行日の前日までの間に従前の届出をした者については，反対の意思表示をした場合を除き，同施行日に附則2条1項の規定による法務大臣に対する届出を行ったものとみなされ，新たな届出を要することなく，従前の届出の時に日本国籍を取得するものとされています（同条1項）。

　上記の国籍取得の効果は，改正国籍法施行の日に生じますから，反対の意思表示は，それまでにしていなければなりません。このため，同法附則3条2項の規定は，改正法の公布の日から施行されています（同附則1条ただし書1号）。

ウ　従前の届出をした者以外の認知された子の国籍の取得に関する経過措置（改正国籍法附則4条）

　改正国籍法附則4条は，日本国民から認知された子で従前の届出をしていなかった者についても，平成15年1月1日以後改正国籍法の施行日の前日（平成20年12月31日）までの間において，同法3条1項の適用があるとすれば届出による国籍取得が可能であった者については，同施行日から3年以内に限り，法務大臣に届け出ることによって，その届出の時に日本の国籍を取得することができるとされています（同法附則4条）。

　この改正国籍法附則4条の規定の趣旨は，従前の届出をしないまま同法3条1項に定める年齢要件を満たさなくなってしまった者について，届出による国籍取得の機会を認めないというのでは均衡を失するため，その保護措置を採るというにあります。さらに，そのこととの均衡上，同法の施行により同法3条1項による届出ができるようになったものの，同法施行後間もなく年齢要件を満たさなくなってしまう者についても，ある程度の届出期間の猶予を設けるのが相当であるとの政策的判断がされたことによるものでもあります（澤村・前掲民月64巻2号24頁）。

　この届書の様式は，3300号通達付録第8号様式によるものとされています。

エ　国籍を取得した者の子の国籍の取得に関する特例（改正国籍法附則5条）

　改正国籍法附則2条1項により国籍を取得した者のうち，同項による届出

の時に国籍を取得した者（平成15年1月1日より前に従前の届出をしていた者）の子で，従前の届出の日以後，国籍取得時より前に出生したものについては，改正国籍法の施行日から3年以内に限り，法務大臣に届け出ることによって日本国籍を取得することができるとされています（同法附則5条）。その書式の様式は3300号通達付録第9号様式によります。

(8) **届出期間の特例（改正国籍法附則6条）**

改正国籍法附則2条1項，4条1項又は5条1項の規定による届出は，その届出期間がいずれも改正国籍法の施行日から3年以内とされていますが，天災その他その責めに帰することのできない事由によってこの期間内に届出ができない場合については，届出をすることができるに至った時から3か月間の猶予期間が設けられています。

(9) **国籍の選択に関する特例（改正国籍法附則7条）**

届出により日本の国籍を取得して重国籍となった者は，国籍法14条により国籍の選択をすることになります。このうち，改正国籍法附則2条1項の規定により日本の国籍を取得する者で，従前の届出の時に遡って日本の国籍を取得する者は，国籍選択の期限（国籍法14条）の基準時点である重国籍となった時点が改正法施行前となってしまうことがあり得ます。そこで，改正国籍法附則7条は，基準時点を実際に選択が可能となった時点である同法附則2条1項の規定による届出の時とするとしています（同附則3条1項の規定により施行日に届出をしたものとみなされる者については，施行日が基準時点となります。）。すなわち，同附則2条1項の規定による届出の時に外国及び日本の国籍を有することとなったものとみなすとしているのです。したがって，当該届出の時に20歳未満の者の選択期限は22歳に達するまで，当該届出の時に既に20歳に達している者の選択期限は当該届出の時から2年以内となります。

(10) **戸籍法上の国籍取得の届出（戸籍法102条の規定による届出）（改正国籍法附則8条）**

改正国籍法附則2条1項，4条1項又は5条1項の規定による届出により日本国籍を取得した者は，同法3条1項によって国籍を取得した者と同様に，

64 第2章 国籍の取得

戸籍に記載するための届出をする必要があります。そこで，同法附則8条は，戸籍法102条の規定を準用する旨を定めています。この戸籍法上の届出をすべき起算日については，改正国籍法附則2条1項の規定により従前の届出の時に遡って国籍を取得する者（平成15年1月1日以後に従前の届出をした者（同条3項ただし書））の届出期間は，同項の規定による届出の日（同法附則3条により改正法の施行日に同附則2条による届出をしたとみなされる場合は，同施行日）から起算することとされています。

(11) **国籍を取得した者の子に係る国籍の留保に関する特例**（改正国籍法附則9条）

国籍留保の届出は，出生の届出をすることができる者が，出生の日から3か月以内にしなければならないとされているところですが，改正国籍法附則2条1項及び3項ただし書により日本国籍を取得した者を父又は母とし，その取得の時以後同法附則2条1項の規定による届出の日前までに国外で出生して外国の国籍を取得した子の国籍留保の届出期間の起算日については，同法附則9条に特例が設けられました。その特例の内容は，その子の父又は母が平成15年1月1日以後に従前の届出をしている場合にあっては，同法附則2条による届出をした日であり，その子の父又は母が同法附則3条により改正法の施行日に同附則2条の届出をしたものとみなされる場合にあっては，改正法の施行の日とされています。

(12) **改正前国籍法の特例**（参考）

一定の要件を備える者について法務大臣への届出によって（すなわち帰化によってではなく）日本国籍を付与する制度は，改正前国籍法（昭和60年1月1日施行）によって初めて導入されたもので，既に述べたとおり，これには同法3条1項，17条1項及び同条2項の各規定が定める3類型の国籍取得・再取得の制度があります。これらは，改正前国籍法の本文で規定されたものですが，このほかに同法の附則において届出による国籍取得の特例が設けられました。これは，改正前国籍法が出生による国籍取得について父系血統主義を採っていたのを改めて父母両系血統主義を採ったことに伴う特例で，その概要は，日本国民である母から出生した子（昭和40年1月1日から改正前国

第3　届出による国籍取得　65

籍法の施行日の前日までに生まれた者に限る。）及びその者の子は，所定の条件を備えるときは，同法施行後3年間（天災その他責めに帰することができない事由により同法施行後3年以内に届け出ることができないときは，その期間は届出をすることができるようになったときから3か月）に限り，法務大臣に届け出ることによって，その届出の時に日本の国籍を取得することができるとするものです（改正前国籍法附則5条1項・3項・4項・6条）。この特例の趣旨は，改正前国籍法が新たに採用した父母両系血統主義を徹底するならば，同法施行の日（昭和60年1月1日）の前に生まれていた者であっても，その出生の当時に父母両系血統主義が採用されていたならば出生により日本国籍を取得できたもの（ただし，上記の括弧書に示すように未成年である者に限る。）については，帰化よりも簡易な届出による方法により日本国籍を取得させるのが望ましく，併せて，その者の子についても同様の特例を認めるのが望ましいという政策的配慮にあるとみることができます。

　その届書の様式は，3300号通達付録第5号又は第6号様式によります。

付録第1号様式（平成20・12・18民一第3300号通達）

国 籍 取 得 届
（国籍法第3条第1項）

平成 30 年 9 月 15 日

法 務 大 臣 殿

┌─────────────────────────┐
│ 国籍を取得しようとする者 │
│ の写真（届出の日前6か月以 │
│ 内に撮影した5cm四方の単 │
│ 身，無帽，正面，上半身のも │
│ の） │
│ 15歳未満の場合は，法定代 │
│ 理人と一緒に撮影したもの │
└─────────────────────────┘

日本の国籍を取得したいので届出をします。

（平成30年9月1日撮影）

日本国籍を取得しようとする者	（よみかた）	（氏）		（名）			
	氏 名	ベルナール		エミリー			
	国 籍	アメリカ合衆国		父母との続柄	長	□ 男 ☑ 女	
	生年月日	平成24年 5 月 6 日					
	出生場所	東京都千代田区平河町1丁目1番1号					
	住 所	東京都千代田区平河町1丁目1			番地番 号		

国籍を取得しようとする者の父母	氏 名	父（氏） 乙 川	（名） 一 郎	母（氏） ベルナール	（名） メアリー
	本 籍	東京都千代田区平河町 1丁目4		アメリカ合衆国	
	外国人の場合は国 籍	番地番 筆頭者の氏名 乙 川 一 郎		番地番 筆頭者の氏名	

国籍を取得すべき事由	☑父が認知をした。 　（父が認知をした日 平成30 年 8 月 12 日） ☑20歳未満である。 ☑日本国民であったことがない。 ☑認知をした父が子の出生の時に日本国民であった。 認知をした父が☑現に日本国民である。 　　　　　　　□死亡の時に日本国民であった。 　　　　　　（死亡した日　　　年　　　月　　　日）

※国籍取得後の戸籍の編製に必要なため，下欄に書いてください（裏面の注意事項6から8に注意してください。）。

国籍取得後の本籍	東京都千代田区平河町1丁目4番地	父母婚姻の有無	□ 有 ☑ 無
国籍取得後の氏名	（氏） 乙 川	（名） 恵 美	
その他	国籍を取得しようとする者が □婚姻をしている。　（　　　年　　　月　　　日　　と婚姻） □養子縁組をしている。（　　　年　　　月　　　日　　と縁組） □認知している。　　（　　　年　　　月　　　日　　を認知） □		

（裏　面）

届　出　人 署　　　名	

※国籍を取得しようとする者が15歳未満のときは，下欄に書いてください。

法定代理人 の　資　格	親権者（□父　　☑母 　　　　□養父　　□養母）　　□後見人	
署　　　名	（注意事項4参照）	
住　　　所	東京都千代田区平河町 1丁目1　　番地 　　　　　番　　　号	番地 番　　　号

上記署名は自筆したものであり，届出人は写真等と相違ないことを確認した。
　　　　　　　　　　　　　　　　　受付担当官

（届出人連絡先電話番号　　　　　　　　　　　　　　　　　　　）

注意事項
1　必ず届出人本人が出頭し，届出人本人であることを証するもの（在留カード，旅券等）を持参してください。
2　国籍取得の条件を備えていることを証する公的資料（出生証明書，父の戸籍謄本，父母の渡航履歴を証する資料等）及び父母の申述書を添付し，それが外国語で書かれているときは，その日本語訳文も添付してください。
3　届出人が国籍を取得しようとする者の法定代理人である場合は，その資格を証する公的資料を添付してください。
4　届出人または法定代理人の署名は，受付の際に自筆していただきますので，空欄のままにしておいてください。
5　□には，該当する事項の□内に✓印を付けてください。
6　「国籍取得後の本籍」には，土地の地番あるいは住居表示が使用できます。ただし，住居表示番号の場合は，「○丁目○番」（※○号は記載できません）と記載してください。なお，実在しない町名，地番などは使用できませんので，分からない場合は，本籍としたい市区町村に確認してください。
　　また，①日本人と婚姻している場合は戸籍法上の届出（戸籍法102条）において本籍を記載していただくため，②父母が婚姻している場合（婚姻していた場合）または日本人と養子縁組している場合は国籍取得後の本籍は法律上当然に決まりますので，①②の場合とも本籍を記載する必要はありません。母の戸籍に入る場合はその旨記載してください。
7　「父母婚姻の有無」欄の「有」には，父母が婚姻していた場合も含まれます。
8　「国籍取得後の氏名」のうち「名」は，常用漢字表，戸籍法施行規則別表第二に掲げる漢字，ひらがな，カタカナで書いてください。
　　なお，氏については，その他の正しい日本文字も使用することができますが，①日本人と婚姻している場合は戸籍法上の届出（戸籍法102条）において記載していただくため，②父母が婚姻している場合（婚姻していた場合）または日本人と養子縁組している場合は法律上当然に決まるため，③母の戸籍に入る場合は母と同一の氏を称するため，①②③の場合は記載する必要はありません。
9　この届出によって日本と外国の両方の国籍を有することとなった場合は，22歳に達するまでに，いずれかの国籍を選択しなければなりません（国籍法第14条）。
10　太枠の確認欄には記載しないでください。

事実に反する内容で届出をした場合は，刑罰に処せられることがあります。

68　第2章　国籍の取得

付録第1号様式（平成20・12・18民一第3300号通達）

国 籍 取 得 届

（国籍法第3条第1項）（準正子の場合の国籍取得届）

平成 30 年 9 月 15 日

法 務 大 臣 殿

国籍を取得しようとする者の写真（届出の日前6か月以内に撮影した5cm四方の単身，無帽，正面，上半身のもの）
15歳未満の場合は，法定代理人と一緒に撮影したもの

日本の国籍を取得したいので届出をします。

（平成30年9月1日撮影）

日本国籍を取得しようとする者	（よみかた）	（氏）	（名）		
	氏　名	ベルナール		エミリー	
	国　籍	アメリカ合衆国	父母との続柄	長	☐ 男 ☑ 女
	生年月日	平成16年 5 月 6 日			
	出生場所	東京都千代田区平河町1丁目1番1号			
	住　所	東京都千代田区平河町1丁目10		番地 番 10 号	

国籍を取得しようとする者の父母	氏　名	父（氏） 乙 川	（名） 一 郎	母（氏） ベルナール	（名） メアリー
	本　籍	東京都千代田区平河町 1丁目4 番地 番		アメリカ合衆国 番地 番	
外国人の場合は	国　籍	筆頭者の氏名 乙 川 一 郎		筆頭者の氏名	

国籍を取得すべき事由	☑父が認知をした。 　　（父が認知をした日 平成30年 8 月 12 日） ☑20歳未満である。 ☑日本国民であったことがない。 ☑認知をした父が子の出生の時に日本国民であった。 　認知をした父が☑現に日本国民である。 　　　　　　　☐死亡の時に日本国民であった。 　　　　（死亡した日　　　　年　　　月　　　日）

※国籍取得後の戸籍の編製に必要なため，下欄に書いてください（裏面の注意事項6から8に注意してください。）。

国籍取得後の本籍	（注意事項6参照）	父母婚姻の有無	☑ 有 ☐ 無
国籍取得後の氏名	（氏）（注意事項8参照）	（名） 恵 美	

その他	国籍を取得しようとする者が ☐婚姻をしている。（　　　　年　　　月　　　日　　と婚姻） ☐養子縁組をしている。（　　　年　　　月　　　日　　と縁組） ☐認知している。（　　　　年　　　月　　　日　　を認知） ☐

第3　届出による国籍取得　69

（裏　面）

届　出　人 署　　　名	

※国籍を取得しようとする者が15歳未満のときは，下欄に書いてください。

法 定 代 理 人 の　資　格	親権者（☑父　☑母 　　　　□養父　□養母）　□後見人	
署　　　名	（注意事項4参照）	（注意事項4参照）
住　　　所	東京都千代田区平河町 1丁目10 番地 10 号 　　　　　　　番	左に同じ 番地 番　　　　号

上記署名は自筆したものであり，届出人は写真等と相違ないことを確認した。
　　　　　　　　　　　　　　　　　　受付担当官

（届出人連絡先電話番号　　　　　　　　　　　　　　）

注意事項
1　必ず届出人本人が出頭し，届出人本人であることを証するもの（在留カード，旅券等）を持参してください。
2　国籍取得の条件を備えていることを証する公的資料（出生証明書，父の戸籍謄本，父母の渡航履歴を証する資料等）及び父母の申述書を添付し，それが外国語で書かれているときは，その日本語訳文も添付してください。
3　届出人が国籍を取得しようとする者の法定代理人である場合は，その資格を証する公的資料を添付してください。
4　届出人または法定代理人の署名は，受付の際に自筆していただきますので，空欄のままにしておいてください。
5　□には，該当する事項の□内に✓印を付けてください。
6　「国籍取得後の本籍」には，土地の地番あるいは住居表示が使用できます。ただし，住居表示番号の場合は，「○丁目○番」（※○号は記載できません）と記載してください。なお，実在しない町名，地番などは使用できませんので，分からない場合は，本籍としたい市区町村に確認してください。
　　また，①日本人と婚姻している場合は戸籍法上の届出（戸籍法102条）において本籍を記載していただくため，②父母が婚姻している場合（婚姻していた場合）または日本人と養子縁組している場合は国籍取得後の本籍は法律上当然に決まりますので，①②の場合とも本籍を記載する必要はありません。母の戸籍に入る場合はその旨記載してください。
7　「父母婚姻の有無」欄の「有」には，父母が婚姻していた場合も含まれます。
8　「国籍取得後の氏名」のうち「名」は，常用漢字表，戸籍法施行規則別表第二に掲げる漢字，ひらがな，カタカナで書いてください。
　　なお，氏については，その他の正しい日本文字も使用することができますが，①日本人と婚姻している場合は戸籍法上の届出（戸籍法102条）において記載していただくため，②父母が婚姻している場合（婚姻していた場合）または日本人と養子縁組している場合は法律上当然に決まるため，③母の戸籍に入る場合は母と同一の氏を称するため，①②③の場合は記載する必要はありません。
9　この届出によって日本と外国の両方の国籍を有することとなった場合は，22歳に達するまでに，いずれかの国籍を選択しなければなりません（国籍法第14条）。
10　太枠の確認欄には記載しないでください。

事実に反する内容で届出をした場合は，刑罰に処せられることがあります。

付録第7号様式（平成20・12・18民一第3300号通達）

国 籍 取 得 届
（平成20年改正法附則第2条第1項）

> 国籍を取得しようとする者の写真（届出の日前6か月以内に撮影した5cm四方の単身，無帽，正面，上半身のもの）
> 15歳未満の場合は，法定代理人と一緒に撮影したもの

平成　　年　　月　　日

法 務 大 臣 殿

日本の国籍を取得したいので届出をします。

（平成　年　月　日撮影）

<table>
<tr><td rowspan="6">日本国籍を取得しようとする者</td><td>（よみかた）</td><td colspan="2">（氏）</td><td colspan="3">（名）</td></tr>
<tr><td>氏　名</td><td colspan="2"></td><td colspan="3"></td></tr>
<tr><td>国　籍</td><td colspan="2"></td><td>父母との続　柄</td><td colspan="2">□男
□女</td></tr>
<tr><td>生年月日</td><td colspan="5">年　　　月　　　日</td></tr>
<tr><td>出生場所</td><td colspan="5"></td></tr>
<tr><td>住　所</td><td colspan="5">番地
番　　　号</td></tr>
<tr><td rowspan="4">国籍を取得しようとする者の父母</td><td>氏　名</td><td>父（氏）</td><td>（名）</td><td>母（氏）</td><td colspan="2">（名）</td></tr>
<tr><td>本　籍</td><td colspan="2"></td><td colspan="3"></td></tr>
<tr><td rowspan="2">外国人の場合は国　籍</td><td colspan="2">番地
番</td><td colspan="3">番地
番</td></tr>
<tr><td colspan="2">筆頭者の氏名</td><td colspan="3">筆頭者の氏名</td></tr>
</table>

国籍を取得すべき事由	□昭和60年1月1日から平成20年6月4日までに法務大臣に日本の国籍を取得する旨を届け出た。（届出日　　　年　　　月　　　日） 　　　　　　　　　　　　　　　　　（届出先　　　　　　　　　　　　　　　） □上記届出の時までに父が認知をした。（父が認知をした日　　　年　　　月　　　日） □上記届出の時に20歳未満であった。 □日本国民であったことがない。 □認知をした父が子の出生の時に日本国民であった。 認知をした父が□上記届出の時に日本国民であった。 　　　　　　　□上記届出前に死亡していたときはその時に日本国民であった。（死亡した日　　年　　月　　日） □自己の責めに帰することのできない事由によって期間内に届け出ることができなかった。

※国籍取得後の戸籍の編製に必要なため，下欄に書いてください（裏面の注意事項6から8に注意してください。）。

<table>
<tr><td>国 籍 取 得 後
の　本　籍</td><td></td><td>父母婚姻
の 有 無</td><td>□ 有
□ 無</td></tr>
<tr><td>国 籍 取 得 後
の　氏　名</td><td colspan="3">（氏）　　　　　　　　　　　　　　（名）</td></tr>
<tr><td>その他</td><td colspan="3">国籍を取得しようとする者が
□婚姻をしている。　（　　　年　　　月　　　日　　　と婚姻）
□養子縁組をしている。（　　　年　　　月　　　日　　　と縁組）
□認知している。　　（　　　年　　　月　　　日　　　を認知）
□</td></tr>
</table>

第3　届出による国籍取得　71

（裏　面）

届　出　人 署　　　名	

※国籍を取得しようとする者が15歳未満のときは，下欄に書いてください。

法定代理人 の　資　格	親権者（□父　　　　□母 　　　　　□養父　　　□養母）	□後見人
署　　　名		
住　　　所	番　地 番　　　号	番　地 番　　　号

上記署名は自筆したものであり，届出人は写真等と相違ないことを確認した。
　　　　　　　　　　　　　　　　　　　　　受付担当官

（届出人連絡先電話番号　　　　　　　　　　　　　　）

注意事項
1　必ず届出人本人が出頭し，届出人本人であることを証するもの（在留カード，旅券等）を持参してください。
2　国籍取得の条件を備えていることを証する公的資料（出生証明書，父の戸籍謄本等）を添付し，それが外国語でかかれているときは，その日本語訳文も添付してください。
3　届出人が国籍を取得しようとする者の法定代理人である場合は，その資格を証する公的資料を添付してください。
4　届出人または法定代理人の署名は，受付の際に自筆していただきますので，空欄のままにしておいてください。
5　□には，該当する事項の□内に✓印を付けてください。
6　「国籍取得後の本籍」には，土地の地番あるいは住居表示が使用できます。ただし，住居表示番号の場合は，「○丁目○番」（※○号は記載できません）と記載してください。なお，実在しない町名，地番などは使用できませんので，分からない場合は，本籍としたい市区町村に確認してください。
　　また，①日本人と婚姻している場合は戸籍法上の届出（戸籍法102条）において本籍を記載していただくため，②父母が婚姻している場合（婚姻していた場合）または日本人と養子縁組している場合は国籍取得後の本籍は法律上当然に決まりますので，①②の場合とも本籍を記載する必要はありません。母の戸籍に入る場合はその旨記載してください。
7　「父母婚姻の有無」欄の「有」には，父母が婚姻していた場合も含まれます。
8　「国籍取得後の氏名」のうち「名」は，常用漢字表，戸籍法施行規則別表第二に掲げる漢字，ひらがな，カタカナで書いてください。
　　なお，氏については，その他の正しい日本文字も使用することができますが，①日本人と婚姻している場合は戸籍法上の届出（戸籍法102条）において記載していただくため，②父母が婚姻している場合（婚姻していた場合）または日本人と養子縁組している場合は法律上当然に決まるため，③母の戸籍に入る場合は母と同一の氏を称するため，①②③の場合は記載する必要はありません。
9　この届出によって日本と外国の両方の国籍を有することとなった場合は，この届出の時に20歳未満であるときは22歳に達するまでに，この届出の時に20歳以上であるときはこの届出の時から2年以内に，いずれかの国籍を選択しなければなりません（国籍法第14条）。
10　太枠の確認欄には記載しないでください。

事実に反する内容で届出をした場合は，刑罰に処せられることがあります。

付録第8号様式（平成20・12・18民一第3300号通達）

国 籍 取 得 届
（平成20年改正法附則第4条第1項）

平成　　年　　月　　日

法 務 大 臣 殿

> 国籍を取得しようとする者の写真（届出の日前6か月以内に撮影した5cm四方の単身，無帽，正面，上半身のもの）
> 15歳未満の場合は，法定代理人と一緒に撮影したもの

日本の国籍を取得したいので届出をします。

（平成　年　月　日撮影）

<table>
<tr><td rowspan="5">日本国籍を取得しようとする者</td><td>（よみかた）</td><td colspan="2">（氏）</td><td colspan="2">（名）</td></tr>
<tr><td>氏　名</td><td colspan="2"></td><td colspan="2"></td></tr>
<tr><td>国　籍</td><td colspan="2"></td><td>父母との
続　柄</td><td>□男
□女</td></tr>
<tr><td>生年月日</td><td colspan="4">　　年　　月　　日</td></tr>
<tr><td>出生場所</td><td colspan="4"></td></tr>
<tr><td></td><td>住　所</td><td colspan="4">番地
番　　号</td></tr>
</table>

<table>
<tr><td rowspan="4">国籍を取得しようとする者の父母</td><td rowspan="2">氏　名</td><td>父（氏）</td><td>（名）</td><td>母（氏）</td><td>（名）</td></tr>
<tr><td colspan="2"></td><td colspan="2"></td></tr>
<tr><td>本　籍</td><td colspan="2">番地
番</td><td colspan="2">番地
番</td></tr>
<tr><td>外国人の場合は国籍</td><td colspan="2">筆頭者の氏名</td><td colspan="2">筆頭者の氏名</td></tr>
</table>

国籍を取得すべき事由	□20歳になるまでの間で，かつ，平成20年12月31日までに父に認知された。 　（父が認知をした日　　年　　月　　日） □昭和58年1月2日から平成3年12月31日までに生まれた者で，20歳を超えている。 □日本国民であったことがない。 □認知をした父が，子の出生の時に日本国民であり，平成15年1月1日又は認知の日のいずれか遅い日から平成20年12月31日までの間のうち子が20歳未満の時にも日本国民であった。 認知をした父が□現に日本国民である。 　　　　　　　□死亡の時に日本国民であった。 　　　　　　　（死亡した日　　年　　月　　日） □自己の責めに帰することのできない事由によって期間内に届け出ることができなかった。 〔　　　　　　　　　　　　　　　　　　　　　　　　　　　　　　〕

※国籍取得後の戸籍の編製に必要なため，下欄に書いてください（裏面の注意事項5から7に注意してください。）。

<table>
<tr><td>国籍取得後の本籍</td><td></td><td>父母婚姻の有無</td><td>□有
□無</td></tr>
<tr><td>国籍取得後の氏名</td><td colspan="2">（氏）　　　　　　　　　　　（名）</td><td></td></tr>
<tr><td>その他</td><td colspan="3">国籍を取得しようとする者が
□婚姻をしている。（　　　年　　月　　日　と婚姻）
□養子縁組をしている。（　　　年　　月　　日　と縁組）
□認知している。（　　　年　　月　　日　を認知）
□</td></tr>
</table>

第3　届出による国籍取得　73

（裏　面）

届　出　人 署　　　名	

上記署名は自筆したものであり，届出人は写真等と相違ないことを確認した。
受付担当官

（届出人連絡先電話番号　　　　　　　　　　　　　　　　　）

注意事項
1　必ず届出人本人が出頭し，届出人本人であることを証するもの（在留カード，旅券等）を持参してください。
2　国籍取得の条件を備えていることを証する公的資料（出生証明書，父の戸籍謄本，父母の渡航履歴を証する資料等）及び父母の申述書を添付し，それが外国語で書かれているときは，その日本語訳文も添付してください。
3　届出人の署名は，受付の際に自筆していただきますので，空欄のままにしておいてください。
4　□には，該当する事項の□内に✓印を付けてください。
5　「国籍取得後の本籍」には，土地の地番あるいは住居表示が使用できます。ただし，住居表示番号の場合は「○丁目○番」（※○号は記載できません）と記載してください。なお，実在しない町名，地番などは使用できませんので，分からない場合は，本籍としたい市区町村に確認してください。
　　また，①日本人と婚姻している場合は戸籍法上の届出（戸籍法102条）において本籍を記載していただくため，②父母が婚姻している場合（婚姻していた場合）または日本人と養子縁組している場合は国籍取得後の本籍は法律上当然に決まりますので，①②の場合とも本籍を記載する必要はありません。母の戸籍に入る場合はその旨記載してください。
6　「父母婚姻の有無」欄の「有」には，父母が婚姻していた場合も含まれます。
7　「国籍取得後の氏名」のうち「名」は，常用漢字表，戸籍法施行規則別表第二に掲げる漢字，ひらがな，カタカナで書いてください。
　　なお，氏については，その他の正しい日本文字も使用することができますが，①日本人と婚姻している場合は戸籍法上の届出（戸籍法102条）において記載していただくため，②父母が婚姻している場合（婚姻していた場合）または日本人と養子縁組している場合は法律上当然に決まるため，③母の戸籍に入る場合は母と同一の氏を称するため，①②③の場合は記載する必要はありません。
8　この届出によって日本と外国の両方の国籍を有することとなった場合は，この届出の時から2年以内に，いずれかの国籍を選択しなければなりません（国籍法第14条）。
9　太枠の確認欄には記載しないでください。

事実に反する内容で届出をした場合は，刑罰に処せられることがあります。

74　第2章　国籍の取得

付録第９号様式（平成20・12・18民一第3300号通達）

国 籍 取 得 届

（平成20年改正法附則第5条第1項）

平 成 　 年 　 月 　 日

法 務 大 臣 殿

国籍を取得しようとする者の写真（届出の日前6か月以内に撮影した5cm四方の単身，無帽，正面，上半身のもの）

15歳未満の場合は，法定代理人と一緒に撮影したもの

日本の国籍を取得したいので届出をします。

（平成 　年 　月 　日撮影）

<table>
<tr><td rowspan="6">日本国籍を取得しようとする者</td><td>（よみかた）</td><td>（氏）</td><td colspan="2">（名）</td></tr>
<tr><td>氏　名</td><td></td><td colspan="2"></td></tr>
<tr><td>国　籍</td><td></td><td>父母との続　柄</td><td>□ 男
□ 女</td></tr>
<tr><td>生年月日</td><td colspan="3">　年　　　月　　　日</td></tr>
<tr><td>出生場所</td><td colspan="3"></td></tr>
<tr><td>住　所</td><td colspan="3">番地番　　　　　　　号</td></tr>
</table>

<table>
<tr><td rowspan="4">国籍を取得しようとする者の父母</td><td>氏　名</td><td colspan="2">父（氏）　　　　　（名）</td><td colspan="2">母（氏）　　　　　（名）</td></tr>
<tr><td>本　籍</td><td colspan="2"></td><td colspan="2"></td></tr>
<tr><td rowspan="2">外国人の場合は国　籍</td><td colspan="2">番地番</td><td colspan="2">番地番</td></tr>
<tr><td colspan="2">筆頭者の氏名</td><td colspan="2">筆頭者の氏名</td></tr>
</table>

<table>
<tr><td rowspan="7">国籍を取得すべき事由</td><td>□父
□母 が平成20年改正法附則第2条第1項の届出により，平成21年1月1日以後に日本の国籍を取得した。</td></tr>
<tr><td>（父又は母が日本の国籍を取得した日　　　年　　　月　　　日）</td></tr>
<tr><td>□父又は母による従前の届出の時以後に出生した。
（父又は母による従前の届出の日　　　年　　　月　　　日）
（父又は母による従前の届出の届出先　　　　　　　　　　　）</td></tr>
<tr><td>□日本国民であったことがない。</td></tr>
<tr><td>□父
□母 が養親ではなく，出生後に認知した者ではない。</td></tr>
<tr><td>□自己の責めに帰することのできない事由によって期間内に届け出ることができなかった。</td></tr>
<tr><td>〔　　　　　　　　　　　　　　　　　　　　　　　　　　　　〕</td></tr>
</table>

※国籍取得後の戸籍の編製に必要なため，下欄に書いてください（裏面の注意事項6に注意してください。）。

<table>
<tr><td>国 籍 取 得後 の 氏 名</td><td></td></tr>
<tr><td rowspan="4">その他</td><td>国籍を取得しようとする者が</td></tr>
<tr><td>□婚姻をしている。　（　　　年　　　月　　　日　　と婚姻）</td></tr>
<tr><td>□養子縁組をしている。（　年　　　月　　　日　　と縁組）</td></tr>
<tr><td>□認知している。　（　　　年　　　月　　　日　　を認知）
□</td></tr>
</table>

第３　届出による国籍取得　75

（裏　面）

届 出 人署 　 名	

※国籍を取得しようとする者が15歳未満のときは，下欄に書いてください。

法 定 代 理 人の 　 資 　 格	親権者（☐父　　　☐母 ☐養父　　☐養母）	☐後見人
署 　 名		
住 　 所	番 地番 　 　 号	番 地番 　 　 号

上記署名は自筆したものであり，届出人は写真等と相違ないことを確認した。
受付担当官

（届出人連絡先電話番号　　　　　　　　　　　　　　　）

注意事項
 1　必ず届出人本人が出頭し，届出人本人であることを証するもの（在留カード，旅券等）を持参してください。
 2　国籍取得の条件を備えていることを証する公的資料（出生証明書，父母の戸籍謄本等）を添付し，それが外国語で書かれているときは，その日本語訳文も添付してください。
 3　届出人が国籍を取得しようとする者の法定代理人である場合は，その資格を証する公的資料を添付してください。
 4　届出人または法定代理人の署名は，受付の際に自筆していただきますので，空欄のままにしておいてください。
 5　☐には，該当する事項の☐内に✓印を付けてください。
 6　「国籍取得後の名」は，常用漢字表，戸籍法施行規則別表第二に掲げる漢字，ひらがな，カタカナで書いてください。
 　　なお，国籍取得後の氏は，法律上当然に決まります。
 7　この届出によって日本と外国の両方の国籍を有することとなった場合は，この届出の時に20歳未満であるときは22歳に達するまでに，この届出の時に20歳以上であるときはこの届出の時から2年以内に，いずれかの国籍を選択しなければなりません（国籍法第14条）。
 8　太枠の確認欄には記載しないでください。

事実に反する内容で届出をした場合は，刑罰に処せられることがあります。

76　第2章　国籍の取得

3 国籍法17条1項による国籍不留保者の国籍の再取得

⑴ 国籍不留保による日本国籍の喪失と同国籍の再取得

　国籍法12条は，出生により外国の国籍を取得した日本国民で日本国外で生まれたものは，原則として出生の日から3か月以内に，日本国籍留保の届出（戸104条）をしなければ，出生時に遡って日本国籍を喪失するものとしています。この届出は，出生の届出とともにしなければなりません（同条2項）。

　なお，この日本国籍留保の届出をしなかったために日本国籍を喪失した者で20歳未満の者は，日本に住所を有するときは，法務大臣に届け出ることによって，その届出の時に日本国籍を再取得することができるとしています（国17条1項・3項）。

⑵ 日本国籍を再取得するための要件

ア 国籍不留保により日本国籍を喪失したこと

　本条の対象となる者は，国籍法12条に基づき日本の国籍を留保しなかったことにより日本国籍を喪失した者です。日本国籍喪失の原因が同条によるものであれば，その後，その者が他の外国籍を取得していたとしても，本条の対象となると解されています（『改訂国籍実務解説』51頁）。なお，出生後に届出により日本国籍を取得した者が外国の国籍を喪失しないときは，日本と外国の重国籍となりますので，22歳に達するまでに，国籍の選択をしなければなりません（国14条1項）。

イ 20歳未満であること

　この要件は，法務大臣に対する国籍取得の届出の時に存在することを要します。

ウ 日本に住所を有すること

　日本に住所を有するとは，永続的に日本に居住する意思をもって生活の本拠を日本に有していることを意味します。一時的な居所・滞在はこの要件を満たしません（『改訂国籍実務解説』52頁）。

⑶ 国籍取得の届出

　この法務大臣に対する国籍再取得の届出は，国籍を取得しようとする者の住所地を管轄する法務局又は地方法務局の長を経由してしなければなりませ

第3　届出による国籍取得　77

ん（国規１条２項）。届出は書面によってすることを要し（同条３項），その届書の様式は3300号通達付録第２号様式によります（3300号通達第１，１(1)）。

届出に当たっては，届出人が自ら法務局又は地方法務局に出頭しなければなりません（国規１条３項）。当該法務局又は地方法務局は，届出を受け付ける前に，出頭した者が届出人本人であるか否かを確認するとともに，その者の届出意思をも確認すべきものとされています（3300号通達第１，１(2)）。

この届書には，国籍の取得をしようとする者がその条件を備えていることを証するに足りる書類を添付することを要します（国規１条６項）。この添付書類としては，次のようなものであります（『新しい国籍法・戸籍法』134頁）。

① 国籍留保の届出をしなかったことを証する書面

日本の国籍を取得しようとする者の出生時の父又は母の戸（除）籍謄本

② 20歳未満であることを証する書面

出生証明書，分娩の事実を証する書面等

③ 日本に住所を有することを証する書面

住民票，旅券等

以上の戸籍謄本等の公的資料を提出することができない場合には，これらの公的資料に代わり得る相当な資料又は届出人及び関係者の申述書を提出することになります（3300号通達第１，１(3)）。

なお，これらの書類が外国語で作成されているときは，翻訳者を明らかにした日本語の訳文を添付しなければなりません（国規５条）。

78　第２章　国籍の取得

付録第２号様式（平成20・12・18民一第3300号通達）

国 籍 取 得 届

（国籍法第17条第１項）

平成 30 年 3 月 24 日

法 務 大 臣 殿

> 国籍を取得しようとする者の写真（届出の日前６か月以内に撮影した５cm四方の単身，無帽，正面，上半身のもの）
>
> 15歳未満の場合は，法定代理人と一緒に撮影したもの

日本の国籍を取得したいので届出をします。

（平成 年 月 日撮影）

日本国籍を取得しようとする者	（よみかた） 氏 名	（氏） ヘイノ		（名） タロウ	
	国 籍	ブラジル	父母との続柄	長	☑男 □女
	生年月日	平成14 年 10 月 7 日			
	出生場所	ブラジル国サンパウロ州サンパウロ市			
	住 所	東京都中野区中野１丁目１		番地番 1 号	

国籍を取得しようとする者の父母	氏 名	父（氏） 丙 野	（名） 三 郎	母（氏） ヤマダ	（名） ユウコ
	本 籍	東京都千代田区平河町		ブラジル国	
	外国人の場合は国 籍	１丁目４ 番地番 筆頭者の氏名 丙 野 三 郎		番地番 筆頭者の氏名	

国籍を取得すべき事由	☑国籍留保の届出をしなかったため日本の国籍を失った。 ☑20歳未満である。 ☑日本に住所を有する。

※国籍取得後の戸籍の編製に必要なため，下欄に書いてください（裏面の注意事項６に注意してください。）。

国籍取得後の名	太 郎
その他	国籍を取得しようとする者が □婚姻をしている。 （ 　　年 　　月 　　日 と婚姻） □養子縁組をしている。（ 年　 月　 日　 と縁組） □認知している。 （ 　　年 　　月 　　日 を認知） □認知されている。 （ 　　年 　　月 　　日 から認知） □

第３ 届出による国籍取得 79

（裏　面）

届　出　人署　　　名	ヘイノ　タロウ

※国籍を取得しようとする者が15歳未満のときは，下欄に書いてください。

法 定 代 理 人の 　 資 　 格	親権者（□父　　□母　　）（□養父　□養母）　　　□後見人	
署　　　名		
住　　　所	番　地番　　号	番　地番　　号

上記署名は自筆したものであり，届出人は写真等と相違ないことを確認した。
受付担当官

（届出人連絡先電話番号　　　　　　　　　　　　　　　　　　　　　）

注意事項
1　必ず届出人本人が出頭し，届出人本人であることを証するもの（在留カード，旅券等）を持参してください。
2　国籍取得の条件を備えていることを証する公的資料（出生証明書，父の戸籍謄本，外国人登録原票記載事項証明書等）を添付し，それが外国語で書かれているときは，その日本語訳文も添付してください。
3　届出人が国籍を取得しようとする者の法定代理人である場合は，その資格を証する公的資料を添付してください。
4　届出人または法定代理人の署名は，受付の際に自筆していただきますので，空欄のままにしておいてください。
5　□には，該当する事項の□内に✓印を付けてください。
6　「国籍取得後の名」は，常用漢字表，戸籍法施行規則別表第二に掲げる漢字，ひらがな，カタカナで書いてください。
　　なお，国籍取得後の氏は，法律上当然に決まります。
7　この届出によって日本と外国の両方の国籍を有することとなった場合は，22歳に達するまでに，いずれかの国籍を選択しなければなりません（国籍法第14条）。
8　太枠の確認欄には記載しないでください。

80　第2章　国籍の取得

4 国籍法17条2項による官報催告を受けた国籍不選択者の国籍の再取得

(1) 国籍選択の催告を官報によって受けた者の日本国籍の喪失と同国籍の再取得

　昭和59年に改正された国籍法では，出生による国籍取得について父母両系血統主義が採用されました。この改正によって，わが国の国籍と外国の国籍をともに有する重国籍者が増加することが予想されたことから，これらの新たに増加する重国籍を解消するために，国籍の選択制度が設けられました（国14条）。これにより，重国籍者は必ず国籍を選択しなければならないということになりました。

　この国籍の選択制度は，外国の国籍を有する日本国民は，外国及び日本の国籍を有することとなった時が20歳に達する以前であるときは22歳に達するまでに，その時が20歳に達した後であるときはその時から2年以内に，いずれかの国籍を選択しなければならないとするものです。このうち日本の国籍を選択するには，外国の国籍を離脱するか又は日本国籍の選択の宣言をすることによってします。このように，重国籍者は，一定の期限内に自発的に国籍を選択することを要求されているのです。

　重国籍者が上記の期限内に国籍の選択をしない場合には，法務大臣は，当該重国籍者に対し，書面により国籍の選択をすべきことを催告することができます（国15条1項）。この法務大臣の催告は，原則として文書をもってすることとされていますが，これを受けるべき者の所在を知ることができないときその他書面によってすることができないやむを得ない事情があるときは，催告すべき事項を官報に掲載してすることができるとされています（同条2項前段）。この場合の催告は，官報に掲載された日の翌日に到達したものとみなされます（同条2項後段）。

　これらの催告を受けた者が，催告を受けた日から1か月以内に日本の国籍を選択しないときは，その期間が経過した時に日本国籍を失うことになります（国15条3項）。

　しかし，官報による催告の場合は，事実上その到達を擬制するものであって，これにより日本国籍を喪失したとされる者は，自らはその事実を知らな

いのが通常と考えられます。そのため，国籍法は，官報による催告を受けて国籍法15条3項の規定により日本の国籍を失った者は，届出によって日本の国籍を再取得することができるとしています（国17条2項）。

(2) 国籍取得の届出

ア 国籍取得の届出

上記の国籍法17条2項の規定による法務大臣に対する国籍取得の届出は，国籍の取得をしようとする者が日本に住所を有するときは，その住所地を管轄する法務局又は地方法務局の長を経由して，その者が外国に住所を有するときは，その国に駐在する領事館（領事館の職務を行う大使館若しくは公使館の長又はその事務を代理する者を含む）を経由してしなければなりません（国規1条1項）。

届出は，書面によってすることを要し（同条3項），その届書の様式は3300号通達付録第3号様式によります（3300号通達）。届出に当たっては，届出人自ら法務局又は地方法務局に出頭しなければなりません（国規1条3項）。

イ 日本国籍を再取得するための要件

(ア) 国籍法15条2項の催告を受けて同条3項により日本国籍を失ったものであること

官報掲載の方法による催告（国15条2項）を受けて日本国籍を失った者は，届出により日本国籍を再取得することができます。書面による催告によって日本国籍を喪失した者は対象とはなりません。

(イ) 国籍法5条1項5号の要件を備えていること

国籍選択の制度は重国籍の解消を目的とするものですから，上記の日本国籍の再取得の結果，重国籍となることは同制度の趣旨に反することになります。そこで，重国籍防止条件（国5条1項5号）が課されています。すなわち，官報催告による日本国籍喪失者が届出により国籍を取得するには，法務大臣への国籍取得の届出時に，無国籍であるか，又は届出による日本国籍取得によってその外国籍を失うことが要件とされています（『改訂国籍実務解説』53頁）。したがって，届出による日本国籍の取得によって当然に外国籍を喪失しない場合には，国籍法17条2項による国籍取得はできないこととなります

（『改訂国籍実務解説』53頁）。

　　　(ｳ)　再取得の届出は，日本の国籍を失ったことを知った時から1年以内
　　　　に届け出ること

　この1年の期間は，当該本人が自己の日本国籍喪失を現実に知った日から
起算することとされています（『改訂国籍実務解説』53頁）。天災その他，その
者の責めに帰することができない事由によって，その期限内に届け出ること
ができないときは，その期間は届出が可能となったときから1か月以内に法
務大臣に届け出ることを要します。

　　ウ　添付書面

　届書には，国籍の取得をしようとする者がその条件を備えていることを証
するに足りる書類を添付しなければなりません（国規1条6項）。この再取得
の届出については，特に次のような書類が必要とされています（『新しい国籍
法・戸籍法』169頁）。

　　①　日本国籍を取得しようとする者の戸（除）籍謄本（「国籍選択の催告を
　　　受けて選択しなかったため国籍喪失」の記載のあるもの）

　　②　国籍選択の催告が掲載されている官報の写し

　　③　外国の国籍の喪失を証する書面等

　　④　日本国籍を失ったことを知るに至った経緯を証するに足りる書面

付録第3号様式（平成20・12・18民一第3300号通達）

国 籍 取 得 届
（国籍法第17条第2項）

平成　　年　　月　　日

法 務 大 臣 殿

> 国籍を取得しようとする者の写真（届出の日前6か月以内に撮影した5cm四方の単身，無帽，正面，上半身のもの）
> 15歳未満の場合は，法定代理人と一緒に撮影したもの

日本の国籍を取得したいので届出をします。

（平成　年　月　日撮影）

日本国籍を取得しようとする者	（よみかた）	（氏）		（名）		
	氏　名					
	国　籍		父母との続柄		□ 男 □ 女	
	生年月日	年　　　月　　　日				
	出生場所					
	住　所			番地番　　　　　号		

国籍を取得しようとする者の父母	氏　名	父（氏）	（名）	母（氏）	（名）
	本　籍				
	外国人の場合は国籍	番地番 筆頭者の氏名		番地番 筆頭者の氏名	

国籍を取得すべき事由	□官報による国籍選択の催告を受けて，期限内に日本の国籍を選択しなかったため日本の国籍を失った。（官報による催告を受けた日　　　年　　月　　日） □国籍を有せず，又は日本の国籍を取得によって現に有する外国の国籍を失う。 □日本の国籍を失ったことを知った日から1年以内の届出である 　　　　　（日本の国籍を失ったことを知った日　　　年　　月　　日） □期間内に届け出ることができなかった。 　　　自己の責めに帰することができない事由 〔　　　　　　　　　　　　　　　　　　　　　　　　　　　　　　〕 　　　届け出ることができるに至った日　　　　　年　　月　　日

※国籍取得後の戸籍の編製に必要なため，下欄に書いてください（裏面の注意事項5に注意してください。）。

国籍取得後の名	
その他	国籍を取得しようとする者が □婚姻をしている。　（　　　年　　　月　　　日　　　と婚姻） □養子縁組をしている。（　　　年　　　月　　　日　　　と縁組） □認知している。　　（　　　年　　　月　　　日　　　を認知） □認知されている。　（　　　年　　　月　　　日　　　から認知） □

（裏　面）

届　出　人署　　　名	
上記署名は自筆したものであり，届出人は写真等と相違ないことを確認した。 　　　　　　　　　　　　　　　　　　　　　　　受付担当官	

（届出人連絡先電話番号　　　　　　　　　　　　　　）

注意事項
 1 必ず届出人本人が出頭し，届出人本人であることを証するもの（在留カード，旅券等）を持参してください。
 2 国籍取得の条件を備えていることを証する公的資料（官報の写し，戸籍謄本等）を添付し，それが外国語で書かれているときは，その日本語訳文も添付してください。
 3 届出人の署名は，受付の際に自筆していただきますので，空欄のままにしておいてください。
 4 □には，該当する事項の□内に✓印を付けてください。
 5 「国籍取得後の名」は，常用漢字表，戸籍法施行規則別表第二に掲げる漢字，ひらがな，カタカナで書いてください。
  なお，国籍取得後の氏は，法律上当然に決まります。
 6 太枠の確認欄には記載しないでください。

第3　届出による国籍取得　85

5　国籍取得証明書の交付

　法務局又は地方法務局の長は，これまで述べてきた種々の国籍取得の届出が適法な手続によってされ，かつ，事件本人が国籍取得の条件を備えているときは，届出人に3300号通達付録第4号様式による国籍取得証明書を交付するものとされています（同通達第1，4(1)）。

　この国籍取得証明書には，原則として，①国籍取得後の氏名，②入籍すべき戸籍の表示，③父母の氏名，④父母との続柄，⑤生年月日，⑥国籍取得事項，⑦国籍取得事項以外の身分事項等が記載されます。

　国籍取得証明書の作成に当たっては，次の点に留意する必要があります。

　　ア　「国籍を取得した者の国籍取得後の氏名」及び「国籍を取得した者
　　　の入るべき戸籍及び身分事項」欄の記載

　届出ごとの氏及び本籍の原則は，次のようになっています。

　　①　国籍を取得した者の称すべき氏及び本籍は，平成20年12月18日付け民一第3302号通達（第1，2(1)）の原則によります。すなわち，国籍を取得した者の氏は，改正国籍法3条，同法附則2条及び4条により国籍を取得した者（準正子を除く。）については，新たに定めるものとされています。ただし，国籍を取得した者が国籍取得時に日本人の養子であるときは，養親の氏を称し，国籍を取得した者が国籍取得時に日本人の配偶者であるときは，国籍取得の届出において日本人配偶者とともに届け出る氏を称することになります。戸籍の処理については，国籍を取得した者が氏を新たに定めるときは新戸籍を編製するものとし，養親の氏を称するときはその戸籍に入り，日本人の配偶者であるときであって自己の氏を称するときは新戸籍を編製するものとし，日本人配偶者の氏を称するときはその戸籍に入ることになります。

　　また，国籍を取得した者の母が国籍取得時に既に帰化等により日本国籍を取得しているときは，上記により氏を新たに定め新戸籍を編製するほか，母の戸籍に入籍することを希望する場合は，母の戸籍に入ります。

　　②　改正国籍法附則5条により国籍を取得した者は，嫡出子の場合は父又は母の同法附則2条による国籍取得時の氏を称してその戸籍に入り，嫡出でない子は，母の同法附則2条による国籍取得時の氏を称してその戸籍に入

86　第2章　国籍の取得

ります（前記3302号通達第１，2(2)）。

　　　③　国籍を取得した者が，改正国籍法３条による国籍取得者であって準
正子である場合並びに国籍法17条，昭和59年改正法附則５条及び６条による
国籍取得者である場合は，昭和59年11月１日付け民二第5500号通達（第３，
1(2)）の原則によります。すなわち，改正国籍法３条により国籍を取得した
者が準正子である場合には，国籍取得者の氏は準正時（準正前に父母が離婚
しているときは離婚時）の父の氏を称して，その戸籍に入ります。国籍法17
条１項により国籍を取得した者は，出生時の日本人たる父又は母の氏を称し，
国籍取得時において氏を同じくする父又は母の戸籍があるときは，その戸籍
に入り，上記の入るべき戸籍がないときは，国籍取得者につき新戸籍を編製
します。この場合においては，親子関係を戸籍上明らかにするため，一旦，
父母が国籍取得者と同一の氏を称して最後に在籍していた戸（除）籍に入籍
させた上，直ちに除籍して新戸籍を編製します。国籍法17条２項により国籍
を取得した者は，国籍喪失時の氏を称し，その時に在籍していた戸籍に入り
ます。ただし，その戸籍が除かれているとき，又はその者が日本国籍を引き
続き保持していたとすればその戸籍から除籍する理由があるときは，新戸籍
を編製します。

　以上のとおりですから，国籍取得証明書の上記欄には，それぞれの届出ご
とに上記の原則に基づき氏及び本籍を記載することになります。例えば，改
正国籍法３条により国籍を取得した者の場合（準正が成立していない場合）に
は，「国籍を取得した者の入るべき戸籍及び身分事項」欄には次のように記
載することになります。

(例)
国籍を取得した者が氏を新たに定める場合

「東京都千代田区平河町一丁目４番地筆頭者乙川恵美で新戸籍を編製する。
　　　　　【認知日】平成３０年８月１２日
　　　　　【認知者】乙川一郎
　　　　　【認知者の戸籍】東京都千代田区平河町一丁目４番地　乙川一郎

第３　届出による国籍取得　*87*

注）認知届の届出地が国籍取得後の本籍地と異なる場合は受理者を記載します。

　なお，届書に国籍取得後の氏及び本籍が記載されていないため，国籍取得証明書にこれらの事項を記載できない場合は，国籍を取得した者が国籍取得時に日本人の養子であるとき又は日本人の配偶者であるときを除き，国籍取得証明書の「国籍を取得した者の国籍取得後の氏名」欄の「氏」欄に斜線を施した上，「国籍を取得した者の入るべき戸籍及び身分事項」欄に「国籍取得届において届け出る氏及び希望する場所で新戸籍を編製する。」と記載して届出人に交付します。この場合には，届出人が市区町村長へ国籍取得届（戸102条）をする際に，その届書に国籍取得後の氏及び本籍を記載して届け出ることになります（渡邉・民月64巻3号64頁）。

　　イ　関連戸籍の表示及び当該戸籍に記載すべき事項の記載

　国籍を取得した者と身分関係を有する者の戸籍がある場合（例えば，国籍を取得した者を認知した日本人父の戸籍がある場合）は，国籍取得証明書の「備考」欄に，戸籍の記載に必要な関連戸籍を表示した上，当該戸籍に記載する欄及び記載すべき事項を記載するのが相当とされています（渡邉・民月64巻3号64頁）。

6　国籍取得の届出の不受理の場合の処理

　国籍取得の届出が適法な手続によってされていないとき，又は事件本人が国籍取得の条件を備えているものと認められないときは，法務局又は地方法務局の長は，その旨を届出人に通知するものとされています。ただし，改正国籍法3条1項，同法附則2条1項，4条1項及び5条1項の規定によるものとしてされた届出が虚偽であった場合には，届出人に通知する前に，届出に関する一件記録の写しを添付して（渡邉・民月64巻3号65頁），法務省民事局長に速やかに報告し，同局長の指示を受けて届出人に通知することとされています（前記3300号通達第1，4(2)）。届出が虚偽であるとして民事局長に報告した場合には，同局長の指示を受けて捜査関係機関にも通報することにな

ります（前掲通達第1，5(2)）。

　また，届出が虚偽の届出であるとして届出人に通知した場合において，そ
れが虚偽の認知届がされたことを理由とするものであり，当該認知者とされ
るものの戸籍に当該認知事項が記載されているときは，当該認知事項は法律
上許されないものですから，法務局又は地方法務局の長は，戸籍法24条3項
の規定により，当該認知事項の記載が法律上許されないものであることを認
知当時の認知者の本籍地の市区町村長に通知しなければなりません（前掲通
達第1，5(1)）。

　当該通知を受けた市区町村長は，戸籍法24条1項により，遅滞なく認知者
に対し認知事項の記載が法律上許されないものであることを通知するものと
され，同項の通知をすることができないとき，又は通知をしても戸籍訂正の
申請をする者がいないときは，市区町村長は，戸籍法24条2項の規定により，
管轄法務局，地方法務局又はその支局の長の許可を得て，認知者の戸籍の認
知事項を消除することとされています（3302号通達第2，1及び2）。なお，認
知事項を職権で消除した市区町村長は，被認知者（被認知者が15歳未満の場合
はその法定代理人）にその旨を通知します。通知の様式は同通達別紙3又は
別紙4に準じた様式によってします（前掲通達第2，3）。

第3　届出による国籍取得　*89*

付録第４号様式（平成20・12・18民一第3300号通達）

国　籍　取　得　証　明　書		第　　　　号

<table>
<tr><td rowspan="6">国籍を取得した者</td><td>従　前　の　氏　名</td><td colspan="2">(氏)</td><td colspan="2">(名)</td></tr>
<tr><td>国籍取得の際の外国の国籍</td><td colspan="3"></td><td rowspan="2">父母の続柄と</td></tr>
<tr><td>生　年　月　日</td><td colspan="3"></td></tr>
<tr><td>出　生　場　所</td><td colspan="4"></td></tr>
<tr><td>出生届に関する事項</td><td colspan="4">　　　　年　　　月　　　日　　　　　　　　　に届出</td></tr>
<tr><td>住　　　　　所</td><td colspan="4"></td></tr>
<tr><td colspan="2">国　籍　取　得　年　月　日</td><td colspan="4">　　　　年　　　月　　　日</td></tr>
<tr><td rowspan="3">国籍を取得した者の父母</td><td>氏　　　　　名</td><td>父(氏)</td><td>(名)</td><td>母(氏)</td><td>(名)</td></tr>
<tr><td rowspan="2">本　籍　又　は　国　籍</td><td colspan="2">①
　　　　　　番地
　　　　　　番　　号</td><td colspan="2">②
　　　　　　番地
　　　　　　番　　号</td></tr>
<tr><td colspan="2">筆頭者
の氏名</td><td colspan="2">筆頭者
の氏名</td></tr>
<tr><td colspan="2">国籍を取得した者の
国　籍　取　得　後　の　氏　名</td><td colspan="2">(氏)</td><td colspan="2">(名)</td></tr>
<tr><td colspan="2">国籍を取得した者の入るべき
戸　籍　及　び　身　分　事　項</td><td colspan="4"></td></tr>
<tr><td colspan="2">備　　　　　　　　　考</td><td colspan="4"></td></tr>
</table>

　上記の者は〔国籍法昭　和　59　年　改　正　法　附　則／平　成　20　年　改　正　法　附　則〕第　　条第　　項
の届出により日本の国籍を取得したことを照明する。

　平成　　　年　　　月　　　日

　　　　　　　　　　　　　　　　　　法務局（地方法務局）長

注意事項：この証明書は，戸籍法第102条の届書に添付して市区町村長に提出してください。
　　　　　　　　　　　　　（　　　年　　　月　　　日交付　印）

第**4** 届出により国籍を取得した者の戸籍の処理

　改正国籍法により，出生後に日本国民から認知された子が法務大臣に届け出ることによって日本国籍を取得するためには，父母の婚姻を要しないものとされました（同法3条）。この国籍法の改正に伴って，平成20年12月18日付け法務省民一第3302号民事局長通達「国籍法及び国籍法施行規則の一部改正に伴う戸籍事務の取扱いについて」が発出されています。

　他方で，改正前国籍法3条の規定により国籍を取得した者に係る国籍取得の届出（戸102条）がされた場合の戸籍の取扱いについては，昭和59年11月1日付け民二第5500号民事局長通達第3において示されているのですが，改正国籍法の施行によってもこの取扱いに変更される点はないものとされています。したがって，改正国籍法3条の規定により国籍を取得した者に係る国籍取得の届出に関する戸籍の取扱いについては，引き続き前記の5500号通達が適用され，3302号通達第1（国籍取得の届出）は，改正国籍法3条，同法附則2条（同法附則3条により2条1項の届出をしたものとみなされる場合を含む。），4条又は5条により日本国籍を取得した者のうち嫡出でない子の戸籍の取扱いについて適用があるものとされています（堤・民月64巻3号70頁）。

(1) 戸籍法102条の規定による国籍取得の届出

　法務大臣へ国籍取得の届出をしたときは，その届出の時に日本の国籍を取得しますが（国3条2項，17条3項等），日本国籍を取得した者は，日本国民の親族的身分関係の登録簿である戸籍に登載されるべき者ですから，法務大臣への届出とは別に，市区町村長に対して，国籍取得の年月日その他国籍取得者に関する所要の事項を届け出なければなりません（戸102条，改正国籍法附則8条）。

ア 届出期間

　国籍取得者は，国籍取得の日から1か月以内（この者がその日に外国に在るときは，3か月以内）に，戸籍法上の国籍取得の届出をしなければなりません（戸102条1項）。

　改正国籍法3条1項の届出により父又は母が認知した子で日本国籍を取得

した者並びに同法17条1項及び同条2項の届出により国籍を再取得した者については，上記の規定の適用により届出義務が課されますが，同法附則2条（同法附則3条により2条1項の届出をしたものとみなされる場合を含む。），4条又は5条により日本国籍を取得した者についても，上記の規定が準用されています（改正国籍法附則8条）。

イ　届出人

国籍取得の届出は，国籍取得者を戸籍に登録公証するための報告的届出ですから，戸籍法31条の規定が適用され，届出人が未成年者の場合は法定代理人が届出義務者となりますが，届出人が15歳以上の未成年者の場合は本人からも届出することができます。したがって，改正国籍法3条又は同法附則2条，4条又は5条により国籍を取得した者について戸籍法102条による届出をする場合の届出人は，国籍を取得した者が15歳以上であれば本人がなりますが，15歳未満であれば，通常は，親権者である母が単独でなります。ちなみに，改正国籍法17条1項及び同条2項の届出により国籍を再取得した者について戸籍法102条による届出をする場合の届出人は，本人が成年者に限られますから，常に本人ということになります。

ウ　届出地

届出地は，届出事件本人の本籍地又は届出人の所在地です（戸25条1項）。届出人が国外に在る場合は，その国に駐在する大使，公使又は領事に届け出ます（戸40条）。

エ　添付書類

国籍を取得した者は，国籍取得の届書に国籍取得前の身分事項を記載し，その身分事項を称すべき書面を添付しなければなりません（戸規58条の2）。したがって，戸籍を取得した者について認知，縁組，婚姻等の身分行為が成立しているときは，これらの事項も戸籍の記載事項ですから（戸13条，戸規30条），国籍取得の届書への記載とともに，その身分事項を証すべき書面の添付も要することになります。ただし，身分事項に関する記載のある国籍取得証明書が添付されているときは，重ねて他の資料を添付する必要はありません（3302号通達第1，4）。なお，認知，縁組，婚姻等の身分事項が成立し

ている場合には，国籍取得証明書中の「国籍を取得した者の入るべき戸籍及び身分事項」欄，「備考」欄に記載することとされています。

(2) **国籍取得の日**

国籍取得の届書には，「国籍取得の年月日」を記載しなければなりません（戸102条2項1号）。

改正国籍法3条，17条1項及び同条2項の規定により法務大臣に国籍取得の届出をした者は，その届け出た日に日本の国籍を取得します（国3条2項，17条3項）。

また，改正国籍法附則の規定により日本国籍を取得する日は，次のとおりです。

① 改正国籍法附則2条による届出の場合

法務大臣に届け出た日

ただし，平成15年1月1日以後に従前の届出をしているとき及び改正国籍法附則3条により2条の届出をしたものとみなされる場合は，従前の届出の日とされています。

② 改正国籍法附則4条又は5条による届出の日

法務大臣に届け出た日

国籍取得の届出は，一般に，国籍を取得した者が，その取得した日から1か月以内（その者がその日に国外に在るときは，3か月以内）にしなければならないとされていますが（戸102条1項），改正国籍法附則2条，4条又は5条により国籍を取得した場合の国籍取得の届出についても国籍取得の日から上記期間内に市区町村長に届け出なければなりません（改正国籍法附則8条）。このうち，同法附則2条による届出のうち平成15年1月1日以後に従前の届出をしている場合及び同法附則3条により改正国籍法の施行の日に同法附則2条による届出をしたものとみなされる場合については，国籍取得の届出期間の起算日の特例が定められており，前者については「改正国籍法附則2条による届出をした日」，後者については「改正国籍法の施行の日」とされています（改正国籍法附則8条）。

第4 届出により国籍を取得した者の戸籍の処理 *93*

(3) 国籍を取得した者の称すべき氏及び入籍する戸籍

　ア　改正国籍法3条（認知による国籍取得），同法附則2条又は4条により法務大臣に対する届出により国籍を取得した者である場合

　㋐　認知により国籍を取得した者については，原則として，新たに氏を定めて（3302号通達第1，2(1)ア），新戸籍を編製するものとされています（前掲通達第1，2(1)イ）。

　国籍を取得した者については，可能な限り生来の日本人と同様の氏変動の原則に従わせるのが相当であると考えられますから（堤・民月64巻3号72頁），日本人の嫡出でない子であれば母の氏を称するのが相当というところなのですが，この場合は，母が外国人であるため母について戸籍が編製されていませんから，国籍を取得した子が称すべき母の氏が存在しないことになります。そこで，国籍を取得した者について新たに氏を創設することとされました。この取扱いは，日本人男から胎児認知された外国人女の嫡出でない子が出生した場合，出生届の届出人が事件本人について新たに氏を定めることとされているのと同じです（堤・民月64巻3号73頁）。

　この場合，国籍を取得した者が，国籍取得の届出により，認知した父の氏を称して同人の戸籍に入籍することは認められていません。父の戸籍に入籍するには，父の氏を称する旨の家庭裁判所の許可を得て，入籍届によることになります（堤・民月64巻3号74頁）。

　㋑　国籍を取得した者が国籍取得時に日本人の養子であるときは，養親の氏を称して，養親の戸籍に入ります。国籍を取得する者が国籍取得時に日本人の配偶者であるときは，国籍取得の届出において日本人配偶者とともに届け出る氏を称することとなります。そして，この場合，上記の届出に係る氏が国籍取得者の氏であるときは，夫婦について新戸籍を編製し，日本人配偶者の氏であるときは，同人の戸籍に国籍取得者が入ります。

　㋒　国籍を取得した者の母が国籍取得時に既に帰化等により日本国籍を取得しているときは，新たに氏を定めて新戸籍を編製するほか，母について戸籍が編製されていますので，国籍を取得した者が母と同一の氏を称してその戸籍に入籍することを希望する場合には，母の戸籍に入ります（3302号通

94　第2章　国籍の取得

達第1の2⑴ウ)。

　イ　改正国籍法附則5条により国籍を取得した者は，嫡出子であれば父
又は母の同法附則2条による国籍取得時の氏を称してその戸籍に入り，嫡出
でない子であれば母の同法附則2条による国籍取得時の氏を称してその戸籍
に入ります。

　ウ　改正国籍法3条により法務大臣に対する届出により国籍を取得した
　　者が準正子である場合

　改正国籍法3条により法務大臣に対する届出により国籍を取得した者が準
正子である場合には，その者は，準正時（準正前に父母が離婚しているときは
離婚時）の父の氏を称して，その戸籍に入ります（3302号通達第1，2⑴ただ
し書）。すなわち，婚姻準正にあっては父母の婚姻時の，認知準正にあって
は認知時の父の戸籍に入籍することになります。上記により入るべき戸籍が
ないときは，国籍取得者について新戸籍を編製することになりますが，この
場合においては，親子関係を戸籍上明らかにするため，一旦，父母が国籍取
得者と同一の氏を称して最後に在籍していた戸（除）籍に入籍させた上，直
ちに除籍して新戸籍を編製することとされています（3302号通達，昭和59・
11・1民二5500号通達第3，1⑵ア及びイ）。

　エ　国籍法17条1項の不留保による国籍喪失者の国籍再取得の場合

　国籍法17条1項による国籍の再取得をした者は，出生時の日本人父又は母
の氏を称し，国籍取得時において氏を同じくする父又は母の戸籍があるとき
は，その戸籍に入り，上記の入るべき戸籍がないときは，国籍取得者につい
て新戸籍を編製します。この場合においては，親子関係を戸籍上明らかにす
るため，一旦，父母が国籍取得者と同一の氏を称して最後に在籍していた戸
（除）籍に入籍させた上，直ちに除籍して新戸籍を編製します（昭和59・11・
1民二5500号通達）。

　オ　国籍法17条2項の官報催告による国籍喪失者の国籍再取得の場合

　国籍法17条2項により国籍を再取得した者は，国籍喪失時の氏を称し，国
籍喪失時に在籍していた戸籍に入ります。ただし，国籍喪失時の戸籍が除籍
になっているときは，新戸籍を編製します。また，国籍喪失時の戸籍が現に

第4　届出により国籍を取得した者の戸籍の処理　95

存している場合であっても，その者が国籍を喪失することなく在籍していたとすればその戸籍から除籍する理由があるとき（例えば，日本人配偶者と離婚したとき）は，新戸籍を編製します（5500号通達第3，1(2)ア及びウ）。

　カ　国籍取得者が準正子である場合又は国籍法17条1項及び同条2項による国籍取得者である場合において，その者が国籍取得前の身分行為により日本人の養子となっているときは，一旦，上記のウ，エ及びオによる氏を取得し，直ちに縁組当時の養親の氏に変更したものとして取り扱うこととされています（5500号通達第3，1(2)エ前段）。すなわち，国籍取得者が準正子である場合又は国籍法17条1項による国籍取得者である場合には，日本人実父又は実母との親子関係を戸籍面上明らかにするため，一旦実父又は実母の戸籍に入籍させ，その戸籍が除籍されているときには，その末尾に入籍させた上，直ちに養親の戸籍に入籍させることになります。また，国籍取得者が国籍法17条2項による国籍取得者である場合は，一旦国籍喪失時の氏による新戸籍を編製した上，同日付けで除籍し，直ちに養親の戸籍に入籍させることになります。

　また，国籍取得者が国籍取得前に日本人と婚姻している場合には，上記の日本人の養子となっている場合と同様，上記のウ，エ及びオによる氏を取得しますが，婚姻している場合にあっては，国籍取得届において日本人配偶者とともに届け出る氏を称するものとして取り扱うとされています（昭和59・11・1民二5500号通達）。したがって，一旦父又は母の氏，若しくは国籍喪失時の戸籍に入籍させた後，国籍取得の届出において定める夫婦の氏，すなわち夫又は妻の氏をもって夫婦について新戸籍を編製するか，又は日本人配偶者の戸籍に入籍することになります。

(4)　**国籍を取得した者が新たに氏を定めるときに用いる文字**

　国籍を取得した者が新たに氏を定めるときに用いる文字は正しい日本文字を用いるものとされ，漢字を用いる場合は次に掲げる字体で記載するものとされています（3302号通達第1，2(3)）。

　ア　常用漢字表（昭和56年内閣告示第1号）の通用字体

　イ　戸籍法施行規則別表第二の一に掲げる字体

ウ　康熙字典体又は漢和辞典で正字とされている字体

エ　当用漢字表（昭和21年内閣告示第32号）の字体のうち，常用漢字表においては括弧に入れて添えられなかった従前正字として取り扱われてきた「慨」，「概」，「免」及び「隆」

オ　国字でアからエまでに準ずる字体

カ　平成16年９月27日付け法務省民一第2665号民事局長通達により改正された平成２年10月20日付け法務省民二第5200号民事局長通達別表に掲げる字体

　このような国籍取得者の氏に用いられる日本文字の字体については，改正前国籍法の施行の際に発せられた昭和59年11月１日付け民二5500号通達においては，定められていませんでした。これは，その当時の戸籍の取扱いでは，準正により国籍を取得した者は一旦準正時の父の氏を称することとされていたため，通達でその氏の字体について定める必要がなかったことによるものです。これに対し，改正国籍法の施行の際に発せられた3302号通達においては，出生後に日本国民から認知された子が国籍を取得した場合については，氏を新たに定め，新戸籍を編製するものとされたことから，氏に使用する文字について定めがされたものです（堤・民月64巻３号76頁）。

　　キ　国籍を取得した者の名

　国籍取得者の名に使用する文字は，原則として，出生届の場合と同様に，常用平易な文字（戸50条，戸規60条）でなければなりません。ただし，国籍取得者が国籍取得前に本国法上氏名を漢字で表記する者であった場合において，制限外の漢字で命名され，出生後相当の年齢に達しており，卒業証書，免許証，保険証書等により日本の社会に広く通用していることを証明することができる名を用いるときは，正しい日本文字としての漢字を用いるときに限り，制限外の文字を用いて差し支えないとされています（3302号通達第１，３，昭和59・11・１民二5500号通達第３，１(3)）。

(5)　国籍取得の届書の様式及び記載事項

　　ア　国籍取得の届書様式は，3302号通達の別紙２の様式によります（3302号通達第１の５）。届書の記載事項は，通常，届書に記載される一般の

事項のほか，次の事項を記載し，国籍取得を証すべき書面を添付することを要します（戸102条2項）。ここでいう国籍取得を証すべき書面とは，法務大臣が作成した国籍取得証明書に限られます。

① 国籍取得の年月日

② 国籍取得の際に有していた外国の国籍

③ 父母の氏名及び本籍，父又は母が外国人であるときは，その氏名及び国籍

④ 配偶者の氏名及び本籍，配偶者が外国人であるときは，その氏名及び国籍

⑤ その他法務省令で定める事項

　この⑤の「法務省令で定める事項」とは，戸籍法施行規則58条の2で定める事項です。具体的には，ⅰ出生に関する事項，ⅱ認知に関する事項，ⅲ現に養親子関係の継続する養子縁組に関する事項，ⅳ現に婚姻関係の継続する婚姻に関する事項，ⅴ現に未成年者である者についての親権又は未成年者の後見に関する事項，ⅵ推定相続人の廃除に関する事項でその取消しのないもの等，国籍取得者の国籍取得時までの身分事項です。これらの事項を届書に記載し，併せて，その身分事項を証すべき書面を添付しなければなりません（戸規58条の2）。ただし，国籍取得証明書（戸102条2項）に身分事項に関する記載があるときは，その事項については更に資料を添付することを要しないとされています（3302号通達第1，4）。

　イ 「氏を同一とする時の父又は母の本籍」欄には，国籍取得時において氏を同じくする父又は母の本籍を記載します。父又は母が在籍した戸籍が既に除かれているときは，その除籍の末尾に一旦入籍し，直ちに除籍して新戸籍を編製するという手順を踏むことになりますので，父又は母が在籍した戸（除）籍の表示を記載します。

　ウ 国籍取得の届出がされた場合の届書中「国籍取得後の本籍」欄の記載方法は，次のとおりです（3303号通知参照）。なお，準正子については従前どおりとされています（3303号通知）。

98　第2章　国籍の取得

㋐　国籍取得時に称すべき父又は母の氏がある場合

①　父又は母の現在戸籍に入る場合は，「□(1)の戸籍に入る」の箇所に
チェックします。

②　父又は母の除籍の末尾に一旦入籍し，直ちに除籍して新戸籍を編製す
る場合には，「□(2)の戸籍に入った後下記の新しい戸籍をつくる」の箇
所にチェックし新戸籍の表示を「新戸籍」の欄に記載します。

③　国籍取得者に日本人の配偶者があるため，父又は母の戸籍に一旦入籍
の上，夫婦につき新戸籍が編製される場合には，「□下記のとおり」の
箇所にチェックし，「(1)の戸籍に入籍し，婚姻しているため夫（又は妻）
の氏で下記の新しい戸籍をつくる」と記載し，「新本籍」の欄に夫婦の
定める本籍及び筆頭者の氏名を記載します。

④　国籍取得者が日本人（単身者）の養子となっているため，父又は母の
戸籍に一旦入籍の上，養親につき編製される新戸籍に入籍する場合には，
「□下記のとおり」の箇所にチェックし，「(1)の戸籍に入籍し，養子であ
るため養親につき編製される下記の新しい戸籍に入籍する」と記載し，
「新戸籍」の欄に養親の新本籍を記載します（この場合，国籍取得者が届
出人となるときは，養親の従前の本籍と同一の場所が新本籍となります。）。

㋑　国籍取得時に，称すべき父又は母の氏がない場合（3303号依命通知）

①　国籍取得者について新戸籍を編製する場合には，「□下記の新しい戸
籍をつくる」の箇所にチェックし，「新本籍」の欄に届出人が定めた本
籍及び筆頭者の氏名を記載します。

②　国籍取得者が国籍取得時に日本人の養子である場合において，養親の
戸籍に入籍するときは，「□下記のとおり」の箇所にチェックし，「(4)の
戸籍に入籍する」と記載します。

③　国籍取得者が国籍取得時に日本人の配偶者である場合において，日本
人の配偶者の戸籍に入籍するときは，「□下記のとおり」の箇所にチェッ
クし，「(3)の戸籍に入籍する」と記載します。

④　国籍取得者が国籍取得時に日本人の配偶者である場合において，国籍
取得者の氏で新戸籍を編製するときは，「□下記の新しい戸籍をつくる」

第4　届出により国籍を取得した者の戸籍の処理　99

の箇所にチェックし,「新本籍」の欄に届出人が定める本籍及び筆頭者の氏名を記載します。

⑤　国籍取得者が国籍取得時に日本人の養子であり,かつ,日本人の配偶者であるときは,次のとおりです。

　i　日本人配偶者と婚姻後日本人の養子となり,国籍取得時に自己の氏を選択したときは,養親の氏で新戸籍を編製しますが,その場合は,「□下記の新しい戸籍をつくる」の箇所にチェックし,「新本籍」の欄に届出人が定める本籍及び筆頭者の氏名を記載します。

　ii　日本人配偶者と婚姻後,日本人の養子となり,国籍取得時に配偶者の氏を選択したときは,日本人配偶者の戸籍に入籍しますが,その場合は,「□下記のとおり」の箇所にチェックし,「(3)の戸籍に入籍する」と記載します。

　iii　日本人の養子となった後,日本人配偶者と婚姻し,国籍取得時に自己の氏を選択したときは,養親の戸籍に入籍した後,養親の氏で新戸籍を編製しますが,その場合は,「□下記のとおり」の箇所にチェックし,「(4)の戸籍に入った後下記の新しい戸籍をつくる」及び「新本籍」の欄に届出人が定める本籍及び筆頭者の氏名を記載します。

　iv　日本人の養子となった後,日本人配偶者と婚姻し,国籍取得時に配偶者の氏を選択したときは,養親の戸籍に入籍した後,配偶者の戸籍に入籍しますが,その場合は,「□下記のとおり」の箇所にチェックし,「(4)の戸籍に入った後(3)の戸籍に入籍する」と記載します。

⑥　国籍取得者の母が国籍取得時に既に帰化等により日本国籍を取得しているときは,次のとおりです。

　i　国籍を取得した者について新戸籍を編製するときは,「□下記の新しい戸籍をつくる」の箇所にチェックし,「新本籍」の欄に届出人が定める本籍及び筆頭者の氏名を記載します。なお,この場合の新たに定める氏は,母が称している氏と同一であるか否かを問わないものとするとされています。

　ii　母の戸籍に入籍することを希望するときは,母の戸籍に入籍します

が，その場合は，「□下記のとおり」の箇所にチェックし，「(1)の母の戸籍に入籍する」と記載します。

○国籍取得届（日本人父から認知された外国人母の嫡出でない子が，国籍法3条により国籍を取得し，法定代理人である外国人母から所在地の市町村長に届出をする場合）

国 籍 取 得 届	受理 平成30年10月5日	発送 平成　年　月　日
	第　　　　5000　号	
平成30年10月5日 届出	送付 平成　年　月　日	長印
	第　　　　　　号	
東京都千代田区 長 殿	書類調査　戸籍記載　記載調査　附　票　住民票　通　知	

（よみかた）	おっかわ　　　氏　　　　　　　えみ　　　名	平成24年5月6日生		
氏　　　　名	乙　川　　　　　　　恵　美			
	（従前の氏名）　　氏　　　　　　　　　　　名			
	ベルナール　　　　　エミリー			
住　　　　所	東京都千代田区平河町1丁目　　　　1番地 番　　　号			
父　　　　母 の　氏　名	父　　氏　乙　川　　　名　一　郎	父母との続き柄		
	母　　氏　ベルナール　名　メアリー	長　□男　☑女		
(1)	父 母 の 本 籍 （外国人のときは国籍だけを書いてください）	父 東京都千代田区平河町1丁目4番地 番	筆頭者の氏名	乙川一郎
		母 アメリカ合衆国　　　　　番地 番	筆頭者の氏名	
(2)	国 籍 取 得 の 年 　月　 日	平成30年9月15日	国籍取得の際の外国の国籍	アメリカ合衆国
	氏を同一とする時の父又は母の本籍		番地 番	筆頭者の氏名	
(3)	婚姻していると きは配偶者の氏 名，本籍（外国人 のときは国籍）	（配偶者）　氏　　　　　名　　　　　年　月　日生		
			番地 番	筆頭者の氏名	
		（婚姻の年月日）　　　　年　　　月　　　日		
(4)	養子となってい るときは養親の 氏名，本籍（外国 人のときは国籍）	（養父）　氏　　　　　名　　　　　年　月　日生		
		（養母）　氏　　　　　名　　　　　年　月　日生		
			番地 番	筆頭者の氏名	
		（養子縁組） （の年月日）　　年　月　日	養親との続き柄	□養子 □養女
	国 籍 取 得 後 の 本 籍	☑ 下記の新しい戸籍をつくる □ (1)の戸籍に入る □ (2)の戸籍に入った後下記の新しい戸籍をつくる □ 下記のとおり		
		新本籍 東京都千代田区平河町1丁目4番地 番	筆頭者の氏名	乙川恵美

102　第2章　国籍の取得

住民となった年月日	平成　24　年　5　月　6　日			
住所を定めた年月日	平成　24　年　5　月　6　日			
世帯主・世帯員の別	□世帯主　　☑世帯員 世帯主の氏名（　　乙　川　一　郎　　）　世帯主との続き柄（未届の妻の子）			
その他	国籍取得事項のほかに記載すべき身分事項は，別添「国籍取得証明書」のとおりです。			
届出人署名押印	印			

届　　　　出　　　　人

(国籍を取得した人が十五歳未満のときに書いてください。届出人となる未成年後見人が3人以上のときは，ここに書くことができない未成年後見人について，その他欄又は別紙（様式任意。届出人全員の押印が必要）に書いてください。)

資　　　格	親権者（□父 □養父）□未成年後見人	親権者（☑母 □養母）□未成年後見人
署名押印	印	ベルナール，メアリー　印
生年月日	年　　　月　　　日	西暦 1986 年 2 月 3 日
住　　所	番地 番　　号	東京都千代田区平河町 1丁目　　1　番地 　　　　　　　番——号
本　　籍	番地 番　　筆頭者の氏名	アメリカ合衆国 番地 番　　筆頭者の氏名

連　署　人

(国籍を取得した人の配偶者が日本人のときに書いてください)

	□夫　　　□妻	
住　　所		番地 番　　号
本　　籍		番地 番　　筆頭者の氏名
署名押印		印　　　年　　月　　日生

第4　届出により国籍を取得した者の戸籍の処理　103

○本人の新戸籍

	本　籍	東京都千代田区平河町一丁目四番地

平成参拾年拾月五日編製㊞

氏　名	乙　川　恵　美

（出生事項省略）

平成参拾年八月拾弐日東京都千代田区平川町一丁目四番地乙川一郎認知届出㊞

平成参拾年九月拾五日国籍取得同年拾月五日親権者母届出入籍（取得の際の国籍アメリカ合衆国従前の氏名ベルナール、エミリー）㊞

父	乙　川　一　郎
母	ベルナール、メアリー
長女	

出生　平成弐拾四年五月六日

恵　美

○父の戸籍（コンピュータシステムによる証明書記載例）

		（1の1）	全部事項証明

本　　　籍	東京都千代田区平河町一丁目4番地
氏　　　名	乙川　恵美

戸籍事項 　　戸籍編製	【編製日】平成30年10月5日

戸籍に記録されている者	【名】恵美 【生年月日】平成24年5月6日 【父】乙川一郎 【母】ベルナール，メアリー 【続柄】長女

身分事項 　　出　　　生	（出生事項省略）
認　　　知	【認知日】平成30年8月12日 【認知者氏名】乙川一郎 【認知者の戸籍】東京都千代田区平河町一丁目4番地　乙川一郎
国籍取得	【国籍取得日】平成30年9月15日 【届出日】平成30年10月5日 【届出人】親権者母 【取得の際の国籍】アメリカ合衆国 【従前の氏名】ベルナール，メアリー
	以下余白

発行番号　　000001

第4　届出により国籍を取得した者の戸籍の処理　105

父の戸籍

本籍	氏 名
東京都千代田区平河町一丁目四番地	乙川一郎

（編製事項省略）

（出生事項省略）

平成参拾年八月拾弐日国籍アメリカ合衆国ベルナール、エミリー（西暦弐千拾弐年五月六日生母ベルナール、メアリー）を認知届出㊞

平成参拾年九月拾五日乙川恵美（東京都千代田区平河町一丁目四番地）国籍取得同年拾月五日記載㊞

父	乙川三郎
母	洋子
	長男

一郎

出生　昭和五拾六年三月五日

106　第2章　国籍の取得

○父の戸籍（コンピュータシステムによる証明書記載例）

	（1の1）	全 部 事 項 証 明

本　　籍	東京都千代田区平河町一丁目4番地
氏　　名	乙川　一郎

戸籍事項 　　戸籍編製	（編製事項省略）

戸籍に記録されている者	【名】一郎 【生年月日】昭和56年3月5日 【父】乙川三郎 【母】乙川洋子 【続柄】長男

身分事項 　　出　　生	（出生事項省略）
認　　知	【認知日】平成30年8月12日 【認知した子の氏名】ベルナール，エミリー 【認知した子の国籍】アメリカ合衆国 【認知した子の生年月日】西暦2012年5月6日 【認知した子の母の氏名】ベルナール，メアリー
子の国籍取得	【子の国籍取得日】平成30年9月15日 【子の氏名】乙川恵美 【子の新本籍】東京都千代田区平河町一丁目4番地 【記録日】平成30年10月5日
	以下余白

発行番号　　000001

第4　届出により国籍を取得した者の戸籍の処理　107

○国籍取得届（日本人父と外国人母との間の準正嫡出子である15歳未満の子が国籍法
　３条により国籍を取得し，親権者である父母から本籍地の市町村長に届出をする場合）

国 籍 取 得 届

平成30年10月5日 届出

東京都千代田区 長 殿

受理 平成30年10月5日	発送 平成　年　月　日	
第　　　5001 号		
送付 平成　年　月　日		長印
第　　　　　号		
書類調査 戸籍記載 記載調査 附 票 住民票 通 知		

（よみかた）	おっ かわ　　　　　　え み			
氏　　　名	氏　乙 川　　　名　恵 美		平成 24 年 5 月 6 日生	
	（従前の氏名）氏　ベルナール		名　エミリー	
住　　　所	東京都千代田区平河町１丁目　　　　１ 番地／番　　号			
父　母 の　氏　名	父　氏　乙 川　　名　一 郎		父母との続き柄	
	母　氏　ベルナール　名　メアリー		長 □男 ☑女	
(1) 父 母 の 本 籍 （外国人のときは国籍だけを書いてください）	父 東京都千代田区平河町１丁目４ 番地／番　筆頭者の氏名　乙川一郎			
	母 アメリカ合衆国　　　　　　　　　番地／番　筆頭者の氏名			
国 籍 取 得 の 年 月 日	平成 30 年 9 月 15 日	国籍取得の際の外国の国籍	アメリカ合衆国	
(2) 氏を同一とする時 の父又は母の本籍	東京都千代田区平河町１丁目４ 番地／番　筆頭者の氏名　乙川一郎			
(3) 婚姻していると きは配偶者の氏 名，本籍（外国人 のときは国籍）	（配偶者）氏　　　　　名　　　　　年　月　日生			
	番地／番　筆頭者の氏名			
	（婚姻の年月日）　　年　　月　　日			
(4) 養子となってい るときは養親の 氏名，本籍（外国 人のときは国籍）	（養父）氏　　　　　名　　　　　年　月　日生			
	（養母）氏　　　　　名　　　　　年　月　日生			
	番地／番　筆頭者の氏名			
	（養子縁組）（の年月日）　年　月　日	養親との続き柄	□養子 □養女	
国 籍 取 得 後 の 本 籍	□ 下記の新しい戸籍をつくる			
	☑ (1)の戸籍に入る			
	□ (2)の戸籍に入った後下記の新しい戸籍をつくる			
	□ 下記のとおり			
	新本籍　　　　　　　　　　　　　番地／番　筆頭者の氏名			

108　第２章　国籍の取得

住民となった 年　月　日	平成　24　年　5　月　6　日
住所を定めた 年　月　日	平成　24　年　5　月　6　日
世帯主・世 帯員の別	□世帯主　　☑世帯員 世帯主 の氏名（　　乙川一郎　　）　世帯主と の続き柄（　　子　　）
そ の 他	国籍取得事項のほかに記載すべき身分事項は，別添「国籍取得 証明書」のとおりです。
届　出　人 署名押印	印

届　　　出　　　人		
（国籍を取得した人が十五歳未満のときに書いてください。届出人となる未成年後見人が３人以上のときは、ここに書くこと ができない未成年後見人について、その他欄又は別紙（様式任意。届出人全員の契印が必要）に書いてください。）		
資　　　　格	親権者（☑父　□養父）□未成年後見人	親権者（☑母　□養母）□未成年後見人
署　　名 押　　印	乙川一郎　　　㊞	ベルナール，メアリー　㊞
生年月日	昭和　56　年　3　月　5　日	西暦 1986 年 2 月 3 日
住　　　　所	東京都千代田区平河町 1丁目　　1　番地 番　　号	左に同じ 番地 番　　号
本　　　　籍	東京都千代田区平河町 1丁目4　番地 番　筆頭者 の氏名 乙川一郎	アメリカ合衆国 番地 番　筆頭者 の氏名

連　　　署　　　人		
（国籍を取得した人の配偶者が日本人のときに書いてください）		
□夫　　　□妻		
住　　　　所		番地 番　　号
本　　　　籍		番地 番　筆頭者 の氏名
署　　名 押　　印	印　　　　年　月　日生	

第4　届出により国籍を取得した者の戸籍の処理　109

父　乙川一郎

母　ベルナール、メアリー

長女

平成弐拾四年五月六日東京都千代田区で出生同月拾日母届出㊞

平成参拾年九月拾五日国籍取得同年拾月五日親権者父母届出入籍（取得の際の国籍アメリカ合衆国従前の氏名ベルナール、エミリー）㊞

父

母

出生　平成弐拾四年五月六日

恵　美

父　母

出生

本　籍　東京都千代田区平河町一丁目四番地

（編製事項省略）

（出生事項省略）

（婚姻事項省略）

（認知事項省略）

平成参拾年九月拾五日長女恵美国籍取得㊞

氏　名　乙川一郎

父　乙川三郎

母　乙川洋子　長男

夫　一郎

出生　昭和五拾六年三月五日

第4　届出により国籍を取得した者の戸籍の処理　111

○（コンピュータシステムによる証明書記載例）

<table>
<tr><td colspan="2" style="text-align:right">（1の1）</td><td>全 部 事 項 証 明</td></tr>
<tr><td style="text-align:center">本　　　籍</td><td colspan="2">東京都千代田区平河町一丁目４番地</td></tr>
<tr><td style="text-align:center">氏　　　名</td><td colspan="2">乙川　一郎</td></tr>
<tr><td>戸籍事項
　　戸籍編製</td><td colspan="2">（編製事項省略）</td></tr>
<tr><td>戸籍に記録されている者</td><td colspan="2">【名】一郎

【生年月日】昭和５６年３月５日　　　　【配偶者区分】夫
【父】乙川三郎
【母】乙川洋子
【続柄】長男</td></tr>
<tr><td>身分事項
　　出　　生</td><td colspan="2">（出生事項省略）</td></tr>
<tr><td>　　婚　　姻</td><td colspan="2">（婚姻事項省略）</td></tr>
<tr><td>　　認　　知</td><td colspan="2">（認知事項省略）</td></tr>
<tr><td>　　子の国籍取得</td><td colspan="2">【子の国籍取得日】平成３０年９月１５日
【子の氏名】乙川恵美</td></tr>
<tr><td>戸籍に記録されている者</td><td colspan="2">【名】恵美

【生年月日】平成２４年５月６日
【父】乙川一郎
【母】ベルナール，メアリー
【続柄】長女</td></tr>
<tr><td>身分事項
　　出　　生</td><td colspan="2">【出生日】平成２４年５月６日
【出生地】東京都千代田区
【届出日】平成２４年５月１０日
【届出人】母</td></tr>
<tr><td>　　国籍取得</td><td colspan="2">【国籍取得日】平成３０年９月１５日
【届出日】平成３０年１０月５日
【届出人】親権者父母
【取得の際の国籍】アメリカ合衆国
【従前の氏名】ベルナール，エミリー</td></tr>
<tr><td></td><td colspan="2" style="text-align:right">以下余白</td></tr>
</table>

発行番号　　000001

112　第２章　国籍の取得

⑹　虚偽の認知届がされたことを理由として改正国籍法３条による法務大
　臣に対する届出が不受理とされた場合の戸籍訂正手続
　　ア　認知者への通知
　虚偽の認知届がされたことを理由として改正国籍法３条による法務大臣に
対する届出が不受理とされた場合には，法務局又は地方法務局の長は，戸籍
法24条３項により，当該認知事項の記載が法律上許されないものであること
を認知当時の認知者の本籍地の市区町村長に通知することとされています
（3300号通達第１，５⑴）。この場合において，その市区町村の管轄法務局又は
地方法務局が届出を受け付けた法務局又は地方法務局と異なるときは，戸籍
法24条３項の規定により通知した旨を管轄法務局又は地方法務局にも通知し
なければなりません（3300号通達）。
　当該通知を受けた市区町村長は，戸籍法24条１項により，遅滞なく，認知
者に対し，認知事項の記載が法律上許されないものであることを通知するこ
とを要します（3302号通達第２，１）。

　　イ　職権訂正
　法務局長等から戸籍法24条３項の通知を受けた認知者の認知当時の本籍地
の市区町村長は，同条１項の通知について，当該通知をすることができない
とき，又は通知をしても戸籍訂正の申請をする者がないときは，戸籍法24条
２項により，管轄法務局，地方法務局又はその支局の長の許可を得て，認知
者の戸籍の認知事項を消除するものとされています（3302号通達第２，２）。

　　ウ　被認知者への通知
　上記イにより，認知事項を職権により消除した市区町村長は，被認知者
（被認知者が15歳未満の場合はその法定代理人）にその旨を通知しなければなり
ません。その通知の様式は，3302号通達別紙３又は４に準じた様式によりま
す（3302号通達第２，３）。

（別紙３） ※認知者自身に通知する場合
（平成20・12・18民一第3302号通達）

平成　年　月　日

　　　　　　様

市区町村長

お　知　ら　せ

　あなたを被認知者とする下記１の戸籍に記載された認知事項については，下記のとおり戸籍訂正がされました。

記

１　認知事項が記載された戸籍
　　　本　　　籍
　　　筆頭者氏名
２　認知届の届出年月日

３　認知者の氏名

４　訂正の内容
　　　認知者の身分事項欄に記載された被認知者の認知事項を消除した。

114　第２章　国籍の取得

（別紙4） ※被認知者の法定代理人に通知する場合
（平成20・12・18民一第3302号通達）

平成　年　月　日

　　　　　　様

　　　　　　　　　　　　　　　　　　　　市区町村長

お　知　ら　せ

　下記4に記載された方を被認知者とする下記1の戸籍に記載された認知事項については，下記のとおり戸籍訂正がされました。

記

1　認知事項が記載された戸籍
　　　本　　　籍
　　　筆頭者氏名
2　認知届の届出年月日

3　認知者の氏名

4　被認知者の氏名

5　訂正の内容
　　　認知者の身分事項欄に記載された被認知者の認知事項を消除した。

第4　届出により国籍を取得した者の戸籍の処理　*115*

○国籍取得届（国籍を取得した者（準正子）が国籍取得時に日本人の養子となっている場合）

国 籍 取 得 届

平成 30 年 10 月 5 日 届出

東京都千代田区 長 殿

受理	平成 30 年 10 月 5 日		発送 平成　年　月　日	
第	5005 号			長印
送付	平成　年　月　日			
第	号			
書類調査	戸籍記載	記載調査	附　票	住民票	通　知

	（よみかた）	おっ　かわ　　　　た　ろう	平成 12 年 3 月 15 日生
氏　　　名		氏 乙 川　　　　名 太 郎	
	（従前の氏名）	氏 ベルナール　　名 ジョージ	
住　　　所		東京都千代田区平河町1丁目　　1 番地 番　　号	
父　　母 の　氏　名	父	氏 乙 川　　　名 一 郎	父母との続き柄
	母	氏 ベルナール　名 メアリー	長 ☑男 □女

(1)	父 母 の 本 籍 （外国人のときは国籍だけを書いてください）	父 東京都千代田区平河町1丁目　4 番地 番	筆頭者 の氏名 乙川一郎
		母 国籍アメリカ合衆国	番地 番　筆頭者 の氏名
	国 籍 取 得 の 年 月 日	平成 30 年 9 月 15 日	国籍取得の際 の外国の国籍 アメリカ合衆国
(2)	氏を同一とする時 の父又は母の本籍	東京都千代田区平河町1丁目　4 番地 番	筆頭者 の氏名 乙川一郎
(3)	婚姻していると きは配偶者の氏 名、本籍（外国人 のときは国籍）	（配偶者） 氏　　　　　名　　　　年　月　日生	
			番地 番　筆頭者 の氏名
		（婚姻の年月日）　　　　年　　　月　　　日	
(4)	養子となってい るときは養親の 氏名、本籍（外国 人のときは国籍）	（養父） 氏 甲 野　　名 博　　昭和 35 年 8 月 1 日生	
		（養母） 氏　　　　名 洋 子　昭和 38 年 6 月30日生	
		東京都千代田区平河町1丁目　10 番地 番　筆頭者 の氏名 甲野 博	
		（養子縁組） の年月日 平成 26 年 5 月 5 日	養親との続き柄 ☑養子 □養女

国 籍 取 得 後 の 本 籍	□ 下記の新しい戸籍をつくる □ (1)の戸籍に入る □ (2)の戸籍に入った後下記の新しい戸籍をつくる ☑ 下記のとおり (1)の戸籍に入った後(4)の戸籍へ入る。
	新本籍　　　　　　　　　　　番地 番　筆頭者 の氏名

116 第2章 国籍の取得

住 民 と な っ た 年　月　日	平成　28　年　3　月　15　日		
住 所 を 定 め た 年　月　日	平成　28　年　3　月　15　日		
世 帯 主 ・ 世 帯 員 の 別	☐世帯主　　　☑世帯員 世帯主（　　　甲野　博　　　）の氏名		世帯主と（　　子　　）の続き柄
そ の 他	国籍取得事項のほかに記載すべき身分事項は，別添「国籍取得証明書」のとおり。		
届 出 人 署 名 押 印	甲野太郎　　　　　　　　　　　　　　　　㊞		

	届　　　出　　　人 （国籍を取得した人が十五歳未満のときに書いてください。届出人となる未成年後見人が3人以上のときは，ここに書くことができない未成年後見人について，その他欄又は別紙（様式任意。届出人全員の契印が必要）に書いてください。）	
資　　　　格	親権者（☐父　☐養父）☐未成年後見人	親権者（☐母　☐養母）☐未成年後見人
署　　名　　押　　印	印	印
生　年　月　日	年　　月　　日	年　　月　　日
住　　　所	番地 番　　号	番地 番　　号
本　　　籍	番地 番　　筆頭者の氏名	番地 番　　筆頭者の氏名

	連　　署　　人 （国籍を取得した人の配偶者が日本人のときに書いてください）	
	☐夫　　　☐妻	
住　　　所		番地 番　　号
本　　　籍	番地 番　　筆頭者の氏名	
署　　名　　押　　印	印　　　　年　　月　　日生	

第4　届出により国籍を取得した者の戸籍の処理　117

平成参拾年九月拾五日国籍取得同年拾月五日届出入籍甲野博同人妻洋子の養子であるため東京都千代田区平河町一丁目四番地甲野博戸籍に入籍につき除籍（取得の際の国籍アメリカ合衆国従前の氏名ベルナール、ジョージ）㊞

父　乙川一郎
母　ベルナール、メアリー
　　　　　　　　長男

太郎

出生　平成拾弐年参月拾五日
父
母
出生

本　籍	東京都千代田区平河町一丁目四番地	（編製事項省略）	（省略）					

氏　名	乙川一郎

父	乙川三郎		夫		出生
母	洋子		一郎		昭和参拾六年三月五日
長男					

○　（コンピュータシステムによる証明書記載例）

<table>
<tr><td colspan="2" align="right">（1の1）</td><td>全 部 事 項 証 明</td></tr>
<tr><td>本　　　籍</td><td colspan="2">東京都千代田区平河町一丁目４番地</td></tr>
<tr><td>氏　　　名</td><td colspan="2">乙川　一郎</td></tr>
<tr><td>戸籍事項
　　戸籍編製</td><td colspan="2">（編製事項省略）</td></tr>
<tr><td>戸籍に記録されている者</td><td colspan="2">【名】一郎

【生年月日】昭和３６年３月５日　　　　　【配偶者区分】夫
【父】乙川三郎
【母】乙川洋子
【続柄】長男</td></tr>
<tr><td>身分事項
　　省　　略</td><td colspan="2">（省略）</td></tr>
<tr><td>戸籍に記録されている者

　　除　　籍</td><td colspan="2">【名】太郎

【生年月日】平成１２年３月１５日
【父】乙川一郎
【母】ベルナール，メアリー
【続柄】長男</td></tr>
<tr><td>身分事項
　　国籍取得</td><td colspan="2">【国籍取得日】平成３０年９月１５日
【届出日】平成３０年１０月５日
【取得の際の国籍】アメリカ合衆国
【従前の氏名】ベルナール，ジョージ
【除籍事由】甲野博同人妻洋子の養子であるため
【入籍戸籍】東京都千代田区平河町一丁目１０番地　甲野博</td></tr>
<tr><td></td><td colspan="2" align="right">以下余白</td></tr>
</table>

発行番号　　000001

120　第２章　国籍の取得

養親の戸籍

本　籍	氏　名
東京都千代田区平河町一丁目十番地	甲野　博

（編製事項省略）

（省略）

平成弐拾六年五月五日妻とともに国籍アメリカ合衆国ベルナール、ジョージ（西暦弐千年参月拾五日生）を養子とする縁組届出㊞

平成参拾年九月拾五日養子太郎国籍取得㊞

父	甲野英雄　長
母	秋江　　　男
夫	博
出生	昭和参拾五年八月壱日

（省略）

平成弐拾六年五月五日夫とともにベルナール、ジョージを養子とする縁組
届出㊞

父　山田一男　長男
母　和子　長女

妻　洋子
出生　昭和参拾八年六月参拾日

平成弐拾年参月拾五日アメリカ合衆国カリフォルニア州で出生㊞

平成弐拾六年五月五日甲野博同人妻洋子の養子となる縁組（代諾者親権者父母）届出㊞

父　乙川一郎　長男
母　ベルナール、メアリー
養父　甲野博　長男養
養母　洋子　子養

平成参拾年九月拾五日国籍取得同年拾月五日届出東京都千代田区平河町一丁目四番地乙川一郎戸籍から入籍（取得の際の国籍アメリカ合衆国従前の氏名ベルナール、ジョージ）㊞

出生　平成拾弐年参月拾五日
太郎

○（コンピュータシステムによる証明書記載例）

（2の1） | 全部事項証明

本　　　籍	東京都千代田区平河町一丁目１０番地
氏　　　名	甲野　博

戸籍事項 　　戸籍編製	（編製事項省略）

戸籍に記録されている者	【名】博
	【生年月日】昭和３５年８月１日　　　　　　【配偶者区分】夫 【父】甲野英雄 【母】甲野秋江 【続柄】長男
身分事項 　　省　　略	（省略）
養子縁組	【縁組日】平成２６年５月５日 【共同縁組者】妻 【養子の氏名】ベルナール，ジョージ 【養子の国籍】アメリカ合衆国 【養子の生年月日】西暦２０００年３月１５日
養子の国籍取得	【養子の国籍取得日】平成３０年９月１５日 【養子氏名】甲野太郎

戸籍に記録されている者	【名】洋子
	【生年月日】昭和３８年６月３０日 【父】山田一男 【母】山田和子 【続柄】長女
身分事項 　　省　　略	（省略）
養子縁組	【縁組日】平成２６年５月５日 【共同縁組者】夫 【養子氏名】ベルナール，ジョージ 【養子の国籍】アメリカ合衆国 【養子の生年月日】西暦２０００年３月１５日
養子の国籍取得	【養子の国籍取得日】平成３０年９月１５日 【養子氏名】甲野太郎

戸籍に記録されている者	【名】太郎
	【生年月日】平成１２年３月５日 【父】乙川一郎 【母】ベルナール，メアリー 【続柄】長男

発行番号　　000001

（2の2）　全部事項証明

	【養父】甲野博 【養母】甲野洋子 【続柄】養子
身分事項 　　出　　生	【出生日】平成１２年３月５日 【出生地】アメリカ合衆国カリフォルニア州
養子縁組	【縁組日】平成２６年５月５日 【養父氏名】甲野博 【養母氏名】甲野洋子 【代諾者】親権者父母
国籍取得	【国籍取得日】平成３０年９月１５日 【届出日】平成３０年１０月５日 【取得の際の国籍】アメリカ合衆国 【従前の氏名】ベルナール，ジョージ 【従前の戸籍】東京都千代田区平河町一丁目４番地　乙川一郎
	以下余白

発行番号　　000001

124　第２章　国籍の取得

第5 帰化による国籍取得

1 概　説

　帰化とは，一般的には，ある国の国籍を有しない特定の者からの同国の国籍の取得を希望する意思表示に対して，同国の国家機関が許可を与えることによって同国の国籍を取得することをいいます。わが国の現行制度では，日本国民でない者が本人の志望に基づいて申請（帰化許可申請）をし，法務大臣の許可により日本の国籍を取得することができる仕組みとしています（国4条）。

　帰化の申請は，帰化をしようとする者の住所地を管轄する法務局又は地方法務局の長を経由してすることを要します（国規2条1項）。この申請は，申請をしようとする者が自ら管轄の法務局又は地方法務局に出頭して，書面によってしなければなりません。（国規2条2項）。法務大臣は，国籍法が定める要件を備えているかどうかを審査し，帰化を許可したときは，官報にその旨を告示しなければならないとされています（国4条～8条，10条1項）。

　帰化は，告示の日から効力を生じます（国10条2項）。

　帰化の条件については，国籍法5条において一般外国人に対するものを規定し，同法6条から8条までにおいて，日本国民と特別の血縁を有し又はわが国と特別の又は地縁関係を有する外国人の範囲を定め，これらの外国人に対しては，同法5条に規定する条件の一部を免除あるいは緩和しています。

　帰化は，上記で述べたように，法務大臣が官報に帰化許可の告示をした日から効力を生じますが，帰化により日本国籍を取得した者を戸籍に記載するためには，官報告示の日から1か月以内に，市区町村長に戸籍法上の帰化届をしなければなりません（戸102条の2）。この届出は，報告的届出です。

2　帰化の条件

　帰化許可の条件についての法制は，それぞれの国の歴史的事情や地理的事情，人口問題，労働問題等に対する国内政策によって異なっていますが，多くの国の法制が共通して求めている条件には，住所，能力，素行，言語の各

条件があり，加えて，自国民との血縁又は自国との地縁関係の濃淡によって，条件に軽重を設けているものが多いようです（『改訂国籍実務解説』61頁）。

　わが国の国籍法は，5条において一般的な帰化許可の条件を定め，6条ないし8条において日本国民・わが国と一定の血縁・地縁関係を有する者について，5条に規定する帰化条件を緩和するという構成を採っています。もっとも，国籍法は，これらの条件が満たされていれば当然に帰化が許可されることになるという主義を採っているのではなく，これらの条件は帰化を認めるための最小限の条件であり，これらが満たされている場合でも，帰化を許可するかどうかは，法務大臣の自由裁量に属するとする主義（裁量帰化）を採るものと解されています（『新しい国籍法・戸籍法』65頁）。

(1)　国籍法5条の帰化条件

　最初に，一般外国人に対する帰化条件について説明することにします（国5条1項1号から6号）。

①　居住要件（国籍法5条1項1号）

　引き続き5年以上日本に住所を有することが求められています。この条件が必要とされるのは，帰化が認められると日本国民となるのですから，日本に一定期間生活の本拠を有し，日本社会に馴染み，日本社会に同化していることが必要だからです（『逐条註解国籍法』259頁）。5年という期間の趣旨は上記のとおりですから，仮に引き続き5年以上居住していても，日本語の読み書きや会話が不十分である場合には，同化上の問題があるものとして許可されない場合があります（『国籍・帰化の実務相談』296頁）。

　「住所」とは，民法22条にいう生活の本拠のことであって，居所は含まれません。住所は適法なものでなければなりませんので，不法滞在者（適法な在留資格や在留期間を有していない者）が日本に生活の本拠があったとしても，ここでいう条件を満たしたものとは認められません。

　「引き続き5年以上」とは，わが国での居住が帰化許可がされる時まで5年以上継続していることを意味します。途中で中断があれば，前後を通じて5年以上であっても居住要件を満たさないことになります。ただし，再入国の許可を得て，一時的に短期間出国し，その期間内に再入国している場合に

126　第2章　国籍の取得

は，継続しているものと解されています（『国籍・帰化の実務相談』296頁）。

② 能力条件（国籍法5条1項2号）

20歳以上であって，能力の準拠法である本国法上も能力者であることが求められています。これは，日本法上成年に達していることと同時に，本国法上も成年に達していることを意味すると解されています（『国籍・帰化の実務相談』296頁）。ただし，父母とともに未成年の子が帰化する場合は，父母について帰化が認められれば，その子は父母が帰化した時点で日本人の子となりますので，国籍法8条1号該当者となり，能力条件が免除されます。したがって，この場合には，子も父母とともに帰化申請をすることができると解されています。

また，「20歳以上」でなければならないとされていますので，20歳未満の者で婚姻によって成年に達したとみなされるものであっても，この条件は免除されません。本国法上妻の能力が制限されている場合には，日本国憲法24条，民法2条，通則法42条の趣旨に照らして，これを能力者として取り扱うこととされています（『改訂国籍実務解説』62頁）。

③ 素行条件（国籍法5条1項3号）

素行が善良であることが求められています。これは，わが国の社会の安全と秩序を維持するためです。いかなる者を素行善良とみるかについては，社会通念によって判断されることになります（『新しい国籍法・戸籍法』62頁）。ひとつの見解として，刑事罰，行政罰，租税の滞納処分，地域社会への迷惑の有無等を勘案して，通常人の素行状態という標準を満たしているか否かにより判断するとするものがあります（『国籍・帰化の実務相談』297頁）。

④ 生計条件（国籍法5条1項4号）

自己又は生計を一にする配偶者その他の親族の資産又は技能によって生計を営むことができることが求められています。この条件は，現在及び将来にわたって，公共の負担になることなく，安定した生活を営むことができるか否かをみるためのものです。その判断は生計を一にする親族単位によることとされていますから，親から仕送りを受けて生活している学生，子に扶養される老親，妻に扶養される夫等であっても，この生計条件を備えていること

第5 帰化による国籍取得 127

になります（『新しい国籍法・戸籍法』90頁）。

⑤　**重国籍防止条件**（国籍法5条1項5号）

　重国籍防止条件とは，帰化しようとする者が国籍を有せず，又は日本国籍の取得によって原国籍を失うべきこととする条件をいいます。これは，国籍唯一の原則に基づいて，帰化によって重国籍が発生することを防止するためのものです。

　外国の法制をみてみますと，①自国民が外国に帰化すると，当然に自国籍を喪失させるとする法制を採る国や，②外国に帰化する前に事前に自国籍の離脱を許容する法制を採る国がある反面，③原国籍の離脱・当然喪失を認めない法制を採っている国もあります。そうすると，わが国に帰化の申請をした者が③の法制を採る国に属する場合には，重国籍防止条件を備えることができないことになります。このため，国籍法は，重国籍防止条件を備えることができない場合でも，日本国民との親族関係（日本国民の子，配偶者等）又は境遇（難民等，人道上の配慮を必要とする者）につき特別の事情があると認められるときは，この条件を免除することができるとしています（国5条2項）。

⑥　**不法団体条件**（国籍法5条1項6号）

　日本国憲法施行の日以後において，日本国憲法又はその下に成立した政府を暴力で破壊することを企て，若しくは主張し，又はこれを企て，若しくは主張する政党その他の団体を結成し，若しくはこれに加入したことがないことが必要です。

⑵　**国籍法6条の帰化条件**

　国籍法6条は，日本国民・わが国と特別の血縁・地縁関係を有する外国人について，国籍法5条で規定している条件を緩和しています。本条では，次の各号の一に該当する者で現に日本に住所を有する外国人については，同法5条1項1号に規定する居住条件を備えないときでも，帰化を許可することができるとされています。

① 日本国民であった者の子（養子を除く。）で引き続き３年以上日本に住所又は居所を有するもの（国籍法６条１号）

　この「日本国民であった者」に該当するのは，(i)自己の志望により外国国籍を取得したことにより日本国籍を喪失した者，(ii)外国国籍の選択により日本国籍を喪失した者，(iii)催告により日本国籍を喪失した者，(iv)国籍喪失の宣告により日本国籍を喪失した者，(v)国籍不留保により日本国籍を喪失した者，(vi)国籍離脱により日本国籍を喪失した者などです。戦後の平和条約の発効によって日本国籍を失った生来の朝鮮人・台湾人はこれに含まれませんが，婚姻・認知等によって内地籍から朝鮮・台湾籍に移り，平和条約により日本国籍を失った者は含まれると解されています（『改訂国籍実務解説』64頁）。

② 日本で生まれた者で引き続き３年以上日本に住所若しくは居所を有し，又はその父若しくは母（養父母を除く。）が日本で生まれたもの（国籍法６条２号）

　帰化許可の条件に生地主義的要素が採用され，わが国との地縁的な結び付きを考慮して帰化条件が緩和されたものと解されています。

③ 引き続き10年以上日本に居所を有する者（国籍法６条３号）

　日本には住所を有しないが，居所を引き続き10年以上有する場合に適用されます。ただし，帰化許可申請時には日本に住所を有していなければならず，居所についても適法な在留資格を有して居住するところでなければならないと解されています（『改訂国籍実務解説』64頁）。

⑶　国籍法７条の帰化条件

　国籍法７条は，日本国民の配偶者たる外国人については，次に述べる一定の条件を満たしているときは，５条に規定する条件のうち，居住要件（同法５条１項１号）及び能力条件（同条１項２号）を緩和しています。

　なお，昭和25年に現行国籍法が制定される前の旧国籍法の下では，日本国民の夫が帰化する場合と，日本国民の妻が帰化する場合とで帰化条件に差異がありましたが，現行国籍法は，上記の差異を解消して，両者について同一の条件としています。

① 日本国民の配偶者であって，引き続き３年以上日本に住所又は居所
を有し，かつ，現に日本に住所を有するもの（国籍法７条前段）

日本人配偶者であればよく，婚姻期間の長短は問われていません。

② 日本国民の配偶者であって，婚姻の日から３年を経過し，かつ，引
き続き１年以上日本に住所を有するもの（国籍法７条後段）

この場合には，婚姻期間が３年を経過していれば，居住期間が３年を経過
するのを待つまでもなく，１年で帰化許可が認められることになります。

(4) 国籍法８条の帰化条件

国籍法８条に該当する外国人については，いままで述べてきた特例該当者
に比し，日本国民・わが国と密接な血縁・地縁関係を有する者とされ，５条
に規定する条件のうち，居住要件（国５条１項１号），能力条件（同条１項２
号）及び生計条件（同条１項４号）が緩和されています。その結果本条に該
当する外国人が具備すべき条件は，同法５条に規定する条件のうち，重国籍
防止条件（同条１項５号），素行条件（同条１項３号）及び不法団体条件（同
条１項６号）のみということになります。

本条に該当する外国人は，次のとおりです。

① 日本国民の子（養子を除く。）で日本に住所を有する者（国籍法８条
１号）

父母の双方が日本国民である必要はなく，父母の一方が日本国民であれば
足ります。日本国民であるかどうかは，帰化申請の時点で判断されますが，
父又は母が死亡の際に日本国民であった場合も含まれます。もとより，この
場合の親子関係は，法律上のものでなければなりません。

② 日本国民の養子で引き続き１年以上日本に住所を有し，かつ，縁組
の時本国法により未成年であったもの（国籍法８条２号）

日本国民との養親子関係が現に継続していることを要します。養子縁組後
に養親が日本国籍を取得した場合も，これに該当します。なお，成年養子は
除外されています。

③　日本の国籍を失った者（日本に帰化した後日本の国籍を失った者を除く。）で日本に住所を有する者（国籍法8条3号）

　日本の国籍を有していた者であることを要しますが，国籍の喪失の原因は問いません（『改訂国籍実務解説』66頁）。したがって，自己の志望によって外国の国籍を取得したことにより日本の国籍を失った場合，日本の国籍の不留保により日本国籍を失った場合なども本条に該当することになります。もっとも，後者の場合には，該当者が20歳未満で日本に住所を有するときは，届出によっても日本国籍を取得することができます（国17条1項）。

④　日本で生まれ，かつ，出生の時から国籍を有しない者でその時から引き続き3年以上日本に住所を有するもの（国籍法8条4号）

　わが国の国籍法は血統主義を採っていますが，無国籍の子の発生を防止するために，2条3号において補充的に生地主義を採用して，子が日本において生まれた場合で，父母がともに知れないか，又は父母が無国籍であるときは，その子に日本国籍を付与することとしています。

　しかしながら，上記の国籍法2条3号の規定は，子が日本で生まれても，両親の双方又は一方が外国の国籍を有している場合には，適用されません。さらに，この場合，父又は母の属する国の法制のいかんによってはその国の国籍も取得することができず，無国籍となる場合があります。本条は，そのような無国籍者が日本に帰化する場合について，帰化条件を緩和するために設けられたものです。言い換えれば，本条の適用対象者は，日本国籍を取得しなければ無国籍となる者のうち，同法2条3号の要件を備えないものということになります（『新しい国籍法・戸籍法』101頁）。

(5)　国籍法9条の帰化条件

　日本に特別の功労のある外国人については，法務大臣は，国籍法5条に規定する一般的な帰化許可の条件を具備していない場合でも，国会の承認を得て帰化を許可することができます（国9条）。この国籍法9条による帰化についても，帰化許可の申請は必要であり，他の帰化の場合と同様に，帰化の効力は官報に告示された日から生じます。

3 帰化の申請手続

　帰化をするには，法務大臣の許可を得なければなりません（国4条2項）。帰化の申請を受けた法務大臣は，国籍法の定める帰化条件を備えた外国人でなければ，帰化を許可することができないとされています（国5条）。

　帰化許可の申請は帰化をしようとする者の住所地を管轄する法務局又は地方法務局の長を経由してしなければならないとされています（国規2条1号）ので，帰化許可の申請をしようとする者は，申請をしようとする者の住所地を管轄する法務局・地方法務局に帰化許可申請書を提出することを要します。この申請は，申請をしようとする者が自ら管轄の法務局又は地方法務局に出頭して，書面によってしなければなりません（国規2条2項）。

　申請書には，帰化をしようとする者の氏名，現に有する国籍等所定の事項を記載し，申請をする者が署名し，帰化に必要な条件を備えていることを証するに足りる書類を添付しなければなりません（国規2条3項）。

(1) 申請者

　帰化は日本国籍を取得しようとする者の志望に基づいて国籍を付与する制度ですから，その申請も，申請者の意思に基づいてされたものであることを担保する必要があり，原則としてその本人が自らすることを要します。

　この点に関して，国籍法18条は，帰化許可の申請は，帰化をしようとする者が15歳未満であるときは，法定代理人が代わってする旨規定しています。この規定を文字通りに読めば，帰化をしようとする者が未成年者の場合には，15歳以上であれば単独で帰化申請ができ，15歳未満であれば法定代理人が代わって申請ができるとの解釈が導かれるように思われます。しかし，上記のような場合の申請者及び申請代理人については，見解が2つに分かれているところです。その1つは，①国籍法5条1項2号（能力条件）は帰化条件だけでなく，帰化申請行為能力についても規定しているものであるから，原則として未成年の外国人は帰化申請することはできず，同条1項2号の要件を具備する必要のない同法7条又は8条該当者についてのみ同法18条の定めるところに従って帰化申請が可能であるとする見解です。これに対し，もう1つの見解は，②国籍法5条1項2号（能力条件）は一般的な帰化許可条件に

132　第2章　国籍の取得

ついて規定したものにすぎず，同法18条は未成年者の一般的な帰化申請行為
能力に関する規定であるところから，未成年者については，同法7条又は8
条該当者とそれ以外の外国人に区別する必要はなく，すべて同法18条の定め
るところに従って帰化申請することが可能であるというものです（『国籍・
帰化の実務相談』300頁）。

　国籍実務の取扱いでは，①の見解によって処理されています（『国籍・帰化
の実務相談』302頁）。したがって，国籍法7条又は8条該当者については，
①及び②のいずれの見解によっても，同法18条の定めるところによって帰化
申請をすることは可能であり，帰化許可の可能性がありますが，同法5条・
6条該当者については，①の見解によれば，同法5条1項2号の要件を欠き，
帰化は許可されないことになります。

　もっとも，国籍法7条又は8条該当者以外の未成年者についても，父母の
双方又はその一方と同時に申請する場合には，親が帰化許可になれば，同法
8条1号該当者となりますので，帰化許可の申請をすることができると解さ
れています（『国籍・帰化の実務相談』300頁）。

　以下には，①の見解によって説明します。

　　ア　申請者が15歳以上の場合
　本人が申請しなければなりません。代理人による帰化許可申請はできませ
ん。

　本人が心神喪失等で意思能力を有しないときは，帰化許可申請をすること
ができませんし，法定代理人からの申請も認められません（昭和34・8・5
民事甲1657号回答）。

　　イ　申請者が15歳未満の場合
　法定代理人から申請しなければなりません（国18条）。法定代理人が申請
した後，帰化の許可前に本人が15歳に達したとしても，改めて本人から申請
する必要はないと解されています（『改訂国籍実務解説』57頁）。

　誰が親権者となるかは，通則法32条が適用されます。この規定によると，
子の本国法が父又は母の本国法（父母の一方が死亡し，又は知れない場合にあっ
ては，他の一方の本国法）と同一である場合には，子の本国法により，その

第5　帰化による国籍取得　133

他の場合には子の常居所地法により定まります。また，未成年の子に親権者である父母（父又は母）が何らかの事由によっていなくなった場合には，未成年後見が開始しますが，後見は，未成年被後見人の本国法（すなわち，申請者の本国法）によるとされています（通則法35条1項）。

(2) 申請先

帰化許可の申請は，申請者の住所地を管轄する法務局又は地方法務局に対してしなければなりません（国規2条1項）。

(3) 申請方法

帰化許可の申請は，申請をしようとする者が自ら法務局又は地方法務局に出頭して，書面を提出する方法によってします（国規2条2項）。申請者を郵送するなどの方法によることはできません。申請者が数人であるときは，申請者全員（15歳未満の者については，法定代理人）が住所地を管轄する法務局又は地方法務局に出向くことを要します。申請書には，①帰化をしようとする者の氏名，現に有する国籍，出生の年月日及び場所，住所並びに男女の別，②父母の氏名及び本籍，父又は母が外国人であるときは，その氏名及び国籍，③帰化の許否に関し参考となるべき事項を記載して，本人が署名し，帰化に必要な条件を備えていることを証するに足りる書類を添付しなければなりません（国規2条3項）。このほか，帰化許可の申請を法定代理人によってするときは（国18条），申請書に法定代理人の氏名，住所及び資格を記載し，法定代理人が署名して，その資格を証する書面を添付しなければなりません（国規4条）。なお，申請書の添付書類が外国語によって作成されているときは，翻訳者を明らかにした訳文を添付することを要します（国規5条）。

(4) 帰化許可申請に必要な書類

提出する書類は，原則として2通提出することになりますが，1通は原本を提出し，もう1通は写しでも差し支えないとされています。

　ア　帰化許可申請書（書式例1）

①　2通提出しますが，2通とも写真を添付します。

②　帰化後の本籍は，自由に定めることができ，土地の地番，住居表示が使用できます。

③ 帰化後の名は，原則として，常用漢字表，戸籍法施行規則別表第二に
掲げる漢字及び平仮名又は片仮名以外は使用できません。帰化後の氏に
ついては，上記の制限外の文字を用いることができますが，この場合に
は，正しい日本文字を用いるものとされています。

　夫婦又は日本国民の配偶者が申請する場合には，帰化後の氏について
夫又は妻のいずれの氏によるかを（　）内に記載します。

　イ　親族の概要を記載した書面（書式例２）

① 申請者を除いて記載します。

② 記載する親族の範囲は，申請していない同居の親族，申請者の配偶者
（元配偶者を含む。），親（養親を含む。），子（養子を含む。），兄弟姉妹，配
偶者の両親，内縁の夫（妻），婚約者等です。

　上記の親族については，既に死亡している者についても記載します。

③ 親族を記載する場合には，日本に在住する親族と，外国に在住する親
族とを用紙を別にして記載します。

④ 親族との交際状況，帰化意思の有無，申請者の帰化に対する意見等を
□にチェックします。

　ウ　履歴書（書式例３）

① 申請者ごとに作成します。15歳未満の申請者については不要です。

② 職歴については，会社又は事務所等の勤務先を記載するほか，具体的
な職務内容についても記載します。

　なお，経歴を記載する場合には，以下に例示する証明資料を添付しま
す。

　ⅰ　卒業証明書又は卒業証書の写し

　ⅱ　在学証明書又は通知表の写し

　ⅲ　在勤証明書

　ⅳ　自動車運転免許証の写し

　ⅴ　技能及び資格証明書

　次のような免許等を必要とする職業に従事している者は，その技能及
び資格証明書又は免許証の写しを添付します。

医師，歯科医師，薬剤師，看護師，教員，理容師，美容師，建築士，調理師その他免許を必要とする職業

エ　帰化の動機書（書式例4）

① 申請者ごとに申請者本人が，帰化を希望する理由を具体的に自筆します。

　　例えば，渡日するに至った経緯及び動機，日本での生活についての感想，日本に入国後に行った社会貢献，本国に対する思い，帰化が許可された後における日本での生活の予定等について自筆します。

② 15歳未満の申請者については不要です。

オ　宣誓書

① 申請者ごとに作成します。

② 15歳未満の申請者については不要です。

カ　生計の概要を記載した書面（書式例5）

① 申請者並びに配偶者及び生計を同じくする親族の収入・支出関係，資産関係等を記載します。

② 仕送りなど，世帯を異にする親族によって申請者の生計が維持されているときは，収入欄にその親族からの収入について記載します。

③ 不動産を所有しているときは，不動産が土地の場合には，地目・地積等，建物の場合には，建物の種類・構造及び床面積等を記載し，土地・建物の登記事項証明書を提出します。

　　日本以外の国に不動産を所有している場合にも，記載します。

キ　事業の概要を記載した書面（書式例6）

① 申請者又は申請者の生計を維持している配偶者その他の親族が個人で事業を営んでいる場合若しくは会社等の法人を経営している場合，申請者が会社等の法人の役員その他の経営に従事している者である場合，又は申請者が共同で事業を営んでいる場合には，これらの個人又は法人の事業の概要を記載した書面を提出します。このほか，申請者の生計が世帯を異にする配偶者その他の親族の収入で維持されている場合であって，その者が事業経営者である場合にも，同書面の提出が必要です。

② 申請者等が複数の事業を経営している場合には，事業ごとに作成して提出します。

③ 事業の概要を記載した書面には，事業の財務内容等について記載しますので，確定申告書の控え，貸借対象表及び損益計算書等の決算報告書の添付が必要です。

④ 申請者等が法人を経営している場合には，当該法人の登記事項証明書を，また，事業を経営するについて許可又は認可を要する場合には，官公署の長が証明した証明書の写しを添付します。

　ク　自宅，勤務先，事業所付近の略図（書式例７）

　住所又は勤務先を同じくする申請者が複数ある場合には，１人について作成すれば足りるとされています。略図には，最寄りの交通機関からの経路，所要時間を記載します。

(5) 官公署から交付を受けて提出する書面

　ア　本国法によって行為能力を有することの証明書

　本国法によって能力を有していることが必要ですから，本国の成人年齢・行為能力の制限を定めた法令及び申請者の年齢を証明したもので，原則として，本国の官公署が証明したものを提出します。ただし，次に該当する場合は省略することができます。

① 日本国民の配偶者

② 日本国民の子（縁組の時に本国法により未成年であった養子で，かつ，１年以上引き続き日本に住所を有する人を含む。）

③ 日本の国籍を失った人（日本に帰化した後，日本の国籍を失った人を除く。）

④ 日本で生まれ，生まれた時から無国籍で，生まれた時から引き続き３年以上日本に住所を有する人

　イ　国籍証明書

① 本国の官憲又は在日大使館等が発行した国籍証明書を，法務局の担当者の指示があったときに提出します。

② 韓国・朝鮮の人は，本国官憲発行の家族関係登録簿に基づく基本証明

書を提出すれば足りるとされていますが，この書類を提出することができないときは，家族関係登録簿作成前の韓国・朝鮮の戸（除）籍謄本を提出します。この戸（除）籍謄本も提出することができないときは，申請者に係る身分行為の記載のある日本の戸（除）籍謄本，戸籍届書の記載事項証明書等を提出します。これらの書類も間接的に国籍を証する書面となり得るからです。

③　旅券（パスポート）を所持している者は，所持している全ての旅券（パスポート）の写しを提出します。

ウ　身分関係を証する書面

①　韓国・朝鮮の人は，家族関係登録簿に基づく証明書（基本証明書，家族関係証明書，婚姻関係証明書，入養関係証明書，養親子入養関係証明書，父母の家族関係証明書及び母の婚姻関係証明書の全て），韓国・朝鮮の戸（除）籍謄本等を提出します。また，中国（台湾）の人は台湾の戸（除）籍謄本を提出します。

②　申請者の配偶者（元配偶者，内縁関係にある者を含む。），申請者の子（養子），申請者の婚約者，申請者の父母（養父母）等が日本国民であるときは，その日本国民である者の日本の戸（除）籍謄本（全部事項証明書）を提出します。

　　申請者が日本国民であった人の子（養子）であるとき又は申請者が日本の国籍を失った人であるときは，その日本国民であった者の日本の戸（除）籍謄本（全部事項証明書）で日本国籍喪失事項の記載のあるものを提出します。

　　また，申請者の親，兄弟姉妹又は子の中で日本に帰化し又は日本国籍を国籍取得をした者がいるときは，当該帰化事項又は国籍取得事項の記載のある日本の戸（除）籍謄本（全部事項証明書）を提出します。

③　申請者が日本において出生し，婚姻，離婚，養子縁組等をしている場合又は申請者の父母等が日本において婚姻，離婚，死亡等している場合において，これらの身分事項を日本の市区町村役場に届出をしているときは，身分関係の証明資料として，それぞれの記載事項証明書を提出し

138　第2章　国籍の取得

ます。また，これらの身分事項のうちの離婚が裁判離婚である場合には，調停調書，和解調書，認諾調書の謄本又は確定証明書のついた審判書若しくは判決書の謄本等も必要となります。

　　ただし，上記の各証明資料は，上記の届出事項についての記載がある日本の戸（除）籍謄本（全部事項証明書）を申請書に添付したときは，提出することを要しないとされています。

④　申請者及び申請者の親，兄弟姉妹等の家族が本国（又は外国）で出生，婚姻，離婚等をしている場合は，本国又は外国の官公署が発給した出生，婚姻，離婚，親族関係等の証明書を提出します。

　エ　国籍を有せず，又は日本の国籍を取得することによってその国の国　　籍を失うべきことの証明書

　日本に帰化しようとする者は，国籍を有しないか，又は日本の国籍を取得することによってそれまで有していた外国国籍を失うことが条件とされていますので，法務局担当者の指示に従って，本国の国籍を喪失（離脱）した旨の証明書又は日本の国籍を取得したときは本国の国籍を喪失する旨の証明書を提出します。これらの証明書は本国の官憲（又は在日大使館等）が発行したものに限ります。

　もっとも，例えば，韓国などは，日本に帰化すれば当然にその国籍を失うとする法制を採っていることがわが国でも公知となっていますので，申請者がそのような国の法律を本国法とする者であるときは，上記の証明書を提出する必要はありません。

　オ　居住歴を証する書面

　申請者，同居者及び配偶者について居住地の市区町村長が発行した住民票等であって，次の事項の記載があるものを提出します。

　①　申請者

　申請者は，氏名（通称名を含む。），生年月日，性別，国籍，在留資格，在留期間，在留期間の満了日，在留カード番号（特別永住者証明書番号を含む。）及び法定の住所期間内の居住歴の記載された住民票の写しを提出します。

　申請者が氏名又は生年月日を訂正しているときは，訂正前の事項とその訂

第5　帰化による国籍取得　*139*

正年月日が記載されたものも提出することを要します。

② 申請者の同居者（配偶者を除く。）

ⅰ 申請者の同居者は，住民票の写しを提出します。

ⅱ 同居者が外国人であるときは，氏名（通称名を含む。），生年月日，性別，国籍，在留資格，在留期間，在留期間の満了日及び在留カード番号（特別永住者証明書番号を含む。）が記載された住民票の写しを提出します。

③ 申請者の配偶者（元配偶者を含む。）

ⅰ 申請者の配偶者は，婚姻期間中の居住歴が記載された住民票の写し（又は戸籍の附票の写し）を提出します。

ⅱ 申請者の配偶者が外国人であるときは，婚姻期間中の居住歴のほか，氏名（通称名を含む。），生年月日，性別，国籍，在留資格，在留期間，在留期間の満了日及び在留カード番号（特別永住者証明書番号を含む。）が記載された住民票の写しを提出します。

また，申請者と内縁関係にある者については，現在の住民票の写しを提出します。

カ 運転記録証明書

自動車の運転免許証を所持している者は，自動車安全運転センターが発行した過去5年間の運転記録証明書を提出します。運転免許証が失効した人あるいは取り消された者は，運転免許経歴証明書を提出します。

キ 収入に関する証明書

① 在勤及び給与証明書（書式例8）

申請者及び配偶者並びに生計を同じくする親族が，給与や報酬等の収入により生計を営んでいる場合には，勤務先の代表者又は給与の支払責任者が作成した在勤及び給与証明書を提出します。

② 源泉徴収票

直近1年分を提出します。

③ 許認可証明書（事業免許等）

許可又は認可を要する事業を営む者は，許可又は認可をした官公署の長が発行した証明書又はその写しを提出します。

140 第2章 国籍の取得

④　会社の登記事項証明書

ク　資産に関する証明書

①　所有する不動産の登記事項証明書，貸借する不動産についての賃貸契約書の写しなど

②　預貯金通帳の写し又は銀行・郵便局等で証明を受けた預貯金現在高証明書

ケ　納税に関する証明書

給与所得者・事業経営者等により異なりますので，それぞれに該当する課税証明書，納税証明書，確定申告書の控え等を提出します。

(6)　**公的年金保険料の納付証明書**

①　第1号被保険者については，日本年金機構が発行したねんきん定期便，年金保険料の領収書等の写し（直近1年分）を提出します。

②　厚生年金保険法に定める適用事業所の事業主については，年金事務所が発行した年金保険料の領収書等の写し（直近1年分）を提出します。

(7)　**その他の参考資料**

例えば，スナップ写真，診断書，感謝状などが必要となる場合がありますが，法務局の担当者からの指示があったときに提出します。

（書式例１）

帰化許可申請書

平成　　年　　月　　日

法務大臣　　殿

日本国に帰化をしたいので，関係書類を添えて申請します。

> 帰化をしようとする者の写真（申請日の前６か月以内に撮影した５cm正方の単身，無帽，正面上半身のもの）
>
> 15歳未満の場合には，法定代理人と一緒に撮影した写真
>
> （平成○年○月○日撮影）

帰化をしようとする者	国　籍	韓　国					
	出生地	東京都中野区中野１丁目１番１号					
	住　所（居所）	東京都中野区中野２丁目２番２号					
	（ふりがな）		きん		かず　お	通称名	乙川　和男
	氏　名	氏　金		名　和　男			
	生年月日	大・㊊・平 59 年 3 月 3 日生			父母との続柄	長　㊚女	

父　母　の氏　　　名	父		母	
	氏　金	名　一　和	氏　崔	名　順　姫
父　母　の本籍又は国籍	韓　国		韓　国	

養父母の氏　　　名	養　父		養　母	
	氏	名	氏	名
養父母の本籍又は国籍				

帰化後の本籍	東京都中野区中野１丁目１番
帰化後の氏名	氏　乙　川（夫の氏）　　名　和　男
申請者の署名又は法定代理人の住所，資格及び署名	

上記署名は自筆したものであり，申請者は写真等と相違ないことを確認した。

受付担当官

電話連絡先	自宅	○○ (0000)0000	勤務先	○○ (0000)0000	携帯	090 (0000)0000

（注）　1　「申請年月日」及び「申請者の署名又は法定代理人の住所，資格及び署名」欄については，申請の受付の際に記載するので，あらかじめ記載しない。

　　　　2　申請者が15歳未満である場合には，その法定代理人が署名する。

　　　　3　確認欄については，記載しない。

（書式例２）

親 族 の 概 要 （居住地区分／☑日本 □外国）					交 際 状 況 等
続柄	氏　名 生年月日	年齢	職業	住　所 ※死亡している場合は，住所の記載に代え，死亡日を記載	①交際の有無，②帰化意思の有無，③申請者の帰化に対する意見，④その他（電話番号，帰化申請日，帰化日など）
妻	丙野洋子 昭和60年 3 月 5 日生	33	無職	同　　居 （□　　年　月　日亡）	①交際　　／☑有　□無 ②帰化意思／□有　□無 ③意見　☑賛成　□反対 　　　　□特になし TEL　　－ 　　　年　月　日帰化・申請
父	金　一和 昭和36年 8 月 10日生	58	無職	東京都中央区築地 ○丁目○番○号 （□　　年　月　日亡）	①交際　　／☑有　□無 ②帰化意思／☑有　□無 ③意見　☑賛成　□反対 　　　　□特になし TEL 　　　年　月　日帰化・申請
母	崔　順姫 昭和38年 6 月 7 日生	55	無職	同　　上 （□　　年　月　日亡）	①交際　　／☑有　□無 ②帰化意思／□有　□無 ③意見　☑賛成　□反対 　　　　□特になし TEL 　　　年　月　日帰化・申請
妻の父	丙野太郎 昭和38年 7 月 10日生	55	無職	青森県八戸市○○町 ○丁目 （□　　年　月　日亡）	①交際　　／☑有　□無 ②帰化意思／□有　□無 ③意見　☑賛成　□反対 　　　　□特になし TEL 　　　年　月　日帰化・申請
妻の母	丙野秋子 昭和40年 1 月 2 日生	53	無職	同　　上 （□　　年　月　日亡）	①交際　　／☑有　□無 ②帰化意思／□有　□無 ③意見　☑賛成　□反対 　　　　□特になし TEL 　　　年　月　日帰化・申請
	年　　月　　日生			（□　　年　月　日亡）	①交際　　／□有　□無 ②帰化意思／□有　□無 ③意見／□賛成　□反対 　　　　□特になし TEL　　－ 　　　年　月　日帰化・申請

(注) 1　原則として，申請者を除いて記載する。
　　 2　この書面に記載する親族の範囲は，申請をしていない「同居の親族」のほか，申請者の
　　　「配偶者（元配偶者を含む。）」，「親（養親を含む。）」，「子（養子を含む。）」，「兄弟姉妹」，
　　　「配偶者の両親」，「内縁の夫（妻）」及び「婚約者」である。
　　　なお，これらの親族については，死亡者についても記載する。
　　 3　この書面は，日本在住の親族と外国在住の親族とに用紙を分けて作成する。

第５　帰化による国籍取得　143

（書式例３）

\履\歴\書\（その１）	氏名	金　和男		
年　月　日	居　住　関　係	学歴・職歴	身分関係

年	月	日	居　住　関　係	学歴・職歴	身分関係
昭59	3	3	東京都中野区中野１丁目１番１号		出生
平3	4			区立○○小学校入学	
9	3			同校卒業	
〃	4			区立○○中学校入学	
12	3			同校卒業	
〃	4			都立○○高等学校入学	
15	3			同校卒業	
〃	4			○○商事㈱勤務営業担当(現在まで)	
25	10	10		日本人丙野洋子と婚姻届出	

(注)1　「年」については，日本の元号で記載する。
　　2　履歴事項については，古い年代のものから漏れなく記載する。例えば，学歴については，転校，中途退学，卒業の学部等についても記載し，職歴（本国での職歴や日本に入国した後に行ったアルバイト歴も含む。）については，勤務先だけでなく，担当下職種についても記載する。
　　　　また，身分関係については，父母の死亡及び事実婚についても記載する。
　　3　用紙が不足する場合には，同一用紙を用いて記載する。
　　4　この書面は，申請者ごとに作成するが，１５歳未満のものについては，作成することを要しない。

144　第２章　国籍の取得

履　歴　書 （その2）	氏名					

	回数	期　　間	日　数	渡　航　先	目的, 同行者等
出入国歴 (最近　年間)	1	平 26 年 8 月 2 日 〜 26 年 8 月 10 日	11	香　港	会社の上司と出張
	2	平　　年　　月　　日 〜　　年　　月　　日			
	3	平　　年　　月　　日 〜　　年　　月　　日			
	4	平　　年　　月　　日 〜　　年　　月　　日			
	5	平　　年　　月　　日 〜　　年　　月　　日			
	6	平　　年　　月　　日 〜　　年　　月　　日			
	7	平　　年　　月　　日 〜　　年　　月　　日			
	8	平　　年　　月　　日 〜　　年　　月　　日			
	9	平　　年　　月　　日 〜　　年　　月　　日			
	10	平　　年　　月　　日 〜　　年　　月　　日			
	総　出　国　日　数				
技　能 資　格	平成　○○年○○月○○日第1種普通自動車運転免許取得 　　　（免許証番号第○○○　○○○○○○○○○号）				
賞　罰	なし				
確　認　欄					

(注)1　「年」については，日本の元号で記載する。
　　2　出入国歴については，法定住所期間におけるものを記載する。ただし，最短でも最近1年間
　　　の出入国歴を記載する。
　　　　なお，出入国歴欄が足りない場合には，出入国歴表に記載する。
　　3　賞罰欄については，過去から現在までの全てのものを記載する。
　　4　確認欄については，記載しない。

（書式例４）

帰 化 の 動 機 書

　

　

　

　

　

　

　

　

　

　

　

　

　

　

　

平成　　　年　　　月　　　日

申請者

（注）　1　帰化をしたい理由（例えば，日本に入国するに至った経緯及び動機，日本での生活についての感想，日本に入国した後に行った社会貢献，本国に対する思い，帰化が許可された後において行うことを予定している社会貢献，帰化が許可された後における日本での生活の予定等）を具体的に記載し，末尾に作成年月日を記載し，署名する。
　　　　2　原則として，申請者が自筆（ワープロは不可）する。
　　　　3　この書面は，申請者ごとに作成するが，15歳未満のものについては，作成することを要しない。

146　第２章　国籍の取得

（書式例５）

生 計 の 概 要 （その１） （平成○○年○○月○○日作成）

	氏　　名	月　収　（円）	種　目	備　考
収	金　　和　　男	268,000	給料（○○商事㈱）	平成12年４月勤務
	丙　野　洋　子	58,000	給料（○○スーパーパート）	
入				
	合　　　計	326,000		

	支　出　科　目	金　額　（円）	備　　　　考	
支	食　　　費	100,000		
	住　居　費	80,000	家賃	
	教　育　費	○○,○○○		
	返　済　金			
	生命保険等掛金	○○,○○○		
	預　貯　金	○○,○○○		
	そ　の　他	○○,○○○	水道・光熱費，等	
出				
	合　　　計	326,000		

	借　入　の　目　的	借　入　先	残　　額	完　済　予　定
主				
な				
負				
債				

（注）　1　世帯を同じくする家族ごとに作成する。
　　　　2　月収額については，申請時の前月分について，その手取額を記載する。
　　　　3　収入の種目欄については，給与，事業収入，年金等の別を記載する。
　　　　4　収入が世帯を異にする親族等からの仕送りによる場合には，月収欄に送金額を，種目欄に
　　　　　　仕送りである旨を，備考欄に仕送人の氏名及び申請者との関係を，それぞれ記載する。

第５　帰化による国籍取得　*147*

生 計 の 概 要 (その2)

不動産	種　　　類	面　　　積	時　価　　等	名　義　人

預貯金	預　　入　　　先		名　義　人	金　額　（円）
	○○銀行○○支店		金　和男	○,○○○,○○○
	○○銀行○○支店		丙野洋子	○,○○○,○○○

株券・社債等	種　　　類	評　価　額	名　義　人　等
	株券　　　1,000株	時価　　35万円程度	金　　和　　男

高価な動産	種　　　類	評　価　額	名　義　人　等
	貴金属	時価　　50万円程度	丙　野　洋　子

（注）　1　高価な動産欄については，おおむね１００万円以上のものを記載する。
　　　　2　不動産については，国外にあるものも記載する。

148　第２章　国籍の取得

（書式例6）

事 業 の 概 要		対象となる期間	平成　　年　　月〜 　　平成　　年　　月	
商 号 等		所 在		
開業年月日	年　　月　　日	経 営 者	申請者との関係（　　　　）	
営業の内容		許認可の年 月日番号等		（確認欄）
		営 業 資 本		万円
		従 業 員 数	名（内専従者　名）	
事業用財産				
売 上 高	万円	営業外収益		万円
売 上 原 価	万円	特 別 利 益		万円
販 売 費 等	万円	特 別 損 益		万円
営業外収益	万円	利 益		万円（利益律　%）

負債	借 入 年 月	借 入 先	借入額（万円）	期末残額（万円）	返済方法
	昭・平				
	昭・平				
	昭・平				
	昭・平				
	昭・平				
借入の理由及び 返 済 状 況					

取引先	名称又は代表者	所 在	電話番号	年間取引額 （万円）	取引の内容	取引期間
備考						

（注）1　「年」は，日本の元号で記載する。
　　　2　複数の事業を営んでいる場合には，1事業ごとに作成する。
　　　3　個人事業者は前年分について，法人は直前の決算期について，それぞれ作成する。
　　　4　確認欄には，記載しない。

第5　帰化による国籍取得　*149*

（書式例７）

申請者の自宅付近の略図　　　（氏名　金　和男）

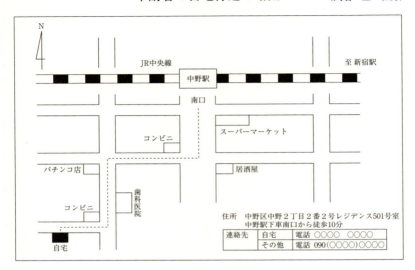

申請者の勤務先付近の略図　　　（氏名　金　和男）

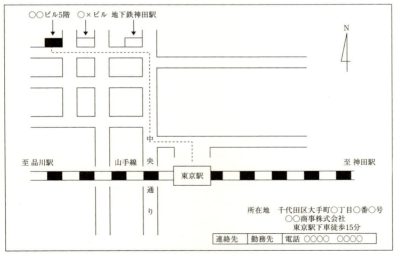

（注）　目標，最寄りの交通機関，駅名，停留所からの所要時間，経路等を記載してくさだい。
　　　住宅地図等の写しにより示していただいても結構です。

（書式例8）

在勤及び給与証明書

住　　所　東京都中野区中野2丁目2番2号

氏　　名　金　　和　男　　昭和／平成　59　年　3　月　3　日生

職　　種　（具体的に）

　　　　　上記の者は　昭和／平成　12　年　4　月　1　日から

当社（所属課等）　営業部第1課　　　　　　　　　　　　に勤務し，

下記の給与を支給していることを証明します。

　　　平成 ○○ 年 ○ 月 ○ 日
　　　　　東京都千代田区大手町○丁目○番○号
　　　　　　○○商事株式会社
　　　　　　代表取締役　　○　○　○　○　　　　　　　印

		給　　与　　関　　係		
		平成 ○○ 年 ○ 月分		
支給額	基　　本　　給	月　給		230,000 円
		日　給	（1か月支給額）	円
	時　間　外　勤　務　手　当			○○○ 円
	家　　族　　手　　当			○○○ 円
	勤　務　地　手　当			円
	そ　の　他　の　手　当			○○○ 円
	交　　通　　費			○○○ 円
				円
	計			○○○,○○○ 円
控除額	源　泉　所　得　税			○○○ 円
	市　区　町　村　民　税			○○○ 円
	健　　康　　保　　険			○○○ 円
	厚　　生　　年　　金			○○○ 円
				円
	計			○○○,○○○ 円
差　引　支　給　額				268,000 円
備　　　考				

第5　帰化による国籍取得　*151*

4 帰化の許可

　法務大臣は，帰化を許可したときは，その旨を官報に告示しなければなりません。帰化の効力はその告示の日から発生し，許可を受けた者は同日に日本国民たる資格を取得します（国10条）。

　上記のように，帰化は告示の日から効力を生ずるとされているのですが，その発効時点がいつであるかが問題となることがあります。例えば，帰化許可申請をしていた外国人夫婦について許可がされた場合において，その許可の日に出生した当該夫婦の嫡出子が，日本国籍を取得するのかどうかを判断するときに，上記の告示の発効時点の問題が生じます。

　帰化の官報告示とは，法務大臣が告示という形式で，官報掲載の方法により公告することを意味しますが，官報による公告は特定の外国人が帰化によって日本人となったその事実を広く知らしめるための手段であり，その帰化の効力の発効時点は客観的に明確であることが要求されています。そのため，日本国への帰化の効力の発効時点は，許可の官報告示がされた日の午前零時と解されています。そうすると，親の帰化許可の日に生まれた子は，出生によって日本国籍を取得することになります（『国籍・帰化の実務相談』342頁）。実務の取扱いも，外国人が日本国に帰化してその告示がされたのですが，その帰化届をする前に死亡したという場合は，市町村長は，死亡した帰化者について管轄法務局の長の許可を得て職権で戸籍を編製し，死亡による除籍をすることとされています（昭和30・9・17民事二発444号回答）。

　帰化が許可されますと，法務局又は地方法務局の長から帰化許可通知書及び身分証明書が交付されます。そして，帰化した者は，同人を戸籍に記載するため，帰化の許可が官報に告示された日から1か月以内に，戸籍法上の帰化届をしなければなりません（戸102条の2）。その届出の際には，交付を受けた帰化者の身分証明書を申請書に添付することを要します（昭和30・1・18民事甲76号通達）。

　帰化の届出は，告示によって生じた日本国籍取得の効果を報告する報告的届出ですが，これによって帰化者が帰化後の氏名及び本籍を帰化の届出によって自由に定めることができるようになりますから，創設的届出の性質も

152　第2章　国籍の取得

併有する届出といわれています。

5　帰化許可処分の無効

　帰化の許可は，日本国籍を有しない特定の個人からの同国籍の取得を希望する意思表示（申請）に対して，その者が帰化の条件を具備するかどうかを審査した上，同国籍を付与する行政行為です（国4条）。

　では，帰化の許可が上記の条件に違反してなされた場合に，その効力はどうなるのでしょうか。これは，行政行為としての帰化の無効・取消しの問題です。以下にこの問題についてみてみることにします。

ア　既に日本国籍を有する者に対する許可

　まず，既に日本国籍を有する者について帰化許可をした場合の効力はどうか。帰化の許可は，日本国籍を有しない者に対して同国籍を付与する行政行為ですから，既に日本国籍を有している者について帰化の許可がなされたとしても，かかる許可は当然に無効です。

イ　帰化意思がない者に対する許可

　次に，帰化意思を有していない者に対して，帰化許可をした場合はどうでしょうか。帰化の許可は，特定の個人からの日本国籍の取得を希望する意思表示に対して，同国籍を付与する行政行為ですから，同国籍の取得を求める本人の意思の存在は絶対不可欠の要件であり，この意思を欠く者に対する許可は，当然に無効です。

　上記の「意思を欠く」場合とは，次のような場合であると解されています（『改訂国籍実務解説』75頁以下）。

①　15歳以上の者が自ら申請しなかったとき

　15歳以上の者については，本人自らが帰化許可の申請をすることを要し，代理人による申請は許されないとされていますから，このような代理申請は本人の意思を欠くものとされます。実務に現われた先例においても，心神喪失の状況にある15歳以上の者についてその法定代理人から帰化許可の申請があっても，受理すべきでないとされています（昭和34・8・5民事甲1657号回答）。

第5　帰化による国籍取得　*153*

②　15歳未満の者についてその法定代理人が申請しなかったとき

　15歳未満の者については，その法定代理人が帰化許可の申請をしなければなりませんから（国18条），その法定代理人が申請しない以上，仮に本人から申請があっても，その意思を欠くものといわざるを得ません。もとより，法定代理人以外の者からの申請に対する許可は，本人の意思を欠くものとして無効です。本人が15歳に達してから追認しても，有効となることはありません。

　③　帰化の意思を撤回（申請取下げ）しているとき

　撤回があった後の許可は，本人の意思を欠き無効です。

　④　強迫による申請

　申請権者からの申請であっても，その申請が強迫によってなされ，実質上本人の意思によるものとは認め難い場合には，当該帰化許可は無効です。

　ウ　死亡者に対する許可

　帰化許可の相手方は自然人であって実在する者に限られますので，死亡者に対する許可は，無効です。

　エ　瑕疵ある許可

　帰化の許可は，帰化を許可する旨を官報に告示して行うのですが，告示された内容と帰化者との同一性がなく，帰化者を特定し難いほどの瑕疵があった場合には，当該帰化の許可は，無効と解されています。

　国籍法5条から9条に規定されている帰化条件を具備していないのにされた帰化許可の効力はどうでしょうか。これらの規定を帰化の効力要件と解することは妥当ではないとの見解を根拠として，当該許可は不当となるにとどまり，無効となるものではないと解するのが一般です（『国籍・帰化の実務相談』77頁）。判例も，旧国籍法（明治32年法律第66号）7条2項5号（現国籍法5条1項5号）の重国籍防止条件に違背してなされた許可の効力について，同規定は効力要件ではないとして，無効の主張を退ける判断をしています（最判昭和31・7・18民集10巻7号890頁）。

154　第2章　国籍の取得

証第○○○号

帰化者の身分証明書

　この身分証明書に記載された者は，平成30年10月１日法務省告示第○○号により日本国に帰化した者であることを証明する。

　なお，帰化者の戸籍に記載すべき身分事項は，帰化事項のほかこの証明書に記載のとおりである。

　平成30年10月５日

　　　　　　　　　東京法務局長　氏　　　名　　 職印

（注意）　(1)　この証明書は，帰化の届書に添付して市区町村長に提出する。
　　　　　(2)　帰化者が15歳未満であるときは，法定代理人（親権者又は未成年後見人）から帰化の届出をする。

平成30年10月５日交　付　㊞

帰 化 者 の 住 所	東京都中野区中野二丁目2番2号				

新戸籍編製 又は入籍の別	1　　新戸籍を編製する	②　夫の氏を称し新戸籍を編製する	3　　　　　の戸籍に入る		
帰化後の戸籍の表示	本　籍	東京都中野区中野一丁目1番	氏　名	乙 川 和 男	

戸籍に記録される者

【名】和　男

【生年月日】昭和59年3月3日　　【配偶者区分】夫
【父】金一和
【母】崔順姫
【続柄】長男

身分事項
出　　生

【出生日】昭和59年3月3日
【出生地】東京都中野区
【届出日】昭和59年3月10日
【届出人】父
【受理者】東京都中野区長

婚　　姻

【婚姻日】平成25年10月10日
【配偶者氏名】丙野洋子
【受理者】東京都千代田区長

帰化の際の国籍	韓　国	従前の氏名	金　和　男

参考事項
(1)　妻丙野洋子の戸籍の表示
　　　東京都千代田区平河町一丁目4番地
(2)　移記すべき妻の婚姻事項

婚　　姻	【婚姻日】平成25年10月10日 【配偶者氏名】乙川和男 【受理者】東京都千代田区長

156　第2章　国籍の取得

第6 戸籍法102条の2の規定による帰化の届出 ─────

1 帰化届

帰化は法務大臣が官報に帰化許可の告示をした日から効力を生じますが，帰化した者を戸籍に記載するためには，官報告示の日から1か月以内に，戸籍法上の帰化届をしなければなりません（戸102条の2）。

この届出は，法務大臣の帰化の許可によって日本国籍を取得したことを報告する届出ですが，これによって帰化した者が本籍や氏名を自由に定めることができるようになりますから，報告的届出と創設的届出の両方の性質を併有する届出といわれています。

(1) 届出人

帰化の届出は，帰化した者がしなければなりません（戸102条の2）。ただし，その者が15歳未満のときは，その者の法定代理人が届出義務者となります（戸31条1項）。

(2) 届出地

届出地は，帰化者又は届出人の所在地です（戸25条）。新本籍地に届け出ることもできます（昭和30・12・5民事二発596号回答）。

(3) 届出期間

官報告示の日から1か月以内にしなければなりません（戸102条の2）。ただし，戸籍実務の取扱いでは，上記の届出期間の起算日については，当該帰化申請を受理した法務局又は地方法務局の長において帰化者に対して「帰化者の身分証明書」を交付することになりますので，その交付を受けた日を起算日とする取扱いをして差し支えないとされています（『戸籍実務の手引き』245頁）。

(4) 帰化届書の記載事項

帰化届書の様式については，昭和59年11月1日付け法務省民二第5502号通達で標準様式（単身者の様式，配偶者を有する者の様式）が示されています。

帰化届書の記載事項は，すべての届書に記載される一般的事項（戸29条，30条）のほか，次の事項とされています（戸102条の2，102条2項）。

① 帰化許可の告示の年月日

② 帰化の際に有していた外国の国籍

③ 父母の氏名及び本籍，父又は母が外国人であるときは，その氏名及び国籍

④ 配偶者の氏名及び本籍，配偶者が外国人であるときは，その氏名及び国籍

⑤ その他法務省令で定める事項

この法務省令で定める事項は，戸籍法施行規則58条の2第1項で次のように定められています（戸102条の2，102条2項5号）。

ⅰ 出生に関する事項

ⅱ 認知に関する事項

ⅲ 現に養親子関係の継続する養子縁組に関する事項

ⅳ 現に婚姻関係の継続する婚姻に関する事項

ⅴ 現に未成年者である者についての親権又は未成年者の後見に関する事項

ⅵ 推定相続人の廃除に関する事項でその取消しのないもの

上記の各事項については，帰化した際に法務局又は地方法務局の長から交付される「帰化者の身分証明書」に記載されていますので，帰化届書の「その他」の欄には，「帰化事項のほかに記載すべき身分事項は，別紙『帰化者の身分証明書』のとおりです」と記載すれば足ります。なお，帰化届書の標準様式には，その旨が印刷して表示されています。

(5) 帰化後の氏名・本籍

帰化した者は，新たに氏名と本籍を創設しなければなりませんが，その選定は自由です。氏を自由に定めることができることについては，古くからの戸籍先例があります（大正14・1・28民事34号回答）。名についても同様です。

氏名に用いる文字は，原則として，戸籍法施行規則60条に規定する文字を用います（昭和56・9・14民二5542号通知）。

ア 夫婦の氏と本籍

夫婦については，同氏（民750条）であって，戸籍も同一（戸16条）でなけ

ればなりませんから，夫婦がともに帰化した場合又は夫婦の一方が日本国民であって他の一方が帰化した場合には，夫婦の協議によって，夫又は妻のいずれの氏を称するかを定めなければなりません（昭和25・6・1民事甲1566号通達第2，2）。

　イ　親子の氏と本籍

　親子がともに帰化した場合又は帰化した者の親が日本国民である場合には，帰化の届出の際に子が親と異なる氏又は本籍を定めた場合を除き，子は親の戸籍に入籍します。ただし，子に配偶者又は子がある場合には，子について新戸籍を編製します（前掲通達第2，3）。

　既に述べたとおり，帰化者は氏及び本籍を自由に選択できるのが建前ですが，上記のように，その者が日本国民の子であるときは，実際上親と同じ氏を称する例が多いと思われます。上記通達が定める取扱いは，このような実際例を念頭に置いたものと考えられますが，そこで留保しているように，日本国民の子であって帰化した者であっても，親と異なる氏を選定できることは上記の「氏自由の原則」上妨げられません。この場合には，当該子について新戸籍が編製され，その子がこの戸籍に入ります。なお，氏名に用いる文字については，戸籍法施行規則60条に規定する範囲の文字によるのが原則です（昭和56・9・14民二5542号通知）。

　(6)　添付書類

　ア　法務局又は地方法務局の長が発行した帰化者の身分証明書を添付します（昭和30・1・18民事甲76号通達）。

　イ　帰化者は，帰化届書に帰化前の身分事項を記載し，同事項を証すべき書面を添付しなければならないとされていますが（戸規58条の2），帰化者の身分証明書に同事項の記載がある場合は，その添付を要しません（昭和59・11・1民二5500号通達第3，1(4)参照）。

　(7)　戸籍の処理

　帰化届に基づいて，帰化者の入籍の記載をします。帰化者の戸籍に記載すべき身分事項は，帰化事項（帰化年月日，帰化の際の国籍，従前の氏名）のほか，帰化者の身分証明書に記載されている事項です。

第6　戸籍法102条の2の規定による帰化の届出　159

帰化者については，既存の戸籍に入る場合を除いて，原則として新戸籍を編製します（戸22条）。

①　夫婦がともに帰化した場合は，夫婦について新戸籍を編製しますが，いずれを戸籍の筆頭に記載するかは，帰化届書に記載されたところによります。すなわち，外国人夫婦が帰化した場合には，帰化届の際に，夫婦の協議により夫又は妻のいずれの氏を称するかを定めた上，これを届書に記載して届け出ることとされています。この記載に従って，夫を筆頭者とする戸籍又は妻を筆頭者とする戸籍を編製することになります。

②　日本人の配偶者であるものが帰化した場合において，その日本人の氏を称すると定めたときは，その者が戸籍の筆頭者であれば，帰化した配偶者はその戸籍に入籍します。日本人の配偶者が戸籍の筆頭者でないときは，その者を筆頭者として新戸籍を編製し，帰化した配偶者を入籍させます。

これに対し，帰化した配偶者の氏を称すると定めたときは，その配偶者を筆頭者とする新戸籍を編製し，これに日本人配偶者を入籍させることになります。

③　親子がともに帰化した場合又は帰化した者の親が日本人である場合には，前記のとおり，子が特に親と異なる氏又は本籍を定めたときを除いて，子は親の戸籍に入ります。

帰化者の戸籍が編製された後に，帰化者について転籍，婚姻，養子縁組等により新戸籍が編製され又は他の戸籍に入籍させる場合には，帰化事項を移記することを要しません（戸規39条）。

○帰化届（日本人妻を有する外国人夫が帰化し，夫の氏を称して夫婦につき
新戸籍を編製する場合）

帰　化　届

平成30年10月10日 届出

東京都中野区 長殿

受理	平成30年10月10日	発送 平成30年10月10日
第	5000　号	東京都中野区 長 ㊞
送付	平成30年10月15日	
第	5232　号	
書類調査	戸籍記載　記載調査　附票　住民票　通　知	

	夫	妻
（よみかた）	おつ　かわ　　かず　お	
氏　　　名	氏 乙　川　　名 和　男	氏　　　　名
	（従前の 氏名）氏 金　　名 和　男	（従前の 氏名）氏　　　名
生　年　月　日	昭和 59 年 3 月 3 日	年　月　日
住　　　　所	東京都中野区中野 2丁目　　2番地 2号	番地 番 号
父母の氏名	父 氏 金　名 一和　続き柄	父 氏　名　続き柄
父母との続き柄	母 氏 崔　名 順姫　長男	母 氏　名　女
父母の国籍 （日本人のときは本籍を書いてください）	父 韓　国 母 韓　国	父 母
帰化の際の国籍	韓　国	
告示の年月日	平成　30　年　10　月　1　日	
帰化後の夫婦の氏と新しい本籍	☑夫の氏　　□妻の氏	
	東京都中野区中野1丁目　　　　　1番地 番	
	筆頭者の氏名 乙　川　和　男	
住民となった年　月　日	平成 25 年 10 月 10 日	年　月　日
住所を定めた年　月　日	平成 25 年 10 月 10 日	年　月　日
世帯主・世帯員の別	☑世帯主　　□世帯員 世帯主の氏名（　　　　　　　） 世帯主との続き柄（　　　　　　）	□世帯主　　□世帯員 世帯主の氏名（　　　　　　　） 世帯主との続き柄（　　　　　　）

その他	帰化事項のほかに記載すべき身分事項は、別紙「帰化者の身分証明書」のとおりです 妻は夫の氏を称する。 妻の従前の戸籍の表示　東京都千代田区平河町１丁目４番地	
届　出　人 署　名　押　印	夫　乙 川 和 男　㊞	妻　　　　　　　　㊞

連　署　人 （帰化したひとの配偶者が日本人のときに書いてください）	
□夫　　　☑妻	
住　　　　　所	東京都中野区中野２丁目　　　　　　　　２ 番地 番 ２ 号
本　　　　　籍	東京都千代田区平河町１丁目　　４ 番地 番　筆頭者の氏名　丙野洋子
署　　　名 押　　　印	丙 野 洋 子　㊞　昭和 60 年 3 月 5 日生

162　第２章　国籍の取得

○夫の氏による新戸籍

						本　籍	
					平成参拾年拾月拾日編製㊞	東京都中野区中野一丁目一番	

			（出生事項省略）	平成弐拾五年拾月拾日丙野洋子と婚姻東京都千代田区長に届出㊞	平成参拾年拾月壱日帰化同年同月拾日届出入籍（帰化の際の国籍韓国従前の氏名金和男）㊞	氏　名	
						乙　川　和　男	

出生	夫		母	父	
昭和五拾九年参月参日	和　　男		崔　順　姫	金　一　和	長男

第6　戸籍法102条の2の規定による帰化の届出　163

（出生事項省略）

平成弐拾五年拾月拾日乙川和男と婚姻東京都千代田区長に届出㊞

夫の帰化届出平成参拾年拾月拾日東京都千代田区平河町一丁目四番地丙野洋子戸籍から入籍㊞

	父	丙 野 太 郎	長
妻	母	秋 子	女
洋 子			
出生	昭和六拾年参月五日		

164　第２章　国籍の取得

○夫の氏による新戸籍（コンピュータシステムによる証明書記載例）

	(1の1) 　全部事項証明

本　　籍	東京都中野区中野一丁目1番
氏　　名	乙川　和男

戸籍事項 　　戸籍編製	【編製日】平成30年10月10日

戸籍に記録されている者	【名】和男
	【生年月日】昭和59年3月3日　　　　【配偶者区分】夫 【父】金　一和 【母】崔　順姫 【続柄】長男

身分事項 　　出　　生	（出生事項省略）
婚　　姻	【婚姻日】平成25年10月10日 【配偶者氏名】丙野洋子 【受理者】東京都千代田区長
帰　　化	【帰化日】平成30年10月1日 【届出日】平成30年10月10日 【帰化の際の国籍】韓国 【従前の氏名】金　和男

戸籍に記録されている者	【名】洋子
	【生年月日】昭和60年3月5日 【父】丙野太郎 【母】丙野秋子 【続柄】長女

身分事項 　　出　　生	（出生事項省略）
婚　　姻	【婚姻日】平成25年10月10日 【配偶者氏名】乙川和男 【受理者】東京都千代田区長
配偶者の帰化	【入籍日】平成30年10月10日 【入籍事由】夫の帰化届出 【従前戸籍】東京都千代田区平河町一丁目4番地　丙野洋子

	以下余白

発行番号　　000001

○ 妻の従前の戸籍

除 籍							
	本				籍		東京都千代田区平河町一丁目四番地
						氏 名	
	（消除事項省略）						
	（編製事項省略）						丙 野 洋 子
	（出生事項省略）						

付同区中野一丁目一番に夫の氏の新戸籍編製につき除籍㊞

平成参拾年拾月壱日夫乙川和男帰化届出同月拾五日東京都中野区長から送

婚姻届出青森県八戸市八戸町一丁目一番地丙野太郎戸籍から入籍㊞

平成弐拾五年拾月拾日国籍韓国金和男（西暦千九百八拾四年参月参日）と

	父	丙 野 太 郎	
	母	秋 子	長女
妻	洋 子		
出生	昭和六拾年参月五日		

166 第2章 国籍の取得

○妻の従前の戸籍（コンピュータシステムによる証明書記載例）

除　　籍	（1の1）	全部事項証明

本　　籍	東京都千代田区平河町一丁目4番地
氏　　名	丙野　洋子

戸籍事項 　戸籍編製 　戸籍消除	（編製事項省略） （消除事項省略）

戸籍に記録されている者	【名】洋子 【生年月日】昭和60年3月5日　　　　　【配偶者区分】夫 【父】丙野太郎 【母】丙野秋子 【続柄】長女

身分事項 　出　　生	（出生事項省略）
婚　　姻	【婚姻日】平成25年10月10日 【配偶者氏名】金　和男 【配偶者の国籍】韓国 【配偶者の生年月日】昭和59年3月3日 【従前戸籍】東京都千代田区平河町一丁目4番地
配偶者の帰化	【届出日】平成30年10月10日 【除籍事由】夫の帰化届出 【配偶者氏名】乙川和男 【送付を受けた日】平成30年10月15日 【受理者】東京都中野区長 【新本籍】東京都中野区中野一丁目1番 【称する氏】夫の氏

以下余白

発行番号　000001

○帰化届（単身者）

帰　化　届			

受理	平成 30 年 9 月 10 日	発送 平成　年　月　日
第	10258 号	
送付	平成　年　月　日	長印
第	号	

平成 30 年 9 月 10 日　届出

東京都千代田区　長殿

書類調査	戸籍記載	記載調査	附　票	住民票	通　知	

（よみかた）		こう　やま　　　　　　　　はな　こ		
氏　　　　名 生 年 月 日	氏　甲山	名　花子	平成 8 年 2 月 5 日	
	（従前の氏名）　氏 ハワード		名 キャサリン	

住　　　　　所	東京都杉並区中央1丁目　　　　　　　1 番地 1 号

父　　　母 （日本人のときは 本籍を書いてく ださい）	父　氏 ハワード	名 ジョージ	父母との 続き柄 一　□男 二　☑女	父の国籍　アメリカ合衆国
	母　氏 ハワード	名 マーガレット		母の国籍　同　上

帰 化 の 際 の 国　　　　籍	アメリカ合衆国

告 示 の 年 月 日	平成 30 年 9 月 2 日

帰 化 後 の 本　　　　籍	☑新しい戸籍をつくる　□父・母の戸籍に入る　□養父・養母の戸籍に入る
	東京都杉並区中央1丁目　　　　　　1 番地 　　　　　　　　　　　　　　　　　　　番
	筆頭者 の氏名　甲 山 花 子

住民となった 年　　月　　日	平成 25 年 10 月 15 日

住所を定めた 年　　月　　日	平成 25 年 10 月 15 日

世 帯 主 ・ 世 帯 員 の 別	☑世帯主　　　□世帯員
	世 帯 主 の 氏 名 （　　　　　　　　　　　）　世帯主と の続き柄 （　　　　　　　）

そ の 他	帰化事項のほかに記載すべき身分事項は、別紙「帰化者の身分証明書」のとおりです

届 出 人 署 名 押 印	甲 山 花 子　　　　　　㊞

168　第2章　国籍の取得

届		出	人	
		(帰化した人が十五歳未満のときに書いてください。届出人となる未成年後見人が３人以上のときは、ここに書くことが できない未成年後見人について、その他欄又は別紙（様式任意。届出人全員の契印が必要）に書いてください。)		
資　　　　格		親権者(□父　□養父) □未成年後見人		親権者(□母　□養母) □未成年後見人
住　　　　所		番地 番　　　　号		番地 番　　　　号
本　　　　籍		番地　　筆頭者 番　　　の氏名		番地　　筆頭者 番　　　の氏名
署名 押印		印		印
生　年　月　日		年　　　月　　　日		年　　　月　　　日

第６　戸籍法102条の２の規定による帰化の届出　*169*

○帰化者の新戸籍

本籍　東京都杉並区中央一丁目一番
平成参拾年九月拾日編製㊞

氏名　甲山花子
父　ハワード・ジョージ
母　マーガレット
二女

国従前の氏名ハワード・キャサリン）㊞
平成参拾年九月弐日帰化同月拾日届出入籍（帰化の際の国籍アメリカ合衆

（出生事項省略）

出生　平成八年弐月五日

花子

170　第2章　国籍の取得

○帰化者の新戸籍（コンピュータシステムによる証明書記載例）

（1の1） | 全 部 事 項 証 明

本　　　籍	東京都杉並区中央一丁目1番
氏　　　名	甲山　花子
戸籍事項 　　戸籍編製	【編製日】平成30年9月10日
戸籍に記録されている者	【名】花子 【生年月日】平成8年2月5日 【父】ハワード，ジョージ 【母】ハワード，マーガレット 【続柄】二女
身分事項 　　出　　生	（出生事項省略）
帰　　化	【帰化日】平成30年9月2日 【届出日】平成30年9月10日 【帰化の際の国籍】アメリカ合衆国 【従前の氏名】ハワード，キャサリン
	以下余白

発行番号　　000001

第6　戸籍法102条の2の規定による帰化の届出　171

第3章 国籍の選択

第1 国籍の選択とは

　国籍法は，外国の国籍を有する日本国民は，重国籍となった時が20歳に達する以前であるときは22歳に達するまでに，重国籍となった時が20歳に達した後であるときはその時から2年以内に，日本か当該外国のいずれかの国籍を選択しなければならないと定めています（国14条1項）。

　例えば，出生により重国籍となった者については，重国籍となったのが20歳に達する以前ですから，22歳に達するまでに選択をしなければなりません。また，外国人の養子となったり，外国人の親から認知を受けたりして，20歳になる前に重国籍となった者も，22歳に達するまでに，日本の国籍か外国の国籍かのいずれかを選択しなければなりません。さらに，35歳で外国人男と婚姻してその国の国籍を取得したことにより重国籍となった者は，その婚姻によって外国の国籍を取得したときから2年以内に国籍の選択をしなければなりません。

　参考までに述べますと，重国籍は次のような場合に発生します。

　ア　子が出生により日本国籍を取得する場合において，①外国人父が父系血統主義国に属するとき，②外国人たる父又は母が父母両系血統主義国に属するとき，③子が生地主義国で出生したことにより出生により外国の国籍を取得したとき。

　イ　子が出生により日本国籍を取得した場合において，出生後に自己の志望によらず外国の国籍を取得したとき。具体的には，以下に掲げる事由によって子が当然に外国の国籍を取得した場合に，その子は重国籍者になります。①子が外国人父から認知されて，認知した父の国籍を取得したとき，②準正により外国人の嫡出子たる身分を取得したことにより，

第1　国籍の選択とは　*173*

当該外国人の国籍を取得したとき，③外国人の養子となったことにより，
当該外国人養父（母）の国籍を取得したとき，④父又は母がいわゆる随
従取得制度のある外国に帰化したこと等によりその外国の国籍を取得し
たとき。

ウ　日本国籍を有する女性が外国人男性との婚姻により当然にその国の国
籍を取得したとき。

エ　外国人が，①国籍法３条，17条１項，平成20年の改正国籍法附則２
条・４条・５条等の規定により日本の国籍を取得した場合において，原
国籍国の国籍法に日本の国籍法11条と同趣旨の規定のないとき，②国籍
法５条２項の適用により日本に帰化したとき。

　以上のような事由によって重国籍となった者は，既に述べたとおり，自発
的に国籍を選択することが求められていますが，所定の期間内に国籍の選択
をしない重国籍者に対しては，法務大臣は，書面により国籍の選択をすべき
ことを催告することができます（国15条１項）。

　この法務大臣の催告を受けた重国籍者は，催告の文書が到達した日から１
か月以内に，国籍を選択しなければならず，日本国籍を選択しない者は，１
か月の期間が経過した時に日本国籍を失うことになります（国15条３項）。

　国籍の選択の方法としては，次のようなものがあります。

⑴　外国の国籍を選択する場合

ア　日本国籍の離脱（国籍法13条）

　国籍の離脱とは，外国の国籍を有する日本国民が，法務大臣に国籍離脱の
届出をすることによって日本の国籍を喪失することです。国籍離脱の届出は，
国籍を離脱しようとする者が15歳以上であるときは，その者が自ら届け出る
ことを要し，15歳未満であるときは，その者の法定代理人が代わって届け出
なければなりません（国18条）。

イ　外国国籍の選択（国籍法11条２項）

　外国国籍の選択とは，外国国籍と日本国籍を有する重国籍者が，日本の国
籍選択制度と類似の制度を有する外国において，その外国の法令に従って，
当該外国の国籍を選択する意思表示をした場合には，日本の国籍を当然に失

174　第３章　国籍の選択

うというものです。

　この外国国籍の選択は，外国の法令の定める方式に従い，外国政府，裁判所等に対しなされたものであることを要し，単なる事実行為は含まれないと解されていますが，外国法令の定める方式であれば，宣言，宣誓，届出等その具体的方式のいかん問いません（『国籍法・戸籍法改正特集』32頁）。

　日本国籍を喪失したときは，戸籍法の定めるところにより，国籍喪失届をしなければなりません（戸103条）。

(2)　日本の国籍を選択する場合

　日本の国籍の選択の方法としては，外国の国籍の離脱及び日本の国籍の選択の宣言があります（国14条2項）。

　ア　外国国籍の離脱（国籍法14条2項）

　外国の国籍を有する日本国民が，その外国の法令に基づいて当該外国の国籍を離脱すれば，日本国籍単一となり，重国籍は解消されます。この外国国籍の離脱が日本国籍の選択の一方法です。

　外国の国籍を有する日本人がその外国の国籍を離脱（喪失）したときは，その者は，その喪失の事実を知った日から1か月以内（その者がその事実を知った日に国外に在るときは，その日から3か月以内）に，市区町村長等に対し，外国の国籍の離脱（喪失）を証すべき書面を添付して外国国籍の喪失届をしなければなりません（戸106条）。国籍の離脱を証すべき書面としては，外国官公署の発行する国籍離脱証明書，国籍を喪失した旨の記載のある外国の戸籍謄本等がこれに該当します（昭和59・11・1民二5500号通達第3，6(1)）。外国国籍の喪失を証する書面が外国語によって作成されたものについては，翻訳者を明らかにした訳文を添付しなければなりません（戸規63条の2）。

　国籍を離脱した者が未成年者である場合は，その法定代理人が届出義務者となります。ただし，当該未成年者も届出をすることを妨げられません（戸31条1項）。

　届出地は，届出地の一般原則により，届出事件本人の本籍地又は届出人の所在地です。届出人が外国に在る場合は，その国に駐在する大使，公使又は領事に届け出ることによってします（戸25条，40条）。

第1　国籍の選択とは　*175*

届書には，いずれの国の国籍を，いつ，どのような原因で喪失したかを記載しなければなりません（戸106条2項）。届出により，その者の戸籍に外国国籍の喪失の旨が記載されます（戸規35条12号）。付記しますと，戸籍法106条2項に「外国の国籍の喪失」というのは，外国の国籍を離脱した場合に限らず，外国の国籍を放棄した場合，外国から国籍を剥奪された場合等，およそ外国の国籍を喪失した全ての場合を含みます（『新しい国籍法・戸籍法』223頁）。

イ　日本国籍の選択

日本の国籍の選択は，戸籍法の定めるところにより，日本国籍を選択し，かつ，外国の国籍を放棄する旨の宣言をすることによりします（国14条2項，戸104条の2）。

選択の宣言は，戸籍法上の届出であり，市区町村役場又は在外公館にすることを要する創設的届出です。

重国籍者が日本国籍の選択宣言をした場合に，当該外国の国籍を喪失することになれば重国籍は解消しますが，当該外国の国籍を喪失しないときには，その外国国籍の離脱に努めなければならないとされています（国16条1項）。

選択宣言をした日本国民で外国の国籍を失っていない者が，自己の志望によりその外国の公務員に就任した場合において，その就任が日本国籍を選択した趣旨に著しく反するようなときには，法務大臣の宣告により日本国籍を喪失することがあります（国16条2項）。

○外国国籍喪失届（日本とアメリカ合衆国の国籍を有する者から，アメリカ合衆国の国籍を喪失した旨の届出の市区町村長にする場合）

外国国籍喪失届

平成 30 年 9 月 8 日 届出

東京都千代田区　長殿

受理	平成 30 年 9 月 8 日	発送 平成　年　月　日
第	2001 号	
送付 平成　年　月　日		長 印
第　　　号		
書類調査　戸籍記載　記載調査		

（よみかた） 外国国籍を喪失した人の氏名	おつ　かわ　　　　よう　こ 氏　　　　名 乙 川　　　洋 子	平成 3 年 3 月 5 日生
住　　　　所 （住民登録をしているところ）	東京都千代田区平河町1丁目　　10 番地 番 10 号 世帯主の氏名　　乙 川 太 郎	
本　　　籍	東京都千代田区平河町1丁目　　　5 番地 番 筆頭者の氏名　　乙 川 太 郎	
外国国籍の喪失の年月日	平成　30　年　8　月　20　日	
外国国籍の喪失の原因	アメリカ合衆国の国籍を離脱	
その他		
届出人署名押印	乙 川 洋 子　　　　　㊞	

届　出　人

（外国国籍を喪失した人以外の人が届け出るときに書いてください。届出人となる未成年後見人が3人以上のときは、ここに書くことができない未成年後見人について、その他欄又は別紙（様式任意。届出人全員の契印が必要）に書いてください。）

資　格	親権者(□父　□養父)□未成年後見人	親権者(□母　□養母)□未成年後見人
住　所	番地 番　　号	番地 番　　号
本　籍	番地 番　　筆頭者の氏名	番地 番　　筆頭者の氏名
署名押印	印	印
生年月日	年　月　日	年　月　日

第1　国籍の選択とは　*177*

平成参年参月五日アメリカ合衆国カリフォルニア州サンフランシスコ市で出生同月拾壱日父国籍留保とともに届出同月弐拾日在サンフランシスコ総領事から送付入籍㊞

平成参拾年八月弐拾日アメリカ合衆国の国籍喪失同年九月八日届出㊞

父　乙川太郎

母　スミス・マーガレット

長女

洋　子

出生　平成参年参月五日

父

母

出生

○外国国籍を喪失した者の戸籍

本　籍		氏　名
東京都千代田区平河町一丁目五番地	（編製事項省略）	乙川太郎

（婚姻事項省略）	（出生事項省略）	父　乙川英雄 母　　　松子 　　　　長男	夫　太郎
			出生　昭和弐拾九年八月参日

第1　国籍の選択とは　*179*

○外国国籍を喪失した者の戸籍（コンピュータシステムによる証明書記載例）

<table>
<tr><td colspan="2" align="right">（1の1）</td><td>全 部 事 項 証 明</td></tr>
<tr>
<td align="center">本　　　籍

氏　　　名</td>
<td colspan="2">東京都千代田区平河町一丁目５番地

乙川　太郎</td>
</tr>
<tr>
<td>戸籍事項
　戸籍編製</td>
<td colspan="2">（編製事項省略）</td>
</tr>
<tr>
<td>戸籍に記録されている者</td>
<td colspan="2">【名】太郎

【生年月日】平成元年１０月２日　　　　【配偶者区分】夫
【父】乙川英雄
【母】乙川松子
【続柄】長男</td>
</tr>
<tr>
<td>身分事項
　　出　　生
　　婚　　姻</td>
<td colspan="2">（出生事項省略）
（婚姻事項省略）</td>
</tr>
<tr>
<td>戸籍に記録されている者</td>
<td colspan="2">【名】洋子

【生年月日】平成３年３月５日
【父】乙川太郎
【母】スミス，マーガレット
【続柄】長女</td>
</tr>
<tr>
<td>身分事項
　　出　　生

　　外国国籍喪失</td>
<td colspan="2">【出生日】平成３年３月５日
【出生地】アメリカ合衆国カリフォルニア州サンフランシスコ市
【届出日】平成３年３月１１日
【届出人】父
【国籍留保届出日】平成３年３月１１日
【送付を受けた日】平成３年３月２０日
【受理者】在サンフランシスコ総領事

【外国籍喪失日】平成３０年８月２０日
【喪失した外国籍】アメリカ合衆国
【届出日】平成３０年９月８日</td>
</tr>
<tr>
<td></td>
<td colspan="2" align="right">以下余白</td>
</tr>
</table>

発行番号　　000001

○国籍選択届（15歳未満の者の国籍選択届について法定代理人（親権者）から届出があった場合）

国 籍 選 択 届

平成 30 年 6 月 3 日 届出

東京都千代田区　長 殿

受理	平成 30 年 6 月 3 日	発送 平成　年　月　日
第	18011 号	
送付	平成　年　月　日	長印
第	号	
書類調査	戸籍記載	記載調査		

（よみかた） 国 籍 選 択 を する 人 の 氏名	こう やま　　氏 甲 山　　　　　名 かず こ 和 子	平成 22 年 12 月 5 日生
住　　　　　所 （住民登録をして いるところ）	東京都千代田区平河町 1 丁目　　　　10　番地 番　10 号 世帯主 の氏名　　甲 山 一 郎	
本　　　　　籍	東京都千代田区平河町 1 丁目　　　　10　番地 番 筆頭者 の氏名　　甲 山 一 郎	
現 に 有 す る 外 国 の 国 籍	アメリカ合衆国	
国 籍 選 択 宣 言	日本の国籍を選択し、外国の国籍を放棄します	
そ の 他		
届 出 人 署 名 押 印	印	

	届　　　　　出　　　　　人	
（国籍選択宣言をする人が十五歳未満のときに書いてください。届出人となる未成年後見人が 3 人以上のときは、ここに書くことができない未成年後見人について、その他欄又は別紙（様式任意。届出人全員の契印が必要）に書いてください。）		
資　　　　　格	親権者(☑父　□養父) □未成年後見人	親権者(☑母　□養母) □未成年後見人
住　　　　　所	東京都千代田区平河町 1 丁目 10　番地 番　10 号	東京都千代田区平河町 1 丁目 10　番地 番　10 号
本　　　　　籍	東京都千代田区平河町 1 丁目 10　番地 番　筆頭者 の氏名　甲山一郎	アメリカ合衆国 番地 番　筆頭者 の氏名
署　　名 押　　印	甲 山 一 郎　㊞	（サイン） スミス，マリア　印
生 年 月 日	昭和 57 年 8 月 1 日	西暦 1982 年 10 月 2 日

第 1　国籍の選択とは　*181*

○国籍選択をした者の戸籍

	本　籍
（編製事項省略）	東京都千代田区平河町一丁目一〇番地

	氏　名
	甲　山　一　郎

平成弐拾弐年拾弐月五日アメリカ合衆国カリフォルニア州ロスアンゼルス市で出生同月九日父国籍留保とともに届出同月拾五日在サンフランシスコ総領事から送付入籍㊞
平成参拾年六月参日国籍選択の宣言届出㊞

父	甲　山　一　郎
母	スミス・マリア
長女	

和　子

出生　平成弐拾弐年拾弐月五日

○国籍選択をした者の戸籍（コンピュータシステムによる証明書記載例）

| | | （1の1） | 全部事項証明 |

本　　　籍	東京都千代田区平河町一丁目１０番地
氏　　　名	甲山　一郎

戸籍事項 　　戸籍編製	（編製事項省略）

戸籍に記録されている者	【名】和子 【生年月日】平成２２年１２月５日 【父】甲山一郎 【母】スミス，マリア 【続柄】長女
身分事項 　　出　　生	【出生日】平成２２年１２月５日 【出生地】アメリカ合衆国カリフォルニア州ロスアンゼルス市 【届出日】平成２２年１２月９日 【届出人】父 【国籍留保届出日】平成２２年１２月９日 【送付を受けた日】平成２２年１２月１５日 【受理者】在サンフランシスコ総領事
国籍選択	【国籍選択の宣言日】平成３０年６月３日 【届出人】親権者父母
	以下余白

発行番号　　000001

第1　国籍の選択とは　*183*

第**2** 日本の国籍を選択し,かつ,外国の国籍を放棄する旨の宣言

　重国籍者が日本の国籍を選択するためには,第1(2)で述べたとおり,その有している外国の国籍を離脱するか,あるいは日本の国籍を選択する旨の宣言をしなければなりません(国14条2項)。この日本の国籍の選択の宣言は,現在有している日本国籍をそのまま維持・確保するとともに,併有する外国国籍を一方的に放棄して,以後,外国籍に伴う権利や特権を行使しない旨を日本国に対して宣明することですから,重国籍者がこの選択宣言によって外国の国籍を当然に喪失するかどうかは,当該外国の国籍法規の定めるところによります(『新しい国籍法・戸籍法』170頁)。そのため,国籍法では,日本国籍選択の宣言をした者で外国の国籍を喪失していない者には,併有する外国の国籍を現実に離脱する手続を採るよう努めなければならないとしています(国16条1項)。ただし,このような者であっても,既に国籍選択の義務は履行していますから,法務大臣から改めて選択の催告を受けることはなく,催告に基づいて日本国籍を喪失することもないと解されています(『改訂国籍実務解説』86頁)。

　日本の国籍の選択の宣言は,その宣言をしようとする者が,その旨を届け出ることによって,これをしなければなりません(戸104条の2)。その届出は,重国籍者が外国の国籍を放棄して,日本の国籍を選択するという意思を表示するものですから,その届書には,およそ届書に記載される一般的事項のほかに,「国籍選択宣言をする旨」及び届出事件本人が重国籍者であることを表示するものとして「その者が有している外国の国籍」を記載しなければなりません(戸104条の2)。

　　ア　届出人

　国籍選択届は,国籍の選択をしようとする者が15歳以上であるときは本人が,15歳未満であるときはその法定代理人が代わって届出をしなければなりません(国18条)。法定代理人が代わってする場合において,法定代理人が外国に在る外国人であっても,その国に駐在する日本の大使,公使又は領事に届出をすることができます(昭和59・11・1民二5500号通達第3の5(2))。

184　第3章　国籍の選択

イ　届出地

　届出地は，届出地の一般原則により，届出事件本人の本籍地又は届出人の所在地です。届出人が国外に在る場合は，その国に駐在する大使，公使又は領事に届け出ることによってします（戸25条，40条）。

　ウ　届出期間

　重国籍となった時が20歳未満のときは22歳までに，20歳に達した後に重国籍となったときはその時から2年以内です（国14条1項）。

　重国籍者が届出期限を徒過した場合には，法務大臣から国籍選択の催告を受け，これに応じないときは日本国籍を喪失します（国15条）。

　エ　戸籍の処理

　事件本人の戸籍の身分事項欄に国籍選択宣言の届出の旨を記載します。国籍選択宣言の旨の記載は，当該本人につき新戸籍を編製し又は他の戸籍に入る処理をするときは，新戸籍又は他の戸籍に移記することを要します（戸規39条1項7号）。

第3　国籍選択の催告

(1)　催告の手続

　外国の国籍を有する日本国民は，重国籍となった時が20歳に達する以前であるときは22歳に達するまでに，重国籍となった時が20歳に達した後であるときは，その時から2年以内に，日本か当該外国のいずれかの国籍を選択しなければなりません（国14条1項）。

　日本と外国の重国籍者が選択期限内に国籍選択をしなかった場合には，法務大臣から重国籍者に対し，国籍の選択をすべきことを催告することができます（国15条1項）。重国籍者が，法務大臣から催告を受けた日から1か月以内に日本の国籍を選択しない場合には，その期間が経過した時に日本国籍を喪失するものとされています（同条3項）。

　法務大臣の催告は，書面により行うこととされていますが，選択義務未履行者に催告文書が到達しなければその効力を生じないため，催告文書は配達

証明郵便等到達日を証明できる送付方法によることが必要とされています（『改訂国籍実務解説』89頁）。

　この書面による催告は，催告の対象者が国外に在住するときは問題があります。国籍選択の催告はわが国の公権力の行使に当たると解されるところ，国際法上，一般に一国の国家主権に基づく公権力の外国領域における行使は，当該国家間の条約に基づくほか，当該外国の承認なしには行うことができないものとされています。したがって，外国在住者に対する催告は，当該外国の承認を得て行うことが前提となります。このような手続を経た上での外国在住者に対する催告の方法として，国籍規則は，催告対象者が在住する国に駐在する領事官を経由してすることができるとしています（国規6条1項。『国籍法・戸籍法改正特集』96頁）。

　また，催告は，催告を受けるべき者の所在を知ることができないとき，その他書面によってすることができないやむを得ない事情があるときは，催告すべき事項を官報に掲載してすることができるとされています。この官報による催告の場合は，官報に掲載された日の翌日に到達したものとみなされます（国15条2項）。

(2) 重国籍者についての市区町村長の通知

　市区町村長は，戸籍事務の処理に際し，所定の期限内に国籍の選択をしていない重国籍者があると思料するときは，その者の氏名，本籍（戸104条の3）のほか，住所及び出生の年月日並びに国籍の選択をすべき者であると思料する理由（戸規65条の2）を管轄法務局又は管轄地方法務局の長に通知しなければなりません（戸104条の3，戸規65条の2）。

　市区町村長は，当該本人が重国籍者であるか否かを確定する必要はなく，その疑いがあると判断した場合に通知すれば足り，その者が重国籍で選択義務があるか否かの最終的判断は，通知を受けた法務局又は地方法務局の長及び法務大臣が行うことになります（『国籍法・戸籍法改正特集』231頁）。

　通知を受けた法務局又は地方法務局の長は，その者について調査した結果，国籍の選択をすべき者に該当しないときは，その通知をした市区町村長にその旨を通知することとされています（昭和59・11・1民二5500号通達第3，7(3)）。

(3)　催告後の市区町村長への通知

　法務大臣から国籍選択の催告を受けて所定の期限内に日本国籍を選択しない者は，日本国籍を失い，戸籍から除籍されることになります（国15条3項）。一方，催告を受けた者から所定の期限内に国籍の選択が届出があった場合には，その者の戸籍に国籍選択の宣言をした旨が記載されることになります（戸104条の3，戸規35条12号）。

　このように，国籍選択の催告がされた場合には，催告を受けた者について市区町村長による戸籍の処理が将来的に予定されることになります。そこで，法務大臣が重国籍者に対して国籍の選択をすべきことを催告したときは，法務局又は地方法務局の長に，催告を受けた者の氏名及び戸籍の表示並びに催告が到達した日を，本籍地の市区町村長に対して通知させるものとしています（国規6条2項）。この通知を受けた本籍地市区町村長は，催告を受けた者の戸籍の直前に着色用紙をとじ込む方法により，催告があった旨を明らかにすることとされています（昭和59・11・1民二5500号通達第3，8(1)）。

(4)　選択期限を徒過したことの効果

　法務大臣から国籍選択の催告を受けた者は，催告を受けた日（官報による催告の場合は官報掲載の日の翌日）から1か月以内に日本国籍の選択をしなければ，その期間が経過した時に日本国籍を喪失し，以後，日本と外国との重国籍状態が解消して外国籍のみを有することになります（国15条3項）。ただし，催告を受けた者が，天災その他その者の責めに帰することができない事由によって，催告を受けた日から1か月以内に日本国籍の選択ができない場合は，選択をすることができるに至った時から2週間以内に日本国籍を選択すれば，日本国籍を喪失することはありません（同条3項ただし書）。

　日本国籍を喪失した場合は，戸籍から除かれることになりますが，この戸籍の処理は，喪失者の本籍地の市区町村長が，法務省民事局長又は法務局若しくは地方法務局の長からの国籍喪失の報告（戸105条1項）に基づいてします（昭和59・11・1民二5500号通達第3，3(2)）。この報告には，国籍喪失を証すべき書面を添付すべきこととされています。

第**4** 国籍喪失宣告

1 国籍喪失の宣告とは

国籍法は，日本の国籍を選択し，かつ外国の国籍を放棄する旨を市区町村に届出したにもかかわらず，外国の国籍を離脱しないで，自己の志望によって，その外国の公務員の職に就任した場合において，その就任が日本の国籍を選択した趣旨に著しく反すると認められる場合には，法務大臣は，その者に対し日本国籍の喪失の宣告をして，日本国籍を失わせることができると定めています（国16条2項）。

日本国籍選択の宣言をした者が，それによっては当該外国の国籍を喪失していないにもかかわらず，その国籍を離脱することなく，自己の志望によって当該外国の国籍を要件とする同国の公務員の職に就き，その地位に伴う権利・特権を行使することは，日本国籍選択の宣言をした趣旨に反することが明らかです。国籍選択の宣言をした者がかかる行為に出たということは，選択宣言が真意に基づくものでなかったか，又は日本国籍選択の宣言をした後に新たに外国の国籍を選択したものとみることができます。そこで，法務大臣は，その者に対し日本国籍の喪失の宣告をして，日本国籍を失わせることができるとされています（『新しい国籍法・戸籍法』176頁）。法務大臣がこの喪失の宣告をするに当たっては，行政手続法15条が定める聴聞を行わなければなりませんが，その聴聞の期日の審理は，公開によって行うことを要するとされています（国16条3項）。

法務大臣が日本国籍の喪失宣告をすることができるのは，次のような要件が満たされている場合です。

① 日本国籍の喪失宣告の対象となる者が，日本国籍の選択宣言をした日本国民で外国籍を有する者であること

② 選択宣言をした者で依然として日本と外国の国籍を有するものが，自己の志望によりその外国の公務員の職に就任したこと

外国の公務員の職への就任を喪失宣告の事由としたのは，外国の公務員への就任によって外国との継続的で強固な公法上の法律関係が生じ，外国籍の

188 第3章 国籍の選択

選択の意思が確定的に具現したものと認められるからにほかなりません。この外国の公務員には，外国の中央政府公務員のほか，その政治的下部機関の公務員も含まれます（『改訂国籍実務解説』92頁）。

　③　外国の公務員の職への就任が，日本国籍の選択の趣旨に著しく反する
　　　場合であること

　外国の公務員の職への就任が選択宣言の趣旨に著しく反する場合とは，その公務員の職が，性質上，公権力の行使又は公の意思の形成に関するものである場合をいいます。このような性質の職への就任は，日本国籍選択の宣言をした者と当該外国との強固な結びつきを端的に示すものであり，上記の選択宣言の趣旨に背反するものだからです。これに対し，単に肉体的・機械的労務を内容とする職に就く限りでは，上記のような「背反」の断定をすることは困難と考えられますので，国籍喪失宣告の事由にはならないと解されます（『改訂国籍実務解説』92頁）。

2　国籍喪失宣告の手続

　法務大臣が喪失の宣告をするためには，前述のとおり，あらかじめ対象者に対する聴聞の手続を行わなければなりません。この聴聞は，対象者にあらかじめ期日及び場所を指定して，公開で行われることを要するとされています。聴聞においては，対象者は利害関係人として意見を述べ，証拠を提出することができます（国16条3項，国規7条）。

　法務大臣による喪失の宣告は，官報に告示してされ，その宣告を受けた者は，告示の日に日本国籍を失うことになります（国16条4項・5項）。

　この宣告に不服のある者は，同宣告が対象者に対する行政処分ですから行政不服審査法に基づき審査請求をすることができ（行政不服審査法2条），処分の取消しの訴えを提起することもできます（行政事件訴訟法3条2項）。この処分取消訴訟は，原則として，審査請求をすることができる場合においても，直ちに提起することができます（行政事件訴訟法8条1項）。

第4　国籍喪失宣告　*189*

3 戸籍の処理

　日本の国籍喪失の宣告により日本の国籍を失った者については，法務省民事局長から戸籍法105条の国籍喪失の報告が本籍地の市区町村長になされ，戸籍に次の例により国籍喪失の旨が記載され，除籍されます。

○　戸籍の記載例—法定記載例182

　平成拾五年八月参日国籍喪失の宣告を受けたため国籍喪失同月七日法務省民事局長報告除籍㊞

○　コンピュータシステムによる証明書記載例

国籍喪失	【国籍喪失日】平成15年8月3日 【喪失事由】国籍喪失の宣告を受けたため 【報告日】平成15年8月7日 【報告者】法務省民事局長

第4章 国籍の喪失

第1 国籍の喪失とは

国籍の喪失とは，国民たる資格が消滅することです。

⑴ 国籍喪失の原因

国籍法においては，日本国民が日本の国籍を喪失する事由として，次の6つのものを定めています。

① **外国への帰化等自己の志望による外国国籍の取得**（国籍法11条1項）

自分の意思で外国国籍を取得した場合には，日本国籍を失います。

② **重国籍者の外国国籍の選択**（国籍法11条2項）

日本と外国の国籍を有する者が，外国の法令に従って，その外国の国籍を選択した場合には，日本国籍を失います。

③ **日本国籍の不留保**（国籍法12条）

外国で生まれた子で，出生によって日本国籍と外国国籍を取得した子は，出生届とともに日本国籍を留保する旨を届け出なければ，その出生の時にさかのぼって日本国籍を失います。

④ **重国籍者の日本国籍の離脱**（国籍法13条1項）

日本と外国の国籍を有する者が，法務大臣に対し，日本国籍を離脱する旨の届出をした場合には，日本国籍を失います。

⑤ **国籍選択における日本国籍の不選択**（国籍法14条1項，15条1項から3項）

国籍選択の催告を受けた日本と外国の国籍を有する者が期限内に日本国籍を選択しなかった場合には，その期間が経過したときに，日本の国籍を失います。

⑥ 自己の志望により外国の公務員の職に就いたことによる日本国籍の喪失宣告（国籍法14条２項，16条２項・５項）

日本国籍を選択する旨の宣言をした日本国民で外国の国籍を失っていないものが自己の志望によりその外国の公務員の職（その国の国籍を有しない者であっても就任することができる職を除く。）に就任した場合において，その就任が日本の国籍を選択した趣旨に著しく反すると認められるときは，法務大臣は，その者に対し日本国籍の喪失の宣告をすることができます。宣告は官報に告示して行われ，その者はその告示の日に日本国籍を失います。

(2)　国籍喪失の届出

上記(1)の①から⑥に掲げた原因によって日本の国籍を喪失した者は，その原因の発生の時（ただし，国13条による場合（④）は届出の時，国15条３項による場合（⑤）は催告を受けた日から１か月が経過した日，国16条２項による場合（⑥）は告示の日）に日本の国籍を喪失することになりますので，戸籍から除籍する必要があります。そのための手続が戸籍法上の国籍喪失の届出（戸103条）です。

上記の戸籍法の規定が定めている国籍喪失の届出義務者は，国籍喪失者本人，本人の配偶者又は４親等内の親族です。もっとも，このうち日本国籍を喪失した者は外国人ですから，届出義務があるといっても，それはその者が国内に在る場合に限られ，その者が外国に在るときはこの義務があるとすることができないのは当然です。しかし，届出資格を認めることはできますので，国外にある国籍喪失者本人から国籍喪失の届出があったときは，その届出を受理してよいとされています（『国籍法・戸籍法改正特集』51頁）。

以上が国籍喪失の届出の建前なのですが，実務の取扱いでは，この届出の義務が緩和されています。まず，上記(1)の③の国籍不留保による国籍喪失の場合には，留保の届出をしなかったことにより出生の時にさかのぼって日本の国籍を喪失することとされているため，もともと当該喪失者は，戸籍に記載されていませんので，国籍喪失届をする必要はありません。次に，戸籍法105条１項の規定により，官庁又は公署から国籍喪失者の本籍地の市区町村に対して国籍喪失の報告がされる場合にも，上記の国籍喪失の届出をする必

要がありません。国籍喪失の場合の戸籍処理に関して上記の戸籍法105条1項が適用されるのは，上記(1)の④重国籍者の日本国籍の離脱，⑤国籍選択の催告を受けた重国籍者が日本国籍の不選択による日本国籍の喪失又は⑥外国の公務員への就任による日本国籍の喪失宣言の各場合です。これらの場合には，法務省民事局長又は法務局若しくは地方法務局の長が当該手続に関与しますから，これらの者は，特定の者が国籍を喪失した事実を職務上知ることになり，したがって上記戸籍法の規定による報告義務を負うことになります（昭和59・11・1民二5500号通達第3，3(2)）。

　以上の結果，実際上，国籍喪失の届出義務が問題となるのは，上記(1)の①自己の志望による外国国籍の取得及び②重国籍者の外国国籍の選択の場合ということになります。ただし，①及び②以外の事由による国籍喪失の場合にその旨の届出を要しないというのも事実上の取扱いにすぎず，法律上は，これらの場合でも戸籍法103条が適用されて同条に規定する届出義務が免除されるわけではないと解されています（『新しい国籍法・戸籍法』211頁）。

(3) 国籍喪失報告

　上記(2)で引用した戸籍法105条1項は，官庁若しくは公署がその職務上国籍を喪失した者のあることを知ったときは，遅滞なく本籍地の市区町村長に対し，国籍喪失を証すべき書面を添付して，国籍喪失の報告をすべきものとする規定です。これは，官公署は職務上国籍喪失の事実を知る機会が多いため，官公署にも報告義務を課して戸籍記載の迅速かつ適正な処理を担保するものです。

　この戸籍法105条1項の規定が国籍喪失の関係でも適用されることは，既に述べました。この規定による報告のほかに，外国に在る日本国民が国籍法11条2項により国籍を喪失した場合には，当該在外公館の総領事により戸籍法106条の報告がされることもあります（法定記載例170参照）。

　ただし，これも既に述べたとおり，上記の場合においても，戸籍法103条に規定する届出義務が免除されるものではありません。そこで，国籍喪失報告によって戸籍の記載処理がされた後に国籍喪失届があった場合には，当該届書は戸籍の記載を要しない届書として，各別につづり，保存することにな

第1　国籍の喪失とは　*193*

ります（戸規50条）。

（4）　国籍喪失の効果

　日本国籍を喪失した者は，日本国民としての権利義務を喪失し，以後外国人として処遇されることになります。

　従来，日本人の国籍喪失届が受理された後は，出入国管理及び難民認定法上の在留資格及び外国人登録法上の登録が必要とされていましたが，平成21年に，「出入国管理及び難民認定法及び日本国との平和条約に基づき日本の国籍を離脱した者等の出入国管理に関する特例法の一部を改正する等の法律」（平成21年法律第79条，平成24年7月9日施行）の施行により外国人登録法が廃止され，これに伴って，「住民基本台帳法の一部を改正する法律」（平成21年法律第77号）により，外国人住民を住民基本台帳法（昭和42年法律第81号）の適用範囲に加えることとされました。この改正住民基本台帳法のうち外国人住民関係の部分は平成24年7月9日から施行されていますが，これによる住民基本台帳事務の処理の概要は次のとおりです。すなわち，日本人の国籍喪失届を受理した場合において，それが国籍を喪失した日から60日を経過していないときは，国籍喪失者の外国人住民としての住民票を作成し，又はその者に係る世帯の住民票に住民基本台帳法30条の45に規定する事項を記載するとともに，日本人住民としての住民票を消除し，その事由（国籍喪失）及びその事由の生じた年月日をそれぞれに記入することとされています（住民基本台帳事務処理要領）。住所地以外の市区町村から国籍喪失届を受理したことに係る同法9条2項の通知を受けた場合も，同様の処理を行います（前掲要領）。これに対し，国籍喪失の届出を受理したのが国籍を喪失した日から60日を経過した後の日であるときは，国籍喪失者は不法滞在の状況になっていますので，外国人としての住民票は作成することはできません。この場合には，その者が入国管理局において在留特別許可を受けるなどして中長期在留者になったときに，住民基本台帳法30条の47の届出に基づいて住民票が作成されることになります（『外国人住民基本台帳事務Q&A集』58頁）。

194　第4章　国籍の喪失

第**2** 自己の志望に基づく外国国籍の取得（国籍法11条1項）

1 外国国籍の取得と日本国籍の喪失

日本国民は，自己の志望によって外国の国籍を取得したときは，日本の国籍を失います（国11条1項）。この場合の国籍喪失は，国籍離脱の自由の実現と重国籍発生の防止を図ることを目的とするものです。国籍法11条1項の規定の適用によって日本国籍の喪失の効果が生ずるためには，次のような要件が必要です。

ア 外国の国籍を取得すること

日本国籍を有する者が外国の国籍を有効に取得することが必要です。外国の国籍を有効に取得するかどうかは，その外国の法律によって決定されます。外国の国籍の取得が当然無効とされる場合は，日本国籍喪失の効果は生じません。

イ 外国国籍の取得が自己の志望によること

自己の志望によるとは，直接，外国国籍の取得を希望する行為に基づき，その効果として外国国籍が付与されることを意味します（『新しい国籍法・戸籍法』112頁）。自己の志望による場合の典型的なものが，帰化による外国国籍の取得です。意思行為に基づかない外国国籍の取得，例えば，外国人父から認知をされたこと，外国人との婚姻等により外国の国籍が付与されたこと等により当然に外国の国籍を取得したときなどは，自己の志望による外国国籍の取得には該当しないことになります。

さらに，自己の志望によるというためには，外国国籍の取得が本人の意思に基づき任意になされることが必要です。本人の意思と認められないような場合，すなわち，抵抗することができないほどの強迫を受けて外国国籍取得の行為をした場合などには，たとえ，当該外国が強制の事実にかかわらず，本人に対しその国の国籍を付与したとしても，自己の志望によって外国国籍を取得したというのには該当しないと解されます（『新しい国籍法・戸籍法』113頁）。

では，外国の国籍を取得した者が未成年者である場合は，どのように考えればいいのでしょうか。外国の国籍取得に関する立法例の中には，わが国の

国籍法と同様に，未成年者の帰化について，未成年者に代わってその法定代理人が帰化の申請行為をすることを認めているものがありますが，このような規定に基づいて，未成年者に代わって，その法定代理人が帰化の申請行為をし，未成年者本人が外国の国籍を取得した場合でも，自己の志望による取得に該当するものとされています（昭和44・4・3民事甲542号回答）。

2　国籍喪失の届出（戸籍法103条）

　日本国民は，自己の志望によって外国の国籍を取得したときは，その取得の時に，当然に日本国籍を喪失します。日本国籍を喪失しますと，戸籍から除籍する必要があります。そのための手続が戸籍法103条の国籍喪失の届出です。

(1)　届出人

　国籍喪失の届出義務者は，国籍喪失者本人（届出事件の本人），その配偶者又は4親等以内の親族です（戸103条1項）。

(2)　届出期間

　国籍喪失の届出は，届出義務者が国籍喪失の事実を知った日から1か月以内にしなければなりません。ただし，届出をすべき者がその事実を知った日に国外に在る場合には，届出の期間は，その日から3か月以内とされています（戸103条1項）。

　例えば，届出事件本人が国外に在住し，その配偶者と4親等内の親族が国内に居住している場合には，その届出期間は，届出事件本人が届出をするときは喪失の日から3か月以内，その配偶者又は4親等内の親族が届出をするときは喪失の事実を知った日から1か月以内となります。

(3)　届出地

　この届出は，届出事件本人の国籍喪失当時の本籍地又は届出人の所在地でしなければなりません。届出人が国外に在る場合は，その国に駐在する大使，公使又は領事に届け出ることができます（戸25条，40条）。

(4)　届書の記載事項

　届書の記載事項は，全ての届書に記載される一般的事項のほか，①国籍喪失の原因及び年月日，②新たに外国の国籍を取得したときはその国籍等です

（戸103条2項）。

(5) 添付書面

　この届出は，国籍の喪失を証すべき書面を添付してしなければなりません（戸103条2項）。国籍の喪失を証すべき書面は，国籍の喪失の原因に対応してそれぞれ異なります。外国への帰化等自己の志望による外国国籍の取得の場合であれば，外国への帰化証明書，その国に駐在する大使等が発給する帰化・国籍の選択・国籍の回復の証明書，在外公館が外国官憲に照会してこれらの外国国籍取得の事実を確認した書面などがこれに当たります。そのほかの原因による国籍の喪失を証すべき書面としては，重国籍者の外国国籍選択宣誓書の写し，国籍離脱の届出人に対する法務大臣からの通知書，国籍選択不履行等の場合における官報の写しなどがあります（『新しい国籍法・戸籍法』213頁）。

第3　外国国籍の選択による日本国籍の喪失

　外国の国籍を有する日本国民は，外国の法令に従って，その外国の国籍を選択した場合には，日本の国籍を失います（同法11条2項）。これは，外国国籍と日本国籍を有する重国籍者が，わが国の国籍選択制度と類似の制度を有する外国において，その外国の法令に従って当該外国の国籍を選択する意思表示をした場合には，日本の国籍を当然に失うとするものです。いうまでもなく，重国籍をできる限り解消することを目的とする制度です。

　外国国籍の選択は，当該外国の法令に定める方式に従って適法になされていることを要します。外国法令に定められている方式であれば，宣誓・宣言・届出等その具体的な方法は，いずれであっても差し支えありません（『新しい国籍法・戸籍法』175頁）。

　わが国の国籍選択制度と類似する制度を有している国としては，韓国，メキシコ，インドネシア，シンガポール，パキスタン等があります（『逐条註解国籍法』363頁）。日本国籍喪失の時期は，外国籍を選択した時です。日本国籍を喪失したときは，戸籍法の定めるところにより，国籍喪失届をしなければなりません（戸103条）。

第3　外国国籍の選択による日本国籍の喪失　*197*

○国籍喪失届（アメリカ合衆国に帰化し，日本国籍を喪失したため，叔父から本籍地の市区町村長に国籍喪失届をする場合）

国 籍 喪 失 届

平成 30 年 10 月 8 日 届出

東京都中野区 長 殿

受理 平成 30 年 10 月 8 日		発送 平成　年　月　日
第　　　　10350 号		
送付 平成　年　月　日		長 印
第　　　　　　号		
書類調査	戸籍記載	記載調査	附 票	住民票	通 知

（よみかた） 国籍を喪失した 人 の 氏 名 外国人としての氏名をローマ字で付記してください	こう　やま 氏 甲 山	いち　ろう 名 一 郎	平成　4 年　6 月　5 日生
住　　　　所	アメリカ合衆国カリフォルニア州ロスアンゼルス市10番街8 番地 番　　　　　号		
	世帯主 の氏名　甲 山 一 郎		
本　　　　籍	東京都中野区中野１丁目　　　　　　　　　　　1 番地 番		
	筆頭者 の氏名　甲 山 一 郎		
喪 失 の 年 月 日	平成　30 年　10 月　3 日		
喪 失 の 原 因	☑ 志望により新たに（アメリカ合衆）国の国籍を取得した ☐ （　　　　　　　　　　）国の国籍をも有しているので離脱した ☐ （　　　　　　　　　　）国の国籍を選択した ☐ 国籍選択の催告を受けて選択をしなかった ☐ 国籍喪失の宣告を受けた		
そ の 他			
届 出 人 署 名 押 印	印		

届　　出　　人 （国籍を喪失した人以外の人が届け出るときに書いてください）			
☐夫　☐妻　☐父　☐母　☑その他（　叔父　　　　　　　）			
住　所	東京都中野区中野２丁目	2 番地 番 2 号	
本　籍	東京都中野区中野２丁目　　　2 番地 番	筆頭者 の氏名 甲 山 博	
署　名	甲 山 博　　　印	昭和 32 年 2 月 7 日生	

記入の注意	国籍を喪失した人の氏名欄には、戸籍上の氏名を書くとともに、住民票の処理上必要なため、外国人としての氏名をローマ字で付記してください。 届出人署名押印欄に外国人としての氏名を書いたときは、戸籍上の氏名をカッコ書きで記載してください。

198 第4章 国籍の喪失

本　籍					氏　名
東京都中野区中野一丁目一番地	（編製事項省略）		（出生事項省略）（婚姻事項省略）	平成参拾年拾月参日アメリカ合衆国の国籍を取得したため国籍喪失同月八日叔父甲山博届出除籍㊞	甲　山　一　郎

	父	甲　山　太　郎	
	母	花　子	長男
出生	夫	一　郎	
平成四年六月五日			

第3　外国国籍の選択による日本国籍の喪失　199

（出生事項省略）

（婚姻事項省略）

夫国籍アメリカ合衆国㊞

| 父 | 乙川三郎 | 長 |
| 母 | 秋子 | 女 |

妻

洋子

出生 平成五年八月拾日

父　母　出生

○（コンピュータシステムによる**証明書記載例**）

	（1の1）　全部事項証明

本　　　籍	東京都中野区中野一丁目1番地
氏　　　名	甲山　一郎

戸籍事項 　戸籍編製	（編製事項省略）

戸籍に記録されている者 　　除　　籍	【名】一郎 【生年月日】平成4年6月5日 【父】甲山太郎 【母】甲山花子 【続柄】長男
身分事項 　　出　　生 　　婚　　姻 　　国籍喪失	（出生事項省略） （婚姻事項省略） 【国籍喪失日】平成30年10月3日 【喪失事由】アメリカ合衆国の国籍取得 【届出日】平成30年10月8日 【届出人】親族甲山博
戸籍に記録されている者	【名】洋子 【生年月日】平成5年8月10日 【父】乙川三郎 【母】乙川秋子 【続柄】長女
身分事項 　　出　　生 　　婚　　姻 　　配偶者の国籍喪失	（出生事項省略） （婚姻事項省略） 【配偶者の国籍】アメリカ合衆国
	以下余白

発行番号　　000001

第3　外国国籍の選択による日本国籍の喪失　201

（出生事項省略）
（婚姻事項省略）
夫国籍ブラジル㊞

		父 甲山博一
		母 友子　長女
	妻	
	和 子	
生出 平成参年弐月五日		
父 母		
生出		

○外国の国籍を選択した者について領事から報告があった場合

		本　籍	氏　名
		東京都千代田区平河町一丁目四番地	丙　野　太　郎

（編製事項省略）

（出生事項省略）

（婚姻事項省略）

平成参拾年九月拾壱日ブラジルの国籍を選択したため国籍喪失同年拾月壱日在サンパウロ総領事報告除籍㊞

父	丙　野　一　郎	長
母	冬　子	男

夫　太　郎

出生	平成弐年八月四日

第3　外国国籍の選択による日本国籍の喪失　203

○（コンピュータシステムによる証明書記載例）

<table>
<tr><td></td><td>（1の1）</td><td>全 部 事 項 証 明</td></tr>
</table>

本　　　籍	東京都千代田区平河町一丁目４番地
氏　　　名	丙野　太郎

戸籍事項 　　戸籍編製	（編製事項省略）

戸籍に記録されている者 除　　籍	【名】太郎 【生年月日】平成２年８月４日　　　　【配偶者区分】夫 【父】丙野一郎 【母】丙野冬子 【続柄】長男
身分事項 　　出　　生 　　婚　　姻 　　国籍喪失	（出生事項省略）
	（婚姻事項省略）
	【国籍喪失日】平成３０年９月１１日 【喪失事由】ブラジルの国籍選択 【報告日】平成３０年１０月１日 【報告者】在サンパウロ総領事
戸籍に記録されている者	【名】和子 【生年月日】平成３年２月５日　　　　【配偶者区分】妻 【父】甲山博一 【母】甲山友子 【続柄】長女
身分事項 　　出　　生 　　婚　　姻 　　配偶者の国籍喪失	（出生事項省略）
	（婚姻事項省略）
	【配偶者の国籍】ブラジル
	以下余白

発行番号　　000001

204　第４章　国籍の喪失

第4 国籍の離脱

1 国籍離脱の届出

国籍の離脱とは，外国の国籍を有する日本国民が法務大臣に国籍離脱の届出をすることによって，日本の国籍を喪失することです（『改訂国籍実務解説』109頁）。

この国籍離脱制度（国13条）は，日本国憲法22条2項の「何人も，外国に移住し，又は国籍を離脱する自由を侵されない。」とする規定を受けて定められているものですが，国籍法では，この憲法の保証は，国籍唯一の原則との調和の上でなされているものであり，無国籍になる自由をも保障したものではないと解して（『改訂国籍実務解説』109頁），国籍離脱ができる者の範囲を重国籍者に限っています。

(1) 国籍離脱の条件

国籍法13条の規定によって日本国籍を離脱するには，次の条件を備えていなければなりません（国13条1項）。

ア　日本の国籍を有していること

イ　外国の国籍を有すること

重国籍となった原因については，出生によるか出生後の事由によるかを問わず，また，その住所が国内であるか国外であるか問わないとされています。

(2) 重国籍となる場合の例

重国籍となる例としては，次のような場合があります。

　ア　出生による場合

① 日本国民である母と父系血統主義を採る国の国籍を有する父との間に生まれた子

② 日本国民である父又は母と父母両系血統主義を採る国の国籍を有する母又は父との間に生まれた子

③ 日本国民である父又は母の子として生地主義を採る国で生まれた子

日本人の子が，出生の際に血統主義により日本の国籍を取得する場合において，その子の出生した場所が生地主義を採る国であることにより出生に

よって外国の国籍をも取得したとき，又は生地主義を採らない外国で出生し父母の国籍が相違することにより血統によって父母の両国籍を取得して重国籍となるときには，重国籍となります。ただし，これらの場合，一定の期間内に日本の国籍を留保する旨の意思を表示しなければ，その子は出生の時に遡って日本の国籍を喪失します。したがって，上記のような子が国籍の離脱をする場合には，日本国籍を有していなければなりませんので，上記の日本国籍留保の意思表示がされていることが必要です。

イ　出生後の事由による場合

① 　外国人父からの認知，外国人との養子縁組，外国人との婚姻等によって外国の国籍を取得した日本国民

② 　国籍取得の届出によって日本の国籍を取得した後も，引き続き従前の外国の国籍を保有している者

(3)　重国籍要件を欠いた国籍離脱の効力

国籍を離脱するには，日本の国籍を有していること及び外国の国籍を有することを要するとされています（国13条1項）。そこで，国籍離脱の届出をした者が届出当時外国の国籍を有していなかったときは，離脱の効果を生じないのかが問題となります。

この点については，昭和59年改正前の国籍法の規定では，法務大臣は，国籍離脱の届出を受理したときは，官報にその旨を告示しなければならず，国籍の離脱は，官報告示の日から効力を生ずるとされていたため，学説上争いがありました。一つの見解は，重国籍要件を絶対的な要件とするとの立場から，この要件が欠けている場合には，官報告示がなされても，国籍離脱の効力は生じないとするものであり，もう一つの見解は，直接国籍離脱を目的とする行為が存在すること及び告示も一種の行政行為であり公定性が認められることなどから，重国籍要件が欠けている国籍離脱であっても，告示がなされた以上有効であるとするものでした（『逐条註解国籍法』390頁）。しかし，昭和59年改正後の国籍法では，国籍離脱につき告示制度が廃止され，届出の受付等に処分性がなくなったため，国籍離脱の届出がされたときは，法務大臣の何らの行為を要せずにその効力を生ずるとされたことから，国籍離脱の

要件を欠く届出は，その効力を生じないと解されています（『改訂国籍実務解説』111頁）。

(4) 離脱の効力発生時期

外国の国籍を有する日本国民は，法務大臣に届け出ることによって，日本の国籍を離脱することができ（国13条1項），国籍離脱の届出をした者は，その届出の時に日本の国籍を失います（同条2項）。この届出の時とは，法務局若しくは地方法務局の長又は在外公館の領事官に届書が提出され，受け付けられた時であると解されています。その時に離脱の効果が生じますので，届出後，届出人において国籍の離脱を翻意し，離脱届の撤回又は取下げをすることはできません（『改訂国籍実務解説』111頁）。

日本国籍を離脱した者は，日本国民としての権利義務を喪失し，以後，外国人として処遇されることになります。また，国籍離脱の効力の及ぶ範囲は，離脱者本人のみであり，家族である子，妻，父母等には及びません。

2　国籍離脱の手続

国籍離脱の届出をするには，国籍の離脱をしようとする者が，日本に住所を有するときはその住所地を管轄する法務局又は地方法務局の長を経由して，その者が外国に住所を有するときはその国に駐在する領事官（領事官の職務を行う大使館又は公使館の長又はその事務を代理する者を含む。）を経由してしなければなりません。もっとも，その者が外国に住所を有する場合であっても日本に居所を有するときは，その居所地を管轄する法務局又は地方法務局の長を経由してすることができます（国規3条，1条1項）。

(1) 届出人

国籍離脱の届出は，国籍を離脱しようとする者が15歳以上であるときはその者が自ら届け出ることを要し，15歳未満であるときはその者の法定代理人が代わって届け出なければなりません（国18条）。

国籍離脱の届出は，届出をしようとする者が自ら法務局若しくは地方法務局又は在外公館に出頭してすることを要します（国規3条1項，1条3項）。これは，これらの官署において，届出人がその資格を有する者であること及

第4　国籍の離脱　*207*

びその者が国籍離脱の意思を有することを直接確認する必要があるためです。
したがって，郵送による届出や法定代理人ではない者（任意の代理人又は使
者）による届出は，認められません（『新しい国籍法・戸籍法』111頁）。

(2) 提出先

国籍離脱の届出は，国籍の離脱をしようとする者の住所を基準として，そ
の者が日本に住所を有するときは，その住所地を管轄する法務局又は地方法
務局に，また，その者が外国に住所を有するときは，外国にある日本の大使
館又は領事館に提出しなければなりません（国規3条1項，1条1項）。

(3) 提出の方法

国籍離脱の届出は書面によってしなければなりません（国規3条1項，1
条3項）。この離脱の届書には，国籍の離脱をしようとしている者の氏名，
出生の年月日，住所及び戸籍の表示並びに現に有する外国の国籍を記載し，
届出をする者が署名をしなければなりません。このほか届出人の提出すべき
書類としては，次のようなものがあります。

① 戸籍謄本

日本の国籍を有するかどうかの判断のために提出します。

② 現に外国の国籍を有することを証するに足りる書面

本国官憲が発給した国籍証明書を添付します。

③ 住所を証する書面

日本に住所を有する場合には，住民票の写しを提出します。

④ 法定代理人による届出の場合には，法定代理人の資格を証する書面

⑤ 添付書類が外国語により作成されているときは，翻訳者を明らかにし
た訳文（国規3条〜5条）

(4) 届出人への通知

実務の取扱いでは，法務局又は地方法務局の長は，国籍離脱の届出が適法
な手続によってされ，かつ，国籍の離脱をする者が国籍離脱の条件を備えて
いるときは，その旨届出人に通知するものとされています。反対に，届出が
適法な手続によってされていないとき又は国籍の離脱をしようとする者が国
籍離脱の条件を備えていると認められないときは，その旨を届出人に通知す

るものとされています（昭和59・11・1民五5506号通達）。

○国籍離脱届（昭和59年11月1日民五第5506号民事局長通達付録第5号様式）

国 籍 離 脱 届

平成 30 年 10 月 1 日

法 務 大 臣 殿

日本の国籍を離脱したいので届出をします。

国籍を離脱しようとする者	（ふりがな）氏　名	へい の じ ろう 丙 野 二 郎				
	生 年 月 日	平成 8 年 7 月 10 日				
	住　　　所	東京都千代田区平河町１丁目	1	番地番	1	号
	本　　　籍	東京都千代田区平河町１丁目４　番地 筆頭者の氏名　　　　　　　　　　　番			筆頭者との続柄 本　人	
	現 に 有 す る 外 国 の 国 籍	アメリカ合衆国				
添 付 書 類		☑戸籍謄本　　☑住所を証する書面　　☐ 　　　　　　　　（住民票の写し） ☑国籍証明書　☐資格を証する書面				
届 出 人 署 名		丙 野 二 郎				

※日本国籍を離脱しようとする者が15歳未満のときは，下欄に書いてください。

法 定 代 理 人 の 資 格	親権者（☐父　　☐母 　　　　☐養父　☐養母）	☐後見人
署　　　名		
住　　　所	番地 番　　　号	番地 番　　　号

届出人連絡先電話番号

上記署名は自筆したものであり，届出人は写真等と相違ないことを確認した。

受付担当官

（処理欄）

注意事項
1　必ず届出人本人が出頭し，届出人本人であることを証するもの（身分証明書，運転免許証等）を持参してください。
2　国籍離脱の条件を備えていることを証する公的資料（戸籍謄本，国籍証明書，旅券等）を添付し，それが外国語で書かれているときは，その日本語訳文も添付してください。
3　届出人が国籍を離脱しようとする者の法定代理人である場合は，その資格を証する公的資料を添付してください。
4　届出人の署名は，受付の際に自筆していただきますので，空欄のままにしておいてください。
5　☐には，該当する事項の☐内に✔印を付けてください。
6　太枠の確認欄及び処理欄には記載しないでください。

210　第4章　国籍の喪失

3 戸籍の処理

重国籍者が日本の国籍を離脱したときは，速やかに戸籍から消除する必要があります。このため，戸籍法は，国籍喪失届（戸103条）及び国籍喪失報告（戸105条）の規定を置いています。

国籍喪失の届出は，国籍離脱届出をした本人，配偶者又は4親等内の親族が，離脱の効果が生じたことを知った日から，その者が国内に在るときは1か月以内に，国外に在るときは3か月以内にしなければなりません（戸103条1項）。

官庁若しくは公署がその職務上国籍を喪失した者のあることを知ったときは，遅滞なく本籍地の市区町村長に対し，国籍喪失を証すべき書面を添付して，国籍喪失の報告をすることを要します（戸105条1項）。戸籍実務の取扱いでは，重国籍者の日本国籍の喪失については，法務省民事局長又は法務局若しくは地方法務局の長から国籍喪失報告がされますので，国籍喪失の届出をする必要はないとされています（昭和59・11・1民二5500号通達第3，3(2)）。

なお，本籍地の市区町村長は，国籍喪失届又は国籍喪失報告が重複してなされた場合には，そのいずれか先に提出された書類によって戸籍の記載をすれば足り，後の書類については，「戸籍の記載不要届書類」（戸規50条）として10年間保存することになります。

第4 国籍の離脱 *211*

（出生事項省略）

（婚姻事項省略）

夫国籍アメリカ合衆国

				出生
父 乙川一郎	母 夏子	長女	妻 邦子	出生 平成八年拾壱月参日

○日本国籍を離脱した者について法務局長から報告があった場合

本　籍	氏　名
東京都千代田区平河町一丁目四番地	丙野二郎

（編製事項省略）

国籍喪失同月八日東京法務局長報告除籍㊞

平成参拾年拾月壱日アメリカ合衆国の国籍を有し日本国籍を離脱したため

（婚姻事項省略）

（出生事項省略）

父　丙野明夫
母　　　桃子
男二

夫　二郎

出生　平成八年七月拾日

第4　国籍の離脱　213

○日本国籍を離脱した者について法務局長から報告があった場合
（コンピュータシステムによる証明書記載例）

（1の1）　全部事項証明

本　　　籍	東京都千代田区平河町一丁目4番地
氏　　　名	丙野　二郎

戸籍事項 　　戸籍編製	（編製事項省略）

戸籍に記録されている者 ［除　　籍］	【名】二郎 【生年月日】平成8年7月10日　　　　【配偶者区分】夫 【父】丙野明夫 【母】丙野桃子 【続柄】二男
身分事項 　出　　生 　婚　　姻 　国籍喪失	（出生事項省略） （婚姻事項省略） 【国籍喪失日】平成30年10月1日 【喪失時の外国籍】アメリカ合衆国 【喪失事項】日本国籍の離脱 【報告日】平成30年10月8日 【報告者】東京法務局長
戸籍に記録されている者	【名】邦子 【生年月日】平成8年11月3日　　　　【配偶者区分】妻 【父】乙川一郎 【母】乙川夏子 【続柄】長女
身分事項 　出　　生 　婚　　姻 　配偶者の国籍喪失	（出生事項省略） （婚姻事項省略） 【配偶者の国籍】アメリカ合衆国
	<div align="right">以下余白</div>

発行番号　　000001

第5 国籍不留保による国籍喪失

1 国籍留保制度

(1) 概 説

国籍法12条は，出生により外国の国籍を取得した日本国民で，国外で生まれたものは，戸籍法の定めるところにより日本の国籍を留保する意思表示をしなければ，出生の時に遡って日本の国籍を失うと定めています。出生によって一旦は日本国籍を取得するわけですので，国籍喪失の一場合であるとされています。

昭和59年改正前の国籍法9条は，外国で生まれたことによってその国の国籍を取得した日本国民は，国籍を留保しなければ国籍を喪失する旨規定し，国籍不留保による国籍喪失の規定の適用を生地主義国で出生した日本国民の子のみに限っていたのですが，現行法では，生地主義を採らない外国で出生した日本国民の子についても，父母の国籍が相違することにより血統によって父母の両国籍を取得して二重国籍となるようなときには適用することとされています（国12条）。すなわち，現行法では，①生地主義国で日本人父母の間に生まれた子，②血統主義国で日本人男と父母両系血統主義国の女を父母として生まれた子，③生地主義国で父母両系血統主義国の男と日本人女を父母として生まれた子なども，全て留保制度の対象者となり，その出生の届出とともに日本の国籍を留保する意思を表示しなければ，その出生の時に遡って日本の国籍を失うことになります（戸104条2項）。

(2) 国籍留保の要件

国籍留保の意思表示をしないと日本国籍を失う子とは，次の3つの要件を満たす子ということになります。ただし，生地主義国に駐在する日本の大使，公使，参事官，書記官等の外交特権が認められている政府職員の子が当該駐在国で出生した場合には，当該出生子は同国の出生による国籍取得に関する法律の適用を受けないのが通例ですので，このような出生子は国籍留保届をするまでもなく，引き続き日本の国籍を保有するとされています（昭和32・9・21民事甲1833号通達）。

ア　出生によって外国の国籍を取得したこと

　この場合には，生地主義国で生まれた場合のみならず，血統主義によって二重国籍となった場合も含まれます。

　　イ　血統により日本国籍を有すること

　この場合は，父又は母が日本国民であるため出生により日本国籍を取得したことが要件ですので，出生後に何らかの方法で日本国籍を取得した場合は含まれないと解されています。

　　ウ　国外で生まれたこと

　以上が国籍留保の要件です。

　この国籍留保の制度によって，留保届をした者は戸籍に記載され，留保届をしなかった者は，遡って日本国籍を喪失し，戸籍に記載されないことになります。

　なお，日本国籍を留保しなかったことによって日本国籍を喪失した子は，20歳未満であり，日本に住所を有するときは，法務大臣に届け出ることによって，日本の国籍を取得することができます（国17条1項）。

(3)　国籍留保の意思表示

　子の国籍留保の意思表示は，天災その他の特別の事情のない限り，出生の日から3か月以内に，原則として父又は母から出生届とともに届け出ることによってしなければなりません（戸104条）。

2　国籍留保の手続

　国籍留保の届出は，法定期間内（出生の日から3か月以内）に，出生届とともにしなければなりません。

(1)　届出人

　国籍法12条に規定する国籍留保の意思の表示は，戸籍法104条により，出生の届出をすることができる者（戸52条3項の規定によって届出をすべき者を除く。）が届出の方法によってすることを要します。したがって，嫡出子については，父又は母が届出人ですが，子の出生前に父母が離婚しているときは，母がこれをしなければなりません（戸52条1項）。嫡出でない子について

216　第4章　国籍の喪失

は，母が届出人です（同条2項）。

　父又は母が出生の届出をすることができない場合には，その者以外の法定代理人が出生の届出をすることができますので，その法定代理人も留保届をすることができます（戸52条4項，54条2項）。しかし，同居者，出産に立ち会った医師，助産師など戸籍法52条3項の規定によって出生の届出をすべき者は，留保届の届出人となることはできません。

　なお，国籍留保の届出は，届出をすることができる者が外国に在る外国人であっても，その国に駐在する大使，公使又は領事に，出生の届出とともにこれをすることができるとされています（昭和59・11・1民二5500号通達第3，4(2)）。

(2)　届出地

　届出地は，届出事件本人の本籍地又は届出人の所在地です。ただし，届出人が国外に在る場合は，その国に駐在する日本の大使，公使，又は領事に届出をすることができます（戸25条，40条）。

(3)　届出期間

　国籍留保の届出は，出生の日から3か月以内に，出生の届出ととともにしなければなりません（戸104条1項・2項）。天災その他届出すべき者の責めに帰することのできない事由によって3か月以内の期間内に届出をすることができないときは，届出をすることができるようになった時から14日以内に留保届をすればよいことになっています（戸104条3項）。

(4)　届書の記載

　国籍留保の届出は，出生届とともにすることとされていますので，従来は，出生届書の「その他」欄に，日本国籍を留保する旨を記入してすることとされていました。現行戸籍法においても，この取扱いに変わりはありませんが，在外公館で取り扱う出生届書については，届出人への便宜等を考慮して，届書の「その他」欄にあらかじめ「日本国籍を留保する」との文言が印刷されています。日本国籍を留保する旨の意思表示は，この「日本国籍を留保する」と印刷された右側の署名押印欄に，届出人が署名押印することによってすることになります（昭和59・11・15民二5815号通達）。

第5　国籍不留保による国籍喪失　*217*

もとより，国籍を留保する意思がない場合は，出生届及び国籍留保届の提出を要しません。

(5) **戸籍の処理**

ア 国籍留保の意思表示をしないときは，出生のときに遡って日本の国籍を喪失します（国12条）。国籍を喪失した者については，戸籍は作成されませんので，出生及び国籍喪失の記載もされません。

イ 国籍留保の意思表示をした場合には，国籍を留保した者は，届出に基づいて出生に関する事項のほか，国籍留保の旨が戸籍に記載されます。

＊父から国籍留保とともに嫡出子の出生届が在外公館にあった場合の子の身分事項欄の記載例—コンピュータシステムによる証明書記載例（法定記載例3参照）

出　　　生	【出生日】平成３０年１０月１日 【出生地】ブラジル国サンパウロ州サンパウロ市 【届出日】平成３０年１０月５日 【届出人】父 【国籍留保の届出日】平成３０年１０月５日 【送付を受けた日】平成３０年１０月３０日 【受理者】在サンパウロ総領事

● 参考判例—国籍法12条が憲法14条１項に違反しないと判示した最高裁判所判決（最判平成27・3・10民集69巻2号265頁・国籍確認請求事件）———

【事案の概要】

本件は，日本国籍を有する父とフィリピン共和国籍を有する母との間に嫡出子として同国で出生し，同国籍を取得した上告人らが，出生後3か月以内に父母等により日本国籍を留保する意思表示がされず，国籍法12条の規定によりその出生の時から日本国籍を有しないこととなったが，同条の規定は，出生により日本国籍との重国籍となるべき子で国外において出生したものにつき上記の国籍留保の要件等を定める同条の規定が，上記子のうち日本で出生した者等との区別において日本国憲法14条１項等に違反し無効であると主張して，日本国籍を有することの確認を求めた事案です。

218 第4章 国籍の喪失

【判　旨】

上告棄却

「1　憲法10条は，「日本国民たる要件は，法律でこれを定める。」と規定し，これを受けて，国籍法は，日本国籍の得喪に関する要件を規定している。憲法10条の規定は，国籍は国家の構成員としての資格であり，国籍の得喪に関する要件を定めるに当たってはそれぞれの国の歴史的事情，伝統，政治的，社会的及び経済的環境等，種々の要因を考慮する必要があることから，これをどのように定めるかについて，立法府の裁量判断に委ねる趣旨のものであると解される。そして，憲法14条1項が法の下の平等を定めているのは，合理的理由のない差別を禁止する趣旨のものであって，法的取扱いにおける区別が合理的な根拠に基づくものである限り，同項に違反するものではないから，上記のようにして定められた日本国籍の取得に関する法律の要件によって生じた区別につき，そのような区別をすることの立法目的に合理的な根拠があり，かつ，その区別の具体的内容が上記の立法目的との関連において不合理なものではなく，立法府の合理的な裁量判断の範囲を超えるものではないと認められる場合には，当該区別は，合理的理由のない差別に当たるとはいえず，憲法14条1項に違反するということはできないものと解するのが相当である（最高裁昭和37年(オ)第1472号同39年5月27日大法廷判決・民集18巻4号676頁，最高裁平成10年(オ)第2190号同14年11月22日第二小法廷判決・裁判集民事208号495頁，最高裁平成18年(行ツ)第135号同20年6月4日大法廷判決・民集62巻6号1367頁参照）。

2(1)　国籍法12条は，出生により外国の国籍を取得するとともに同法2条1号又は2号によれば出生時に日本国籍を取得して重国籍となるべき子のうち国外で出生した者について，日本で出生した者と異なり，戸籍法104条の定めに従って出生の届出をすべき父母等により出生の日から3か月以内に日本国籍を留保する意思表示がその旨の届出によりされなければ（天災等の事由があれば上記の届出期間は伸張される。），その出生時から日本国籍を有しないものとすることを定め，その生来的な取得を認めないという区別を設けることとしたものである。また，国籍法17条1項及び3項は，同法12条により

第5　国籍不留保による国籍喪失　*219*

日本国籍を有しないものとされた者で20歳未満のものについて，日本に住所を有するときは，法務大臣に届け出ることによって，その届出時に日本国籍を取得することができることを定めている。

(2) 日本国籍の生来的な取得につき，国籍法2条1号及び2号は，子の出生時において日本国籍を有する父又は母との間に法律上の親子関係があることをもって，一般的にみて我が国との密接な結び付きがあるものといえるとして，当該子に国籍を付与しようとするものと解される。しかるところ，国籍法は，上記各号の規律を前提とした上で，前記のように国外で出生して日本国籍との重国籍となるべき子に関して，例えば，その生活の基盤が永続的に外国に置かれることになるなど，必ずしも我が国との密接な結び付きがあるとはいえない場合があり得ることを踏まえ，実体を伴わない形骸化した日本国籍の発生をできる限り防止するとともに，内国秩序等の観点からの弊害が指摘されている重国籍の発生をできる限り回避することを目的として，12条において，日本国籍の生来的な取得の要件等につき，日本で出生して日本国籍との重国籍となるべき子との間に上記(1)のような区別を設けることとしたものと解され，このような同条の立法目的には合理的な根拠があるものということができる。

そして，国籍法12条が，上記の立法目的に基づき，国外で出生して日本国籍との重国籍となるべき子に関して，日本で出生して日本国籍との重国籍となるべき子との間に上記(1)のような区別を設けていることについても，生来的な国籍の取得の有無は子の法的地位の安定の観点からできる限り子の出生時に確定的に決定されることが望ましいところ，出生の届出をすべき父母等による国籍留保の意思表示をもって当該子に係る我が国との密接な結び付きの徴表とみることができる上，その意思表示は原則として子の出生の日から3か月の期間内に出生の届出とともにするものとされるなど，父母等によるその意思表示の方法や期間にも配慮がされていることに加え，上記の期間内にその意思表示がされなかった場合でも，同法17条1項及び3項において，日本に住所があれば20歳に達するまで法務大臣に対する届出により日本国籍を取得することができるものとされていることをも併せ考慮すれば，上記の

220　第4章　国籍の喪失

区別の具体的内容は，前記の立法目的との関連において不合理なものとはいえず，立法府の合理的な裁量判断の範囲を超えるものということはできない。

したがって，国籍法12条において，出生により日本国籍との重国籍となるべき子のうち，国外で出生した者について日本で出生した者との間に設けられた上記の区別は，合理的理由のない差別には当たらないというべきである。

なお，所論のうち，出生以外の事由による日本国籍の取得の要件等を定める他の制度との権衡について論難する点に関しては，出生による日本国籍の生来的な取得の要件等を定める国籍法12条とは制度の目的及び趣旨を異にする事柄に係るものであって，上記の判断を左右するものではない。

3　以上によれば，国籍法12条は，憲法14条1項に違反するものではない。」

◎国籍法（昭和25年５月４日法律第147号）

最終改正：平成26年６月13日法律第70号

（この法律の目的）

第１条　日本国民たる要件は，この法律の定めるところによる。

（出生による国籍の取得）

第２条　子は，次の場合には，日本国民とする。

一　出生の時に父又は母が日本国民であるとき。

二　出生前に死亡した父が死亡の時に日本国民であつたとき。

三　日本で生まれた場合において，父母がともに知れないとき，又は国籍を有しないとき。

（認知された子の国籍の取得）

第３条　父又は母が認知した子で20歳未満のもの（日本国民であつた者を除く。）は，認知をした父又は母が子の出生の時に日本国民であつた場合において，その父又は母が現に日本国民であるとき，又はその死亡の時に日本国民であつたときは，法務大臣に届け出ることによつて，日本の国籍を取得することができる。

２　前項の規定による届出をした者は，その届出の時に日本の国籍を取得する。

（帰化）

第４条　日本国民でない者（以下「外国人」という。）は，帰化によつて，日本の国籍を取得することができる。

２　帰化をするには，法務大臣の許可を得なければならない。

第５条　法務大臣は，次の条件を備える外国人でなければ，その帰化を許可することができない。

一　引き続き５年以上日本に住所を有すること。

二　20歳以上で本国法によつて行為能力を有すること。

三　素行が善良であること。

四　自己又は生計を一にする配偶者その他の親族の資産又は技能によつて生計を営むことができること。

五　国籍を有せず，又は日本の国籍の取得によつてその国籍を失うべきこと。

六　日本国憲法施行の日以後において，日本国憲法又はその下に成立した政府を暴力で破壊することを企て，若しくは主張し，又はこれを企て，若しくは主張する政党その他の団体を結成し，若しくはこれに加入したことがないこと。

２　法務大臣は，外国人がその意思にかかわらずその国籍を失うことができない場合において，日本国民との親族関係又は境遇につき特別の事情があると認めるときは，その者が前項第５号に掲げる条件を備えないときでも，帰化を許可することができる。

第６条　次の各号の一に該当する外国人で現に日本に住所を有するものについては，法務大臣は，その者が前条第１項第１号に掲げる条件を備えないときでも，帰化を許可することができる。

一　日本国民であつた者の子（養子

を除く。）で引き続き3年以上日本に住所又は居所を有するもの

二　日本で生まれた者で引き続き3年以上日本に住所若しくは居所を有し，又はその父若しくは母（養父母を除く。）が日本で生まれたもの

三　引き続き10年以上日本に居所を有する者

第7条　日本国民の配偶者たる外国人で引き続き3年以上日本に住所又は居所を有し，かつ，現に日本に住所を有するものについては，法務大臣は，その者が第5条第1項第1号及び第2号の条件を備えないときでも，帰化を許可することができる。日本国民の配偶者たる外国人で婚姻の日から3年を経過し，かつ，引き続き1年以上日本に住所を有するものについても，同様とする。

第8条　次の各号の一に該当する外国人については，法務大臣は，その者が第5条第1項第1号，第2号及び第4号の条件を備えないときでも，帰化を許可することができる。

一　日本国民の子（養子を除く。）で日本に住所を有するもの

二　日本国民の養子で引き続き1年以上日本に住所を有し，かつ，縁組の時本国法により未成年であつたもの

三　日本の国籍を失つた者（日本に帰化した後日本の国籍を失つた者を除く。）で日本に住所を有するもの

四　日本で生まれ，かつ，出生の時から国籍を有しない者でその時から引き続き3年以上日本に住所を有するもの

第9条　日本に特別の功労のある外国人については，法務大臣は，第5条第1項の規定にかかわらず，国会の承認を得て，その帰化を許可することができる。

第10条　法務大臣は，帰化を許可したときは，官報にその旨を告示しなければならない。

2　帰化は，前項の告示の日から効力を生ずる。

（国籍の喪失）

第11条　日本国民は，自己の志望によつて外国の国籍を取得したときは，日本の国籍を失う。

2　外国の国籍を有する日本国民は，その外国の法令によりその国の国籍を選択したときは，日本の国籍を失う。

第12条　出生により外国の国籍を取得した日本国民で国外で生まれたものは，戸籍法（昭和22年法律第224号）の定めるところにより日本の国籍を留保する意思を表示しなければ，その出生の時にさかのぼつて日本の国籍を失う。

第13条　外国の国籍を有する日本国民は，法務大臣に届け出ることによつて，日本の国籍を離脱することができる。

2　前項の規定による届出をした者は，その届出の時に日本の国籍を失う。

（国籍の選択）

第14条　外国の国籍を有する日本国民は，外国及び日本の国籍を有することとなつた時が20歳に達する以前であるときは22歳に達するまでに，その時が20歳に達した後であるときは

その時から2年以内に，いずれかの国籍を選択しなければならない。

2　日本の国籍の選択は，外国の国籍を離脱することによるほかは，戸籍法の定めるところにより，日本の国籍を選択し，かつ，外国の国籍を放棄する旨の宣言（以下「選択の宣言」という。）をすることによつてする。

第15条　法務大臣は，外国の国籍を有する日本国民で前条第1項に定める期限内に日本の国籍の選択をしないものに対して，書面により，国籍の選択をすべきことを催告することができる。

2　前項に規定する催告は，これを受けるべき者の所在を知ることができないときその他書面によつてすることができないやむを得ない事情があるときは，催告すべき事項を官報に掲載してすることができる。この場合における催告は，官報に掲載された日の翌日に到達したものとみなす。

3　前二項の規定による催告を受けた者は，催告を受けた日から1月以内に日本の国籍の選択をしなければ，その期間が経過した時に日本の国籍を失う。ただし，その者が天災その他その責めに帰することができない事由によつてその期間内に日本の国籍の選択をすることができない場合において，その選択をすることができるに至つた時から2週間以内にこれをしたときは，この限りでない。

第16条　選択の宣言をした日本国民は，外国の国籍の離脱に努めなければならない。

2　法務大臣は，選択の宣言をした日本国民で外国の国籍を失つていないものが自己の志望によりその外国の公務員の職（その国の国籍を有しない者であつても就任することができる職を除く。）に就任した場合において，その就任が日本の国籍を選択した趣旨に著しく反すると認めるときは，その者に対し日本の国籍の喪失の宣告をすることができる。

3　前項の宣告に係る聴聞の期日における審理は，公開により行わなければならない。

4　第2項の宣告は，官報に告示してしなければならない。

5　第2項の宣告を受けた者は，前項の告示の日に日本の国籍を失う。

（国籍の再取得）

第17条　第12条の規定により日本の国籍を失つた者で20歳未満のものは，日本に住所を有するときは，法務大臣に届け出ることによつて，日本の国籍を取得することができる。

2　第15条第2項の規定による催告を受けて同条第3項の規定により日本の国籍を失つた者は，第5条第1項第5号に掲げる条件を備えるときは，日本の国籍を失つたことを知つた時から1年以内に法務大臣に届け出ることによつて，日本の国籍を取得することができる。ただし，天災その他その者の責めに帰することができない事由によつてその期間内に届け出ることができないときは，その期間は，これをすることができるに至つた時から1月とする。

3　前二項の規定による届出をした者は，その届出の時に日本の国籍を取得する。

◎国籍法（昭和25年5月4日法律第147号）　*225*

（法定代理人がする届出等）

第18条　第3条第1項若しくは前条第
　1項の規定による国籍取得の届出，
　帰化の許可の申請，選択の宣言又は
　国籍離脱の届出は，国籍の取得，選
　択又は離脱をしようとする者が15歳
　未満であるときは，法定代理人が代
　わつてする。

（行政手続法の適用除外）

第18条の2　第15条第1項の規定によ
　る催告については，行政手続法（平
　成5年法律第88号）第36条の3の規
　定は，適用しない。

（省令への委任）

第19条　この法律に定めるもののほか，
　国籍の取得及び離脱に関する手続そ
　の他この法律の施行に関し必要な事
　項は，法務省令で定める。

（罰則）

第20条　第3条第1項の規定による届
　出をする場合において，虚偽の届出
　をした者は，1年以下の懲役又は20
　万円以下の罰金に処する。

2　前項の罪は，刑法（明治40年法律
　第45号）第2条の例に従う。

　　附　則

1　この法律は，昭和25年7月1日か
　ら施行する。

2　国籍法（明治32年法律第66号）は，
　廃止する。

3　この法律の施行前従前の国籍法の
　規定によつてした帰化の許可の申請
　又は国籍回復の許可の申請は，この
　法律の規定によつてした帰化の許可
　の申請とみなす。

4　この法律の施行前従前の国籍法の
　規定によつてした国籍離脱の許可の

申請は，この法律の規定によつてし
た国籍離脱の届出とみなす。

5　この法律の施行前日本に帰化した
　者の子で従前の国籍法第15条第1項
　の規定によつて日本の国籍を取得し
　たものは，第6条第4号の規定の適
　用については，日本に帰化した者と
　みなす。この法律の施行前日本国民
　の養子又は入夫となつた者も，また，
　同様である。

　　附　則（昭和27年7月31日法律第
　　　　268号）（抄）

1　この法律は，昭和27年8月1日か
　ら施行する。

　　附　則（昭和59年5月25日法律第
　　　　45号）（抄）

（施行期日）

第1条　この法律は，昭和60年1月1
　日から施行する。

（帰化及び国籍離脱に関する経過措
　置）

第2条　この法律の施行前に帰化の許
　可の申請又は国籍離脱の届出をした
　者の帰化又は国籍の離脱については，
　なお従前の例による。

（国籍の選択に関する経過措置）

第3条　この法律の施行の際現に外国
　の国籍を有する日本国民は，第1条
　の規定による改正後の国籍法（以下
　「新国籍法」という。）第14条第1項
　の規定の適用については，この法律
　の施行の時に外国及び日本の国籍を
　有することとなつたものとみなす。
　この場合において，その者は，同項
　に定める期限内に国籍の選択をしな
　いときは，その期限が到来した時に

226　資　料

同条第2項に規定する選択の宣言を
したものとみなす。

（国籍の再取得に関する経過措置）

第4条　新国籍法第17条第1項の規定
は，第1条の規定による改正前の国
籍法第9条の規定により日本の国籍
を失つた者で20歳未満のものについ
ても適用する。

（国籍の取得の特例）

第5条　昭和40年1月1日からこの法
律の施行の日（以下「施行日」とい
う。）の前日までに生まれた者（日
本国民であつた者を除く。）でその
出生の時に母が日本国民であつたも
のは，母が現に日本国民であるとき，
又はその死亡の時に日本国民であつ
たときは，施行日から3年以内に，
法務省令で定めるところにより法務
大臣に届け出ることによつて，日本
の国籍を取得することができる。

2　前項に規定する届出は，国籍を取
得しようとする者が15歳未満である
ときは，法定代理人が代わつてする。

3　第1項に規定する届出をしようと
する者が天災その他その責めに帰す
ることができない事由によつて同項
に定める期間内に届け出ることがで
きないときは，その届出の期間は，
これをすることができるに至つた時
から3月とする。

4　第1項の規定による届出をした者
は，その届出の時に日本の国籍を取
得する。

第6条
父又は母が前条第1項の規定により
日本の国籍を取得したときは，子
（日本国民であつた者を除く。）は，
同項に定める期間内に，法務省令で

定めるところにより法務大臣に届け
出ることによつて，日本の国籍を取
得することができる。ただし，その
父又は母が養親であるとき，又は出
生の後に認知した者であるときは，
この限りでない。

2　前条第2項から第4項までの規定
は，前項の場合について準用する。

　　　附　則（平成5年11月12日法律第
　　　　89号）（抄）

（施行期日）

第1条　この法律は，行政手続法（平
成5年法律第88号）の施行の日から
施行する。

　　　附　則（平成16年12月1日法律第
　　　　147号）（抄）

（施行期日）

第1条　この法律は，公布の日から起
算して6月を超えない範囲内におい
て政令で定める日から施行する。

　　　附　則（平成20年12月12日法律第
　　　　88号）

（施行期日）

第1条　この法律は，公布の日から起
算して20日を経過した日から施行す
る。ただし，次の各号に掲げる規定
は，当該各号に定める日から施行す
る。

一　附則第3条第2項の規定　公布
の日

二　附則第12条の規定　この法律の
公布の日又は行政手続法の一部を
改正する法律（平成20年法律第
　号）の公布の日のいずれか遅い
日

◎国籍法（昭和25年5月4日法律第147号）　*227*

【編注＝行政手続法の一部を改正する法律は廃案】

（従前の届出をした者の国籍の取得に関する経過措置）

第2条　従前の届出（この法律の施行の日（以下「施行日」という。）前にこの法律による改正前の国籍法第3条第1項の規定によるものとしてされた同項に規定する父母の婚姻及びその認知により嫡出子たる身分を取得した子に該当しない父又は母が認知した子による日本の国籍の取得に係る届出の行為をいう。以下同じ。）をした者で，当該従前の届出の時においてこの法律による改正後の国籍法（附則第4条第1項において「新法」という。）第3条第1項の規定の適用があるとするならば同項に規定する要件（法務大臣に届け出ることを除く。附則第4条第1項において同じ。）に該当するものであったもの（日本国民であった者を除く。）は，施行日から3年以内に限り，法務大臣に届け出ることによって，日本の国籍を取得することができる。

2　前項の規定による届出は，国籍を取得しようとする者が15歳未満であるときは，法定代理人が代わってする。

3　第1項の規定による届出をした者は，その届出の時に日本の国籍を取得する。ただし，平成15年1月1日以後に従前の届出をしているときは，当該従前の届出の時にさかのぼって日本の国籍を取得する。

（平成20年6月5日以後に従前の届出をした場合の特例）

第3条　平成20年6月5日以後に従前の届出をした者については，法務大臣に対して反対の意思を表示した場合を除き，施行日に前条第1項の規定による届出をしたものとみなして，同項及び同条第3項ただし書の規定を適用する。

2　前項に規定する反対の意思の表示は，施行日前にしなければならない。

（従前の届出をした者以外の認知された子の国籍の取得に関する経過措置）

第4条　附則第2条第1項の規定によるもののほか，父又は母が認知した子で，平成15年1月1日から施行日の前日までの間において新法第3条第1項の規定の適用があるとするならば同項に規定する要件に該当するものであったもの（日本国民であった者及び同項の規定による届出をすることができる者を除く。）は，その父又は母が現に日本国民であるとき，又はその死亡の時に日本国民であったときは，施行日から3年以内に限り，法務大臣に届け出ることによって，日本の国籍を取得することができる。

2　前項の規定による届出をした者は，その届出の時に日本の国籍を取得する。

（国籍を取得した者の子の国籍の取得に関する特例）

第5条　父又は母が附則第2条第1項の規定により日本の国籍を取得したとき（同条第3項ただし書の規定の適用がある場合を除く。）は，その父又は母がした従前の届出の時以後当該父又は母の日本の国籍の取得の

時前に出生した子（日本国民であった者を除く。）は，施行日から３年以内に限り，法務大臣に届け出ることによって，日本の国籍を取得することができる。ただし，その父又は母が養親であるとき，又は出生の後に認知した者であるときは，この限りでない。

2　前項の規定による届出をした者は，その届出の時に日本の国籍を取得する。

3　附則第２条第２項の規定は，第１項の規定による届出について準用する。

（届出の期間の特例）

第６条　附則第２条第１項，第４条第１項又は前条第１項の規定による届出をしようとする者が天災その他その責めに帰することができない事由によってこれらの規定に規定する期間内に届け出ることができないときは，その届出の期間は，これをすることができるに至った時から３月とする。

（国籍の選択に関する特例）

第７条　外国の国籍を有する者が附則第２条第１項の規定により日本の国籍を取得した場合（同条第３項ただし書の規定の適用がある場合に限る。）における国籍法第14条第１項の規定の適用については，附則第２条第１項の規定による届出の時（附則第３条第１項の規定により当該届出をしたものとみなされる場合にあっては，施行日）に外国及び日本の国籍を有することとなったものとみなす。

（国籍取得の届出に関する特例）

第８条　戸籍法（昭和22年法律第224号）第102条の規定は，附則第２条第１項，第４条第１項又は第５条第１項の規定により日本の国籍を取得した場合の国籍取得の届出について準用する。この場合において，同法第102条第１項中「その取得の日」とあるのは，「その取得の日（国籍法の一部を改正する法律（平成20年法律第88号）附則第２条第３項ただし書の規定の適用がある場合にあつては，同条第１項の規定による届出の日（同法附則第３条第１項の規定により当該届出をしたものとみなされる場合にあつては，同法の施行の日））」と読み替えるものとする。

（国籍を取得した者の子に係る国籍の留保に関する特例）

第９条　父又は母が附則第２条第１項及び第３項ただし書の規定の適用により従前の届出の時にさかのぼって日本の国籍を取得したことによって当該父又は母の日本の国籍の取得の時以後同条第１項の規定による届出の時前に出生した子が国籍法第２条及び第12条の規定の適用を受けることとなる場合における戸籍法第104条の規定の適用については，同条第１項中「出生の日」とあるのは，「父又は母がした国籍法の一部を改正する法律（平成20年法律第88号）附則第２条第１項の規定による届出の日（同法附則第３条第１項の規定により当該届出をしたものとみなされる場合にあつては，同法の施行の日）」とする。

（省令への委任）

第10条　附則第２条第１項，第４条第

◎国籍法（昭和25年５月４日法律第147号）　*229*

１項及び第５条第１項の規定による
届出の手続その他この法律の施行に
関し必要な事項は，法務省令で定め
る。

（罰則）

第11条　附則第２条第１項，第４条第
１項又は第５条第１項の規定による
届出をする場合において，虚偽の届
出をした者は，１年以下の懲役又は
20万円以下の罰金に処する。

２　前項の罪は，刑法（明治40年法律
第45号）第２条の例に従う。

（行政手続法の一部を改正する法律の
一部改正）

第12条　行政手続法の一部を改正する
法律の一部を次のように改正する。
附則第５条のうち国籍法第19条を同
法第20条とし，同法第18条の次に１
条を加える改正規定中「第19条を」
を「第20条を第21条とし，第19条
を」に改める。

　　　附　則（平成26年６月13日法律第
　　　　70号）（抄）

（施行期日）

第１条　この法律は，平成27年４月１
日から施行する。

◎国籍法の一部を改正する法律等の施行に伴う国籍取得の届出に関する取扱いの変更について

（平成20年12月18日民一第3300号民事局長通達）

　国籍法の一部を改正する法律（平成20年法律第88号。以下「改正法」という。）が平成21年1月1日から施行されることに伴い，国籍法施行規則の一部を改正する省令（平成20年法務省令第73号。以下「改正省令」という。）が本日公布され，改正法の施行の日から施行されることとなりました。

　ついては，この改正に伴い，国籍取得の届出に関する国籍事務の取扱いについて示した昭和59年11月1日付け法務省民五第5506号当職通達にかかわらず，国籍取得の届出に関する国籍事務については，下記のとおり取り扱うこととしますので，これに留意し，事務処理上遺憾のないよう取り計らい願います。

　なお，本通達中，「法」とあるのは改正法による改正後の国籍法を，「規則」とあるのは改正省令による改正後の国籍法施行規則をいいます。

　おって，本通達に反する従前の取扱いは，本通達によって変更し，又は廃止するので，念のため申し添えます。

記

第1　国籍取得の届出

　改正法により，出生後に日本国民から認知された子は，父母の婚姻の有無を問わず，所定の条件を備えるときは，法務大臣に届け出ることによって，その届出の時に日本の国籍を取得することができるものとされ（法第3条），虚偽の届出をした者に対する罰則が設けられた（法第20条）。

　また，国籍法及び戸籍法の一部を改正する法律（昭和59年法律第45号。以下「昭和59年改正法」という。）により，国籍を留保する意思を表示しなかったことにより日本の国籍を失った者等は，所定の条件を備えるときは，法務大臣に届け出ることによって，その届出の時に日本の国籍を取得することができるものとされている（法第17条）。

　これらの届出は，法務局又は地方法務局の長を経由してしなければならない（規則第1条第1項又は第2項）が，法務局又は地方法務局における当該届出に関する事務の処理及び留意すべき事項は，おおむね次のとおりである。

　1　届出

　　(1)　届書

　　　届出は，書面によってしなければならない（規則第1条第3項）が，その届書は届出人に付録第1号から第3号までの様式による用紙を交付して作成させるものとする。

　　(2)　届出人の出頭

　　　届出は，届出人が自ら法務局又は地方法務局に出頭してしなければならな

い（規則第１条第３項）ので，届出を受け付ける前に，出頭した者が届出人本人であるか否かを確認するとともに，その者の届出意思をも確認するものとする。

　出頭してきた者が届出人本人であるか否かの確認は，外国人登録証明書，旅券等その者が届出人本人であることを証するに足りる書面の提示を求めるほか，届書及びその添付書類に基づいた適宜な質問をすること等によってするものとする。

　届出意思の確認は，届書の署名が届出人の自筆したものであるか否かを確認することによってするものとする。

(3)　添付書類

　法第３条第１項の規定による届出については，届書に添付しなければならない書類が具体的に掲げられ（規則第１条第５項），法第17条の規定による届出については，届書に国籍の取得をしようとする者（以下「事件本人」という。）が国籍取得の条件を備えていることを証するに足りる書類を添付しなければならないこととされた（規則第１条第６項）。これらの書類としては，原則として戸籍謄本等の公的資料を提出させるものとし，これができない場合には，公的資料に代わり得る相当な資料又は届出人及び関係者の申述書を提出させるものとする。

　なお，法第３条第１項の規定による届出の添付書類のうち「その他実親子関係を認めるに足りる資料」（規則第１条第５項第５号）としては，例えば次のようなものがある。

ア　外国の方式による認知証明書

イ　事件本人の父の日本における居住歴を証する書面（母が事件本人を懐胎した時期からのもの）

ウ　事件本人及びその母の外国人登録原票に登録された事項に関する証明書（登録時からの居住歴が記載されたもの）

エ　事件本人とその父母の３人が写った写真

2　受付

(1)　届出の受付は，受付簿に所要の事項を記載し，かつ，届書の適宜な箇所に受付印を押印の上，受付年月日時分及び受付番号を記入してするものとする。

(2)　届出の効力は，その届出が適法なものであるときは，法務局又は地方法務局において届出を受け付けた時に生ずる（法第３条第２項，第17条第３項）ので，受付手続は，事前に届出人の提出すべき書類がそろっているか否か，その記載が整っているか否かを点検し，書類が不足する場合には完備させ，記載に不備がある場合には補正させた上，適法な届出であると認められるときにするものとする。

(3)　受付手続を経ないで届書又はその添付書類を預かることのないように留意するものとする。

232　資　料

(4) 法第3条第1項の規定による届出に関して受付をしなかった場合において，虚偽の届出がされようとした疑いがあると認められるときは，その旨当職に速やかに報告するものとする。

3 受付後の調査
(1) 届出を受け付けた後に届書又はその添付書類の成立又は内容について疑義が生じたときは，届出人若しくは関係者に文書等で照会し，又は届出人若しくは関係者宅等に赴いて事情聴取する等して，その事実関係を調査するものとする。

(2) 法第3条第1項の規定による届出については，事件本人の父母が届出人たる法定代理人とならない場合であっても，届出人に対して，できる限り父母双方が出頭するよう求めるものとし，受付後に，出頭した父母から，認知に至った経緯等を記載した父母の申述書の内容等に基づき，認知に至った経緯等を聴取するものとする。ただし，認知の裁判が確定しているときは，この限りでない。

(3) 法第3条第1項の規定による届出について，規則第1条第5項第3号又は同項第4号の書類を届書に添付することができないやむを得ない理由を記載した書類が提出されているときは，受付後に，事件本人の父母の出入国記録等を取り寄せるなど父子関係の有無を確認するために必要な調査を行うものとする。

4 国籍取得証明書の交付等
(1) 法務局又は地方法務局の長は，届出が適法な手続によってされ，かつ，事件本人が国籍取得の条件を備えているときは，届出人に付録第4号様式による国籍取得証明書を交付するものとする。

(2) 法務局又は地方法務局の長は，届出が適法な手続によってされていないとき又は事件本人が国籍取得の条件を備えているものと認められないときは，その旨届出人に通知するものとする。ただし，事件本人が法第3条第1項の条件を備えているものとは認められない旨を通知する場合において，それが虚偽の届出がされたことを理由とするときは，届出人に通知する前に虚偽の届出がされた旨当職に速やかに報告し，当職の指示を受けて届出人に通知するものとする。

5 法第3条第1項の規定による届出に関する関係機関への通知等
(1) 市区町村長等への通知
　4(2)ただし書により届出人に通知した場合において，それが虚偽の認知届がされたことを理由とするものであり，認知者の戸籍に当該認知事項が記載されているときは，戸籍法第24条第3項の規定により，当該認知事項の記載が法律上許されないものであることを認知当時の認知者の本籍地の市区町村長に通知するものとする。
　なお，その市区町村の管轄法務局又は地方法務局が届出を受け付けた法務

◎国籍法の一部を改正する法律等の施行に伴う国籍取得の届出に関する取扱いの変更について　*233*

局又は地方法務局と異なるときは，戸籍法第24条第3項の規定により通知した旨を管轄法務局又は地方法務局の長にも通知するものとする。

(2) 捜査関係機関への情報提供

　4(2)ただし書又は2(4)により当職に報告した場合は，当職の指示を受けて捜査関係機関に通報することにより必要な情報を提供するものとする。

第2 経過措置

1 昭和59年改正法の経過措置

昭和59年改正法の経過措置として，同法施行前に日本国民である母から出生した子及びその者の子は，所定の条件を備えるときは，同法施行後3年間（天災その他その責めに帰することができない事由により同法施行後3年以内に届け出ることができないときは，その期間は届出をすることができるようになったときから3月）に限り，法務大臣に届け出ることによって，その届出の時に日本の国籍を取得することができるものとされている（昭和59年改正法附則第5条第1項，第3項，第4項，第6条）。

この届出は，法務局又は地方法務局の長を経由してしなければならない（規則の附則第2項において準用する規則第1条第1項）が，法務局又は地方法務局における当該届出に関する事務の処理及び留意すべき事項については，その届書の様式は付録第5号又は第6号様式によるものとするほか，第1（法第3条第1項の規定による届出に関する取扱いを除く。）に準じて取り扱うものとする。

2 改正法の経過措置

(1) 従前の届出をした者の国籍の取得に関する経過措置及び国籍を取得した者の子の国籍の取得に関する特例

改正法の経過措置として，日本国民により認知され昭和60年1月1日から平成20年6月4日までに従前の届出をした者，及び昭和60年1月1日から平成14年12月31日までに従前の届出をしたことにより国籍を取得した者の子で当該従前の届出以後に出生したものについて，所定の条件を備えるときは，同法施行後3年間（天災その他その責めに帰することができない事由により同法施行後3年以内に届け出ることができないときは，その期間は届出をすることができるようになったときから3月）に限り，法務大臣に届け出ることによって，その届出の時（平成15年1月1日以後に従前の届出をしているときは，当該従前の届出の時）に日本の国籍を取得することができるものとされ（改正法附則第2条第1項，第3項，第5条第1項，第2項），虚偽の届出をした者に対する罰則が設けられた（改正法附則第11条）。

この届出は，法務局又は地方法務局の長を経由してしなければならないこととされた（改正省令附則第2条において準用する規則第1条第1項）が，法務局又は地方法務局における当該届出に関する事務の処理及び留意すべき事項については，その届書の様式は付録第7号又は第9号様式によるものと

するほか，第1（第1の1(3)のうち法第3条第1項の規定による届出のみに関する取扱い並びに第1の3(2)及び(3)の取扱いを除く。）に準じて取り扱うものとする。

(2) 従前の届出をした者以外の認知された子の国籍の取得に関する経過措置

改正法の経過措置として，平成15年1月1日から改正法施行日の前日までの間に法第3条第1項の要件を備えていた者で20歳を超えたことにより同項の規定による届出ができないものについて，所定の条件を備えるときは，同法施行後3年間（天災その他その責めに帰することができない事由により同法施行後3年以内に届け出ることができないときは，その期間は届出をすることができるようになったときから3月）に限り，法務大臣に届け出ることによって，その届出の時に日本の国籍を取得することができるものとされ（改正法附則第4条），虚偽の届出をした者に対する罰則が設けられた（改正法附則第11条）。

この届出は，法務局又は地方法務局の長を経由してしなければならないこととされた（改正省令附則第2条において準用する規則第1条第1項）が，法務局又は地方法務局における当該届出に関する事務の処理及び留意すべき事項については，その届書の様式は付録第8号様式によるものとするほか，第1（第1の1(3)については，法第17条の規定による届出のみに関する取扱いを除く。）に準じて取り扱うものとする。

◎国籍法の一部を改正する法律等の施行に伴う国籍取得の届出に関する取扱いの変更について　235

附録第1号様式

国籍取得届

（国籍法第3条第1項）

平成　年　月　日

法務大臣殿

国籍を取得しようとする者の写真（届出の日前6か月以内に撮影した5cm四方の頭身、無帽、正面、上半身のもの）
15歳未満の場合は、法定代理人と一緒に撮影したもの

日本の国籍を取得したいので届出をします。

（よみかた）	氏名	（氏）　　　　　　（名）
日本国籍を取得しようとする者	国籍	
	生年月日	（平成）　年　月　日　日齢何年　男・女
	出生場所	
	住所	番地　号
	氏名	（氏）　　　　　　（名）
	本籍	番地　号
国籍を取得しようとする者の父母	父（氏）　（名） 父母との続柄	
	母（氏）　（名）	
	外国人の国籍・本籍	番地
	筆頭者の氏名	

（裏面）

注意事項

1　必ず届出人本人が出頭し、届出人本人であることを証する公的資料をお持ちください。

（以下、裏面の注意事項本文）

届出人

	署名	所
署名		
法定代理人の資格	□父　□養父　□後見人 □母　□養母	
住所	番地　号	

届出人連絡先電話番号

受付担当者

236　資料

附録第2号様式

国籍取得届
(国籍法17条第1項)

平成　年　月　日

法務大臣殿

日本の国籍を取得したいので届出をします。

国籍を取得しようとする者の写真（届出の日前6か月以内に撮影した5cm四方の単身、無帽、正面、上半身のもの）

15歳未満の場合は、法定代理人と一緒に撮影したもの

（平成　年　月　日撮影）

日本国籍を取得しようとする者	氏名 (よみかた) (氏) (名)	□男 □女
	国籍	
	生年月日	年　月　日
	出生場所	
	住所	番地／番号
国籍を取得しようとする者の父母	父 (氏) (名)	父母との続柄
	母 (氏) (名)	
	本籍	番地／番号
		筆頭者の氏名
	外国人の場合は国籍	筆頭者の氏名
国籍を取得しようとする事由	□20歳未満である。	
	□日本に住所を有する。	
	□国籍留保の届出をしなかったため日本の国籍を失った。	

本国籍取得後の戸籍の編製に必要なため、下欄に書いてください（裏面の注意事項6に注意してください）。

国籍取得後の氏名		
その他	国籍を取得しようとする者が	
	□婚姻をしている。	年　月　日 と婚姻
	□実子縁組をしている。	年　月　日 と縁組
	□認知されている。	年　月　日 から認知

（裏面）

本国籍を取得しようとする者が15歳未満のときは、下欄に書いてください。

届出人	署名	
本国籍を取得しようとする者		□後見人
法定代理人の資格	親権者（□實父 □□父 □實母 □□母）	
	署　名	
	住　所	番地／番号

上記署名は自筆したものであり、届出人は写真本人と相違ないことを確認した。

受付担当官

（届出人連絡先電話番号　　　　　　　）

注意事項

1　必ず届出人本人が出頭し、届出人本人であることを証する公的な資料（出生証明書、旅券等）を持参してください。

2　国籍取得の来件を証していることを証するが外国語で書かれているときは、その日本語訳文を添付してください。また、外国人登録原票記載事項証明書、父の日本語訳文を添付してください。

3　届出人が相続人である場合は、その資格を証する公的な資料を添付してください。

4　届出人または法定代理人の署名は、受付の際に自筆していただきますので、空欄のままにしておいてください。

5　□には、該当する事項の□内に✓印を付けてください。

6　□国籍取得後の氏は、常用漢字表、戸籍法施行規則別表第二に掲げる漢字、ひらがな、カタカナで書いてください。

なお、□国籍取得後の名（□印）は、常用漢字表、出生当時の名を有することとなった場合は、22歳に達するまでに、いずれかの国籍を選択しなければなりません（国籍法第14条）。

7　この届出によって日本と外国の双方の国籍を有することとなった場合は、22歳に達するまでに、いずれかの国籍を選択しなければなりません（国籍法第14条）。

8　太枠の箇所は届出人は記載しないでください。

◎国籍法の一部を改正する法律等の施行に伴う国籍取得の届出に関する取扱いの変更について

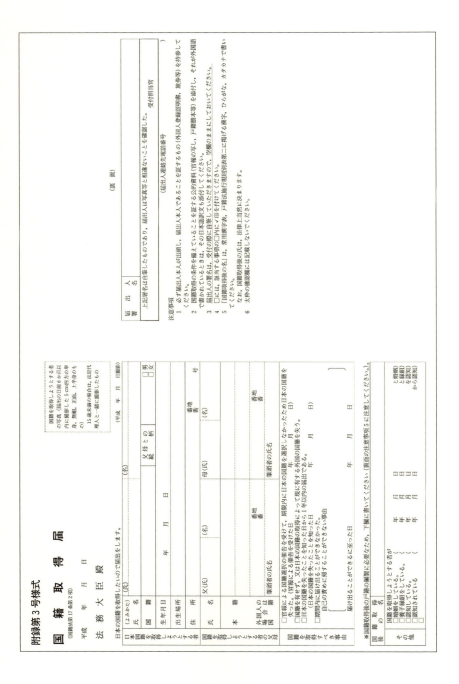

附録第4号様式

国籍取得証明書　　　　　第　　　　　号

国籍を取得した者	従前の氏名	（氏）　　　　　　　　　（名）
	国籍取得の際の外国の国籍	
	生年月日	年　月　日
	出生場所	
	出生届に関する事項	年　月　日　　　　に届出
	住所	

国籍取得年月日	年　月　日

国籍を取得した者の父母	氏名	父（氏）　　　（名）　　　母（氏）　　　（名）	父母との続柄
	本籍又は国籍	①　　　　　　番地番号　　　②　　　　　　番地番号	
		筆頭者の氏名　　　　　　　筆頭者の氏名	

国籍を取得した者の氏名	（氏）　　　　　　　　　（名）

国籍を取得した者の入るべき戸籍及び身分事項	

備考	

上記の者は（昭和59年法律第45号／平成20年法律第88号　改正法　附則　第　条第　項）の届出により日本の国籍を取得したことを証明する。

平成　年　月　日

法務局（地方法務局）長

（　　年　月　日交付　印）

注意事項：この証明書は、戸籍法第102条の届書に添付して市区町村長に提出してください。

附録第5号様式

国籍取得届

(昭和59年法務省令第5条第1項)

平成　　年　　月　　日

法務大臣殿

日本の国籍を取得したいので届出をします。

氏名	(よみかた)	(氏)	(名)
	国籍		男 女
	生年月日	年　月　日	
	出生地場所		
	住所	番地番	号
国籍を取得しようとする者	氏名	父(氏)　　(名)　　母(氏)　　(名)	
	本籍	父母との続柄	番地番
	外国人の場合国籍	香地番	
		筆頭者の氏名	
		筆頭者の氏名	

国籍を取得する者父母

国籍を取得しようとする者父母

国籍を取得すべき事由	□昭和40年1月1日から昭和59年12月31日までの間に生まれた。 □日本国民であったことがない。 □出生のときに父又は母が日本国民であった。 □父又は母が日本国民である。 □死亡の時に日本国民であることを証する事由があった。 □自己の責めに帰することのできない事由によって期間内に届け出ることができなかった。	年　月　日

※国籍取得後の戸籍の編製に必要なため、下欄に書いてください（裏面の注意事項5に注意してください。）。

国籍取得後	氏名		年　月　日		と婚姻し と離縁し を認知	を届出制 を縁組 を認知
その他	□国籍を取得しようとする者が □婚姻をしている。 □養子縁組をしている。 □認知をしている。		年　月　日 年　月　日			

国籍を取得しようとする者の写真（届出前6か月以内に撮影した5cm四方の単身、無帽、正面、上半身のもの）

5cm四方の場合は、近代代の男人と一緒に撮影したもの

日撮影　平成　年　月　日撮影

（裏　面）

届出人署名氏名	

上記署名は自筆したものであり、届出人は写真等と相違ないことを確認した。　受付担当官

（届出人連絡先電話番号　　）

注意事項

1　必ず届出人本人が出頭し、届出人本人であることを証する公的資料（出生証明書、母の戸籍謄本等）を提付してください。

2　国籍取得の条件を備えていることを証する公的資料（出生証明書、母の戸籍謄本等、旅券等）を添付し、それが外国語で書かれているときは、その日本語訳文を添付してください。

3　届出人の署名は、受付の際に自筆していただきますので、空欄のままにしておいてください。

4　□には、該当する事項の□内に✓印を付けてください。

5　「国籍取得後の氏名」は、常用漢字、人名用漢字、ひらがな、カタカナで書いてください。

6　なお、国籍取得後の氏は、法律上当然に決まります。この届出によって日本と外国の両方の国籍を有することとなった場合は、この届出の時から2年以内に、いずれかの国籍を選択しなければなりません（国籍法第14条）。

7　太枠の部分欄には記載しないでください。

240　資料

附録第6号様式

国籍取得届

（昭和59年法改正附則第6条第1項）

平成　年　月　日

法務大臣　殿

日本の国籍を取得したいので届出をします。

> 国籍を取得しようとする者の写真（届出の日前6か月以内に撮影した5cm四方の単身、無帽、正面、上半身のもの）
> 15歳未満の場合は、法定代理人と一緒に撮影したもの
> （平成　年　月　日撮影）

日本国籍を取得しようとする者	氏名（ふりがな）（氏）　　　　（名）
	国籍
	生年月日　　年　月　日　　□男　□女
	出生場所
	住所　　　　　　　　番地/番　号

国籍を取得しようとする者の父母	父（氏）　　（名）　　父との続柄
	母（氏）　　（名）　　母との続柄
	署名押印者の氏名

国籍を取得した後の本籍	本籍　　　　　　　　番地/番
	筆頭者の氏名

外国の国籍を有する場合	外国国籍　　　　　　番地/番　号
	筆頭者の氏名

国籍を取得しようとする者の署名押印者の氏名

国籍を取得した事由	□父　（父又は母が日本の国籍により日本の国籍を取得した日　　年　月　日）
	□母
	□日本国民であった。
	□日本国民ではなく、出生後に認知した者ではない。
	□自己の責めに帰することのできない事由によって期間内に届け出ることができなかった。

その他　国籍取得に必要な戸籍の編製のため、下欄に書いてください（裏面の注意事項6に注意してください）。

国籍を取得しようとする者が	（　　　　　）と婚姻している。	年　月　日
	嫡出子である。	年　月　日
	（　　　　　）と縁組している。	年　月　日
	認知している。（　　　　　）から認知された。	
	認知されている。	

（裏面）

届出人署名	
法定代理人の資格	親権者（□父　□養父　□母　□養母）　□後見人
署名	
住所	番地/番　号（届出人連絡先電話番号　　　　　）

上記署名は自署であり、届出人本人であること、届出人は写真又は相違ないことを確認した。受付担当官

注意事項

1　必ず届出人本人が出頭し、届出人本人であることを証する公的資料（出生証明書、父母の戸籍謄（抄）本等）を持参して、下欄に書いてください。

2　国籍取得の条件を備えていることを証する公的資料（出生証明書、父母の戸籍謄本等）を添付し、それが外国語で書かれているときは、その日本語訳文を添付してください。

3　届出人が国籍の取得をしようとする者の法定代理人である場合は、その資格を証する公的資料を添付してください。

4　届出人本人又は法定代理人の署名は、受付の際に自署していただきますので、空欄のままにしておいてください。

5　□印には、該当する事項の□内に✓印を付けてください。

6　「国籍取得後の本籍」は、常用漢字、常用平易文字で書いてください。

7　この届出によって日本と外国の両方の国籍を有することとなった場合は、この届出の時に20歳未満であるときは22歳に達するまでに、この届出の時に20歳以上であるときは2年以内に、いずれかの国籍を選択しなければなりません（国籍法第14条）。

8　太枠の斜線部には記載しないでください。

◎国籍法の一部を改正する法律等の施行に伴う国籍取得の届出に関する取扱いの変更について

附録第7号様式

国籍取得届

（平成20年改正法期間附則第2条第1項）

平成　年　月　日

法務大臣　殿

日本の国籍を取得したいので届出をします。

	（よみかた）	（氏）			（名）		
日本の国籍を取得しようとする者	氏　名						□男 □女
	国　籍			父母との続柄			
	生年月日		年　月　日				
	出生場所						
	住　所					番地 番	号

	氏　名	（氏）			（名）		
国籍を取得しようとする者の父母	本　籍				番地 番		号
	外国人の場合は国籍			筆頭者の氏名			

（平成　年　月　日撮影）

国籍を取得しようとする者の写真（届出の日前6か月以内に撮影した5cm四方の単身、無帽、正面、上半身のもの）

15歳未満の場合は、法定代理人と一緒に撮影したもの

（裏面）

届出人署名

届出人署名	
法定代理人の資格	□親権者（□父 □母）□後見人
署　名	
住　所	番地 番　　号

上記届出人は写真の者と相違ないことを確認した。　受付担当官

242　資料

附録第8号様式

国籍取得届

（平成20年法務省令第4条第1項）

平成　　年　　月　　日

法務大臣　殿

日本の国籍を取得したいので届出をします。

国籍を取得しようとする者の写真（届出の日前6か月以内に撮影した、正面、上半身のもの、無帽、正面、上半身のもの）
15歳未満の場合は、法定代理人と一緒に撮影したもの

日本の国籍を取得しようとする者	氏名	（よみかた）（氏）　　　　　　（名）	男・女
	国籍		
	生年月日	（平成）　年　月　日	
	出生場所		
	住所		番地 番 号

国籍を取得しようとする者の父母	父（氏）　　　（名）	父母との続柄
	母（氏）　　　（名）	

	氏名	番地 番
	本籍	
	外国人の国籍	
	事件本人の氏名	

| 国籍を取得しようとする事由 | □20歳になるまでの間で、平成20年12月31日までに認知されたため、20歳を超えている。
□昭和58年1月2日から平成20年12月31日までに生まれた子で、20歳を超えている。
□日本国民であった者の出生の時に父又は母が日本国民であり、平成15年1月1日又はそれ以降のいずれかの
時に父又は母が日本国民であったが、子が20歳未満の時に日本国民でなかった。
□現に日本国民である。
□死亡の時に日本国民であった日本国民であった。
□自己の責めに帰することのできない事由によって期間内に届け出ることができなかった。 | |

国籍取得後の本籍			番地 番
国籍取得後の氏名	（氏）　　　　　　　　（名）		
その他	国籍を取得しようとする者が □婚姻をしている。 □養子縁組をしている。 □認知をしている。	父母婚姻の有無	□有 □無

※国籍取得後の戸籍編製に必要なため、下欄に書いてください（裏面の注意事項5から7に注意してください）。

父母婚姻の有無 □と婚姻（婚姻）□を認知（□と養子縁組）

	年　　月　　日
	年　　月　　日
	年　　月　　日

（裏面）

上記署名は自筆したものであり、届出人は本人であること、相違ないことを確認した。　受付担当者

（届出人連絡先電話番号　　　　　　）

届出人署名	
氏名	

注意事項

1　必ず届出人本人が出頭し、届出人本人であることを証するもの（外国人登録証明書、旅券等）を持参してください。

2　国籍取得の条件を備えていることを証する公的な資料（出生証明書、父母の戸籍謄本、父母の婚姻関係を証する資料等）及び父母の申述書を添付し、それが外国語で書かれているときは、その日本語訳文を添付してください。

3　届出人の署名は、受付の際に自署していただきますので、空欄のままにしておいてください。

4　□には、該当する番号の□内に印を付けてください。

5　国籍取得後の本籍（1の1の項又は2の項）には、土地の地番あるいは住居表示番号の使用ができますが、ただし、住居表示番号の場合は居住地に自署していただきますので、住居表示番号の場合は使用できません。土地の地番あるいは住居表示番号が使用できない場合において本籍を記載してください。なお、既に日本人と婚姻している場合は国籍取得後の本籍は出生の届（戸籍法102条）において本籍を記載していたく、②父母が婚姻している場合は日本人と養子縁組している場合は国籍取得後の本籍は出生の届出は当然に行われますので、②②の場合も本籍を記載する必要はありません。ただし、日本人と婚姻している場合は、夫婦とした戸籍に入るため、②父母の戸籍に入る場合は母の戸籍に入る。

6　「父母婚姻の有無」欄の「有」には、父母が婚姻している場合を含みます。

7　「国籍取得後の氏名」の氏（名）は、常用漢字、人名用漢字、ひらがな、カタカナで書いてください。なお、氏については、その他正しい日本文字を使用することができますが、①日本人と婚姻している場合（戸籍法102条）においてすでに記載している場合は、②父母が婚姻している場合は日本人と養子縁組している場合は、当然に記載される当然に記載している場合は、②③の場合は日本文字を使用する必要はありません。

8　この届出により日本人と外国の両方の国籍を有することとなった場合は、この届出から2年以内に、いずれかの国籍を選択しなければなりません（国籍法第14条）。

9　太枠の確認欄には記載しないでください。

事実に反する内容等で届出をした場合は、刑罰に処せられることがあります。

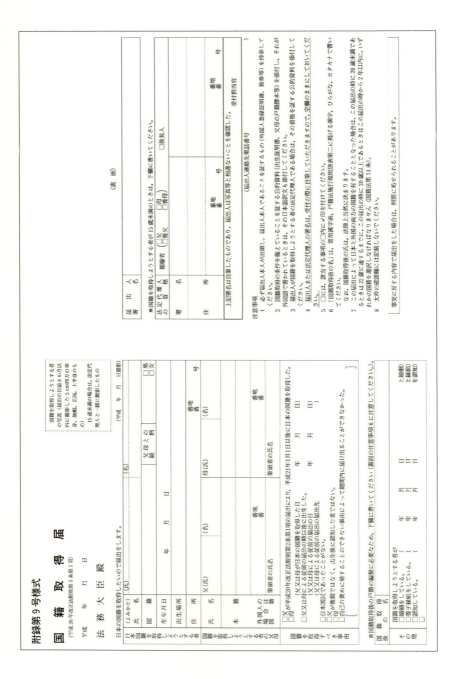

◎国籍法及び国籍法施行規則の一部改正に伴う戸籍事務の取扱いについて

（平成20年12月18日民一第3302号民事局長通達）

　国籍法の一部を改正する法律（平成20年法律第88号。以下「改正法」という。）が平成21年1月1日から施行されることに伴い，国籍法施行規則の一部を改正する省令（平成20年法務省令第73号。以下「改正省令」という。）が本日公布され，改正法の施行の日から施行されることとなりました。

　この改正に伴う戸籍事務については，下記のとおり取り扱うこととしますので，これを了知の上，貴管下支局長及び管内市区町村長に周知方取り計らい願います。

　なお，本通達中，「法」とあるのは改正法による改正後の国籍法を，「規則」とあるのは戸籍法施行規則（昭和22年司法省令第94号）を，「国籍取得の届出」とあるのは戸籍法（昭和22年法律第224号）第102条の規定による国籍取得の届出をいいます。

　おって，本通達に反する当職通達又は回答は，本通達によって変更するので，念のため申し添えます。

記

第1　国籍取得の届出

　改正法により，出生後に日本国民から認知された子が法務大臣に届け出ることによって日本国籍を取得するためには，父母の婚姻を要しないこととされた（法第3条）。これにより，法第3条，改正法附則第2条（第3条により第2条第1項の届出をしたものとみなされる場合を含む。以下同じ。），第4条又は第5条により日本国籍を取得した者は，一定期間内に市区町村長に届け出なければならないこととされた（戸籍法第102条，改正法附則第8条）。

　1　戸籍の記載

　　法第3条，改正法附則第2条又は第4条により法務大臣に対する届出により国籍を取得した場合の戸籍の記載は，別紙1の例による。ただし，準正子の取扱いについては従前どおりとする。

　2　国籍を取得した者の称すべき氏及び入籍する戸籍

　⑴　法第3条，改正法附則第2条又は第4条により法務大臣に対する届出により国籍を取得した者の称すべき氏及び入籍する戸籍は，次の原則によるものとする。ただし，準正子の取扱いについては，昭和59年11月1日付け法務省民二第5500号当職通達（以下「5500号通達」という。）第3の1⑵を適用するものとする。

　　ア　国籍を取得した者の氏は，新たに定めるものとする。ただし，国籍を取得した者が国籍取得時に日本人の養子であるときは養親の氏を称し，国籍を取得した者が国籍取得時に日本人の配偶者であるときは，国籍取得の届出において日本人配偶者とともに届け出る氏を称するものとする。

イ　国籍を取得した者がアにより氏を新たに定めるときは，新戸籍を編製するものとし（戸籍法第22条），養親の氏を称するときはその戸籍に入り，日本人の配偶者であるときであって自己の氏を称するときは新戸籍を編製するものとし，日本人配偶者の氏を称するときはその戸籍に入る。

ウ　国籍を取得した者の母が国籍取得時にすでに帰化等により日本国籍を取得しているときは，ア及びイにより氏を新たに定め新戸籍を編製するほか，母の戸籍に入籍することを希望する場合は，母の戸籍に入る。

(2)　改正法附則第5条により国籍を取得した者は，嫡出子の場合は父又は母の改正法附則第2条による国籍取得時の氏を称しその戸籍に入り，嫡出でない子の場合は母の改正法附則第2条による国籍取得時の氏を称しその戸籍に入る。

(3)　国籍を取得した者が新たに氏を定めるときに用いる文字は正しい日本文字を用いるものとし，漢字を用いる場合は次に掲げる字体で記載するものとする。

ア　常用漢字表（昭和56年内閣告示第1号）の通用字体

イ　規則別表第二の一に掲げる字体

ウ　康熙字典体又は漢和辞典で正字とされている字体

エ　当用漢字表（昭和21年内閣告示第32号）の字体のうち，常用漢字表においては括弧に入れて添えられなかった従前正字として取り扱われてきた【図】，【図】，【図】及び【図】

オ　国字でアからエまでに準ずる字体

カ　平成16年9月27日付け法務省民一第2665号当職通達により改正された平成2年10月20日付け法務省民二第5200号当職通達別表に掲げる字体

3　国籍を取得した者の名

法第3条，改正法附則第2条，第4条又は第5条により国籍を取得した者（以下「国籍を取得した者」という。次項において同じ。）の名については，第5500号通達第3の1(3)を適用するものとする。

4　国籍取得の届出に添付する書面

国籍を取得した者は，国籍取得の届書に国籍取得前の身分事項を記載し，その身分事項を証すべき書面を添付しなければならない（規則第58条の2，改正省令附則第3条）。ただし，国籍取得証明書（戸籍法第102条第2項）に身分事項に関する記載があるときは，その事項については更に資料を添付することを要しない。

5　国籍取得の届書の様式

平成12年3月15日付け法務省民二第602号当職通達で示されていた国籍取得の届書の標準様式は，別紙2のとおり改めるものとする。

なお，従前の様式による届書の用紙は，本通達実施後においても当分の間使用することができる。

246　資　料

6　国籍取得の日
　　改正法第３条により日本国籍を取得する日は，法務大臣に届け出た日である。
　　改正法附則の規定により日本国籍を取得する日は以下のとおりとされた。
(1)　改正法附則第２条による届出の場合
　　法務大臣に届け出た日
　　ただし，平成15年１月１日以後に従前の届出をしているとき及び改正法附則第３条により第２条の届出をしたものとみなされる場合は，従前の届出の日とされた。
(2)　改正法附則第４条又は第５条による届出の場合
　　法務大臣に届け出た日
7　国籍取得の届出期間の起算日の特例
　　改正法附則第８条により戸籍法第102条が準用される場合において，国籍取得の届出期間の起算日については，改正法附則第２条による届出のうち，平成15年１月１日以後に従前の届出をしている場合は，改正法附則第２条による届出をした日と読み替えるものとし，改正法附則第３条により改正法の施行の日に第２条による届出をしたものとみなされる場合は，改正法の施行の日と読み替えるものとされた。
8　国籍留保の届出期間の特例
　　改正法附則第２条第１項及び第３項ただし書により日本国籍を取得した者を父又は母とし，その取得の時以後改正法の施行の日前までに，国外で出生し，外国の国籍を取得した子の戸籍法第104条による国籍留保の期間の起算日については，父又は母が平成15年１月１日以後に従前の届出をしている場合にあっては，改正法附則第２条による届出をした日であり，父又は母について改正法附則第３条により改正法の施行の日に第２条の届出をしたものとみなされる場合にあっては，改正法の施行の日とされた（改正法附則第９条）。
第２　虚偽の認知届がされたことを理由として法第３条による法務大臣に対する届出が不受理とされた場合の戸籍訂正手続について
1　認知者への通知
　　虚偽の認知届がされたことを理由として法第３条による法務大臣に対する届出が不受理とされた場合には，法務局又は地方法務局の長から戸籍法第24条第３項により当該認知事項の記載が法律上許されないものであることを認知当時の認知者の本籍地の市区町村長に通知がされることとされた（本日付け法務省民一第3300号当職通達第１の５(1)）。当該通知を受けた市区町村長は，同条第１項により，遅滞なく認知者に対し認知事項の記載が法律上許されないものであることを通知するものとする。
2　職権訂正
　　１の通知をすることができないとき，又は通知をしても戸籍訂正の申請をする者がないときは，市区町村長は，戸籍法第24条第２項により，管轄法務局，

地方法務局又はその支局の長の許可を得て，認知者の戸籍の認知事項を消除するものとする。

3　被認知者への通知

　　2により，認知事項を職権により消除した市区町村長は，被認知者（被認知者が15歳未満の場合はその法定代理人）にその旨を通知するものとし，通知の様式は別紙3又は4に準じた様式とする。

第3　渉外の創設的認知の届出に関する留意点

　　渉外の創設的認知の届出を受理するに当たっては，以下の点に留意するものとする。

1　父又は母が認知することができるのは嫡出でない子であるとされていることから（民法第779条），認知届を受理するに当たり，嫡出でない子であることについては，原則として，母の本国官憲が発行した独身証明書をもって審査を行うものとする。

　　ただし，独身証明書以外に母の本国官憲が発行した婚姻要件具備証明書や家族関係証明書等によって当該子が嫡出でない子であることが確認できる場合は，当該認知届を受理することができる。

2　独身証明書等の発行制度がない場合や独身証明書等を入手することができないやむを得ない事情が存する場合等市区町村の窓口において，届出の受否について疑義を生じた場合は，管轄法務局，地方法務局又はその支局の長に指示を求めるものとする。

（別紙1）

(1) 紙戸籍の場合

子の身分事項欄

　「平成拾七年拾弐月弐拾五日東京都千代田区で出生平成拾八年壱月四日母届出㊞」

　「平成弐拾弐年八月拾弐日東京都千代田区平河町一丁目四番地甲野幸雄同籍義太郎認知届出㊞」

　「平成弐拾弐年拾月弐拾四日国籍取得同月弐拾八日親権者母届出入籍（取得の際の国籍フィリピン共和国従前の氏名ルイサ、マリア）㊞」

父の身分事項欄

　「平成弐拾弐年八月拾弐日国籍フィリピン共和国ルイサ、マリア（西暦弐千五年拾弐月弐拾五日生母ルイサ、ベルナール）を認知届出㊞」

　「平成弐拾弐年拾月四日子甲野マリ子（新本籍東京都千代田区平河町一丁目四番地）国籍取得同月弐拾八日記載㊞」

(2) コンピュータ戸籍の場合

子の身分事項

出　生	【出生日】平成17年12月25日
	【出生地】東京都千代田区
	【届出日】平成18年1月4日
	【届出人】母
認　知	【認知日】平成22年8月12日
	【認知者氏名】甲野義太郎
	【認知者の戸籍】東京都千代田区平河町一丁目4番地　甲野幸雄

国籍取得	【国籍取得日】平成22年11月4日
	【届出日】平成22年11月28日
	【届出人】親権者母
	【取得の際の国籍】フィリピン共和国
	【従前の氏名】ルイサ，マリア

父の身分事項

認　知	【認知日】平成22年8月12日
	【認知した子の氏名】ルイサ，マリア
	【認知した子の国籍】フィリピン共和国
	【認知した子の生年月日】西暦2005年12月25日
	【認知した子の母の氏名】ルイサ，ベルナール

子の国籍取得

子の国籍取得	【子の国籍取得日】平成22年11月4日
	【子の氏名】甲野マリ子
	【子の新本籍】東京都千代田区平河町一丁目4番地
	【記録日】平成22年11月28日

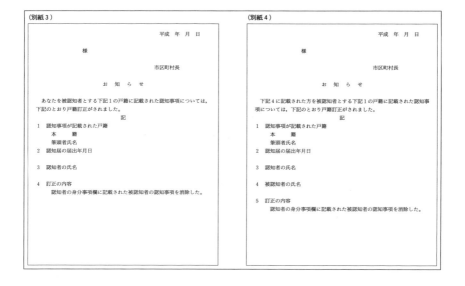

◎国籍法及び国籍法施行規則の一部改正に伴う戸籍事務の取扱いについて

$$\left(\begin{array}{l}\text{平成20年12月18日付け法務省民一第3303号法務局民事行政部長,}\\\text{地 方 法 務 局 長 あ て 法 務 省 民 事 局 民 事 第 一 課 長 依 命 通 知}\end{array}\right)$$

　標記については，本日付け法務省民一第3302号をもって民事局長通達（以下「通達」という。）が発せられたところですが，戸籍事務の取扱いについては，下記のとおりとしますので，これを了知の上，貴管下支局長及び管内市区町村長に周知方取り計らい願います。

記

1　改正後の国籍法第３条又は改正法附則の規定により国籍を取得した者について，戸籍法第102条による国籍取得の届出がされた場合の戸籍の処理及び通達により改められた国籍取得届書中の「国籍取得後の本籍」欄の記載は，次の各号に掲げる例によるものとする（準正子については従前どおりとする。）。

　(1)　国籍を取得した者について新戸籍を編製する場合
　　　「□下記の新しい戸籍をつくる」の箇所にチェックし，「新本籍」の欄に届出人が定める本籍，筆頭者の氏名を記載する。

　(2)　国籍を取得した者が国籍取得時に日本人の養子であるとき
　　　国籍を取得した者は，養親の戸籍に入籍する。
　　　「□下記のとおり」の箇所にチェックし，「(4)の戸籍に入籍する。」と記載する。

　(3)　国籍を取得した者が国籍取得時に日本人の配偶者であるとき
　　ア　国籍を取得した者が日本人の配偶者の戸籍に入籍する場合
　　　　「□下記のとおり」の箇所にチェックし，「(3)の戸籍に入籍する。」と記載する。
　　イ　国籍を取得した者の氏で新戸籍を編製する場合
　　　　(1)に同じ。

　(4)　国籍を取得した者が国籍取得時に日本人の養子であり，かつ，日本人の配偶者であるとき
　　ア　日本人配偶者と婚姻後，日本人の養子となり，国籍取得時に自己の氏を選択した場合
　　　　養親の氏で新戸籍を編製する。
　　　　「□下記の新しい戸籍をつくる」の箇所にチェックし，「新本籍」の欄に届出人が定める本籍，筆頭者の氏名を記載する。
　　イ　日本人配偶者と婚姻後，日本人の養子となり，国籍取得時に配偶者の氏を選択した場合
　　　　日本人配偶者の戸籍に入籍する。
　　　　「□下記のとおり」の箇所にチェックし，「(3)の戸籍に入籍する。」と記載

250　資　料

する。

ウ　日本人の養子となった後，日本人配偶者と婚姻し，国籍取得時に自己の氏を選択した場合

養親の戸籍に入籍した後，養親の氏で新戸籍を編製する。

「□下記のとおり」の箇所にチェックし，「(4)の戸籍に入った後下記の新しい戸籍をつくる。」及び「新本籍」の欄に届出人が定める本籍，筆頭者の氏名を記載する。

エ　日本人の養子となった後，日本人配偶者と婚姻し，国籍取得時に配偶者の氏を選択した場合

養親の戸籍に入籍した後，配偶者の戸籍に入籍する。

「□下記のとおり」の箇所にチェックし，「(4)の戸籍に入った後(3)の戸籍に入籍する。」と記載する。

(5)　国籍を取得した者の母が国籍取得時にすでに帰化等により日本国籍を取得しているとき

ア　国籍を取得した者について新戸籍を編製する場合

(1)に同じ。なお，この場合の新たに定める氏は，母が称している氏と同一であるか否かを問わないものとする。

イ　母の戸籍に入籍することを希望する場合

母の戸籍に入籍する。

「□下記のとおり」の箇所にチェックし，「(1)の母の戸籍に入籍する。」と記載する。

2　通達第1の5により従前の様式による届書の用紙を使用することができるとされたが，この場合における「国籍取得後の本籍」欄の記載は，次の各号に掲げる例によるほか，所要の修正をした上で使用するものとする。

(1)　国籍を取得した者について新戸籍を編製する場合

「□下記のとおり」の箇所にチェックし，「①の新しい戸籍をつくる」と記載し，「①の新本籍」の欄に届出人が定める本籍，筆頭者の氏名を記載する。

(2)　国籍を取得した者が国籍取得時に日本人の養子であるとき

「□下記のとおり」の箇所にチェックし，「(3)の戸籍に入籍する。」と記載する。

(3)　国籍を取得した者が国籍取得時に日本人の配偶者であるとき

ア　国籍を取得した者が日本人の配偶者の戸籍に入籍する場合

「□下記のとおり」の箇所にチェックし，「配偶者の戸籍に入籍する。」と記載する。

イ　国籍を取得した者の氏で新戸籍を編製する場合

「□下記のとおり」の箇所にチェックし，「①の新しい戸籍をつくる」と記載し，「①の新本籍」の欄に届出人が定める本籍，筆頭者の氏名を記載する。

◎国籍法及び国籍法施行規則の一部改正に伴う戸籍事務の取扱いについて　*251*

国籍の得喪と戸籍実務の手引き
―取得（出生・届出・帰化）／選択／喪失―

平成30年6月21日　初版発行

監修者　小　池　信　行
著　者　吉　岡　誠　一
発行者　和　田　　　裕

発行所　日 本 加 除 出 版 株 式 会 社
本　　社　郵便番号 171-8516
　　　　　東京都豊島区南長崎3丁目16番6号
　　　　　　　ＴＥＬ　(03)3953 - 5757 (代表)
　　　　　　　　　　　(03)3952 - 5759 (編集)
　　　　　　　ＦＡＸ　(03)3953 - 5772
　　　　　　　ＵＲＬ　http://www.kajo.co.jp/
営　業　部　郵便番号 171-8516
　　　　　東京都豊島区南長崎3丁目16番6号
　　　　　　　ＴＥＬ　(03)3953 - 5642
　　　　　　　ＦＡＸ　(03)3953 - 2061

組版 ㈱郁 文 ／ 印刷・製本 ㈱倉田印刷

落丁本・乱丁本は本社でお取替えいたします。
★定価はカバー等に表示してあります。
© S. Yoshioka 2018
Printed in Japan
ISBN978-4-8178-4488-0

JCOPY 〈出版者著作権管理機構　委託出版物〉
　本書を無断で複写複製（電子化を含む）することは，著作権法上の例外を除き，禁じられています。複写される場合は，そのつど事前に出版者著作権管理機構（JCOPY）の許諾を得てください。
　また本書を代行業者等の第三者に依頼してスキャンやデジタル化することは，たとえ個人や家庭内での利用であっても一切認められておりません。

〈JCOPY〉　ＨＰ：http://www.jcopy.or.jp/，e-mail：info@jcopy.or.jp
　　　　　電話：03-3513-6969，FAX：03-3513-6979

前提となる知識を網羅！

「読みやすさ」「親しみやすさ」に主眼を置いた解説書

これだけは知っておきたい
相続の知識

相続人と相続分・遺産の範囲・遺産分割・遺言・遺留分・寄与分から
戸籍の取り方・調べ方、相続登記の手続・相続税まで

小池信行 監修　　吉岡誠一 著

2015年11月刊 A5判 224頁 本体2,000円＋税 978-4-8178-4273-2 商品番号:40609 略号:相知

・**相続実務に携わる上でおさえておくべき知識**を、76問のQ&Aでわかりやすく解説。
・各設問では、シンプルな問題設定でありながら、図表や記載例を交えた丁寧な解説を展開。

Q 不動産を共同相続の登記を経ずに遺産分割協議によって相続した場合の登記の手続は
どのようになりますか。

Q 数次にわたって相続が開始した後になされた遺産分割協議に基づき、その遺産分割協
議書を添付して相続登記をすることができますか。

Q 戸籍謄本上から相続法に定められた相続開始の原因があるかどうか、被相続人と一定
の身分関係を有するかどうかを判断したいのですが、それに必要な戸籍の記載事項は
どのようになっているのですか。

Q 高齢者死亡による職権消除事項の記載のある戸籍謄本は、相続開始等を証する書面
になりますか。

Q 寄与分が認められることにより遺産分割前に共同相続人の相続分が法定又は指定の相
続分と異なることとなった場合に、遺産分割の前に、その修正された相続分により相続
登記をすることができますか。

Q 法定相続分等による共同相続登記が既になされている場合に、寄与分を定めて遺産分
割をした場合の登記手続はどのようにするのですか。

Q 遺産分割前に寄与分決定のための共同相続人の協議がされ、その結果、ある相続人
にある不動産を寄与分として与える旨が定められた場合には、当該不動産につき、直接
その者を名義人とする相続の登記をすることができますか。

相談対応やスキルアップに最適！

日本加除出版

〒171-8516　東京都豊島区南長崎3丁目16番6号
TEL（03）3953-5642　FAX（03）3953-2061（営業部）
http://www.kajo.co.jp/